品读安徽文化丛书

小说里的安徽

本书编委会　编

总 主 编　叶文成
本册主编　陈新颖

黄山书社

编者的话

安徽物华天宝，地灵人杰，勤劳、勇敢、智慧的江淮儿女在中华民族发展史上创造了物质精神两大文明的辉煌，作出了宝贵贡献。为使更多同志、朋友了解安徽、认识安徽，激励广大干部群众加快推进五大发展美好安徽建设，我们组织编写了品读安徽文化丛书。该丛书包括《邮票里的安徽》《课本里的安徽》《诗歌里的安徽》《散文里的安徽》《小说里的安徽》《歌曲里的安徽》《新闻里的安徽》《非遗里的安徽》等，共八册。丛书选编内容注重各个历史时期的代表性，坚持思想性艺术性相统一，力求既体现积极健康的精神追求，又具有较高的艺术欣赏价值。相信本套丛书的出版、发行，对提升干部群众的文化自信、加快建设现代化五大发展美好安徽将产生积极的作用和影响。

品读安徽文化丛书的编写、出版，得到了省委宣传部及有关单位的指导和大力支持，在此一并表示深切感谢。

2017 年 9 月 21 日

目　录

三国演义·张辽威震逍遥津　罗贯中

却说西川百姓，听知曹操已取东川，料必来取西川，一日之间，数遍惊恐。玄德请军师商议。孔明曰："亮有一计，曹操自退。"玄德问何计。孔明曰："曹操分军屯合肥，惧孙权也。今我若分江夏、长沙、桂阳三郡还吴，遣舌辩之士，陈说利害，令吴起兵袭合肥，牵动其势，操必勒兵南向矣。"玄德问："谁可为使?"伊籍曰："某愿往。"玄德大喜，遂作书具礼，令伊籍先到荆州，知会云长，然后入吴。到秣陵，来见孙权，先通了姓名。权召籍入。籍见权礼毕，权问曰："汝到此何为?"籍曰："昨承诸葛子瑜取长沙等三郡，为军师不在，有失交割，今传书送还。所有荆州南郡、零陵，本欲送还；被曹操袭取东川，使关将军无容身之地。今合肥空虚，望君侯起兵攻之，使曹操撤兵回南。吾主若取了东川，即还荆州全土。"权曰："汝且归馆舍，容吾商议。"伊籍退出，权问计于众谋士。张昭曰："此是刘备恐曹操取西川，故为此谋。虽然如此，可因操在汉中，乘势取合肥，亦是上计。"权从之，发付伊籍回蜀去讫，便议起兵攻操：令鲁肃收取长沙、江夏、桂阳三郡，屯兵于陆口，取吕蒙、甘宁回；又去余杭取凌统回。

不一日，吕蒙、甘宁先到。蒙献策曰："现今曹操令庐江太守朱光，屯兵于皖城，大开稻田，纳谷于合肥，以充军实。今可先取皖城，然后攻合肥。"权曰："此计甚合吾意。"遂教吕蒙、甘宁为先锋，蒋钦、潘璋为合后，权自引周泰、陈武、董袭、徐盛为中军。时程普、黄盖、韩当在各处镇守，都未随征。

却说军马渡江，取和州，径到皖城。皖城太守朱光，使人往合肥求救；一面固守城池，坚壁不出。权自到城下看时，城上箭如雨发，射中孙权麾盖。权回寨，问众将曰："如何取得皖城?"董袭曰："可差军士筑起土山攻之。"徐盛曰："可竖云梯，造虹桥，下观城中而攻之。"吕蒙曰："此法皆费日月而成，合肥救军一至，不可图矣。今我军初到，士气方锐，正可乘此锐气，奋力攻击。来日平明进兵，午未时便当破城。"权从之。次日五更饭毕，三军大进。城上矢石齐下。甘宁手执铁链，冒矢石而上。朱光令弓弩手齐射，甘宁拨开箭林，一链打倒朱光。吕蒙亲自擂鼓。士卒皆一拥而上，乱刀砍死朱光。余众多降，得了皖城，方才辰时。张辽引军至半路，哨马回报皖城已失。辽即回兵归合肥。

孙权入皖城，凌统亦引军到。权慰劳毕，大犒三军，重赏吕蒙、甘宁诸将，设宴庆功。吕蒙逊甘宁上坐，盛称其功劳。酒至半酣，凌统想起甘宁杀父之仇，又见吕蒙夸美之，心中大怒，瞪目直视良久，忽拔左右所佩之剑，立于筵上曰："筵前无乐，看吾舞剑。"甘宁知其意，推开果桌起身，两手取两枝戟挟定，纵步出曰："看我筵前使戟。"吕蒙见二人各无好意，便一手挽牌，一手提刀，立于其中曰："二公虽能，皆不如我巧也。"说罢，舞起刀牌，将二人分于两下。早有人报知孙权。权慌跨马，直至筵前。众见权至，方各放下军器。权曰："吾常言二人休念旧仇，今日又何如此?"凌统哭拜于地。孙权再三劝止。至次日，起兵进取合肥，三军尽发。

张辽为失了皖城，回到合肥，心中愁闷。忽曹操差薛悌送木匣一个，上有操封，傍书云："贼来乃发。"是日报说孙权自引十万大军，来攻合肥。张辽便开匣观之。内书云："若孙权至，张、李二将军出战，乐将军守城。"张辽将教帖[1]与李典、乐进观之。乐进曰："将军之意若何?"张辽曰："主公远征在外，吴兵以为破我必矣。今可发兵出迎，奋力与战，折其锋锐，以安众心，然后可守也。"李典素与张辽不睦，闻辽此言，默然不答。乐进见李典不语，便道："贼众我寡，难以迎敌，不如坚守。"张辽曰："公等皆是私意，不顾公事。吾今自出迎敌，决一死战。"便教左右备马。李典慨然而起曰："将军如此，典岂敢以私憾而忘公事乎？愿听指挥。"张辽大喜曰："既曼成肯相助，来日引一军于逍遥津北埋伏；待吴兵杀过来，可先断小师桥，吾与乐文谦击之。"李典领命，自去点军埋伏。

却说孙权令吕蒙、甘宁为前队，自与凌统居中，其余诸将陆续进发，望合肥杀来。吕蒙、甘宁前队兵进，正与乐进相迎。甘宁出马与乐进交锋，战不数合，乐进诈败而走。甘宁招呼吕蒙一齐引军赶去。孙权在第二队，听得前军得胜，催兵行至逍遥津北，忽闻连珠炮响，左边张辽一军杀来，右边李典一军杀来。孙权大惊，急令人唤吕蒙、甘宁回救时，张辽兵已到。凌统手下，止有三百余骑，当

---

① 教帖——公侯、大臣的命令，这里即指曹操的来书。

不得曹军势如山倒。凌统大呼曰:“主公何不速渡小师桥!”言未毕,张辽引二千余骑,当先杀至。凌统翻身死战。孙权纵马上桥,桥南已折丈余,并无一片板。孙权惊得手足无措。牙将谷利大呼曰:“主公可约马退后,再放马向前,跳过桥去。”孙权收回马来有三丈余远,然后纵辔加鞭,那马一跳飞过桥南。后人有诗曰:“的卢当日跳檀溪,又见吴侯败合肥。退后着鞭驰骏骑,逍遥津上玉龙飞。”

孙权跳过桥南,徐盛、董袭驾舟相迎。凌统、谷利抵住张辽。甘宁、吕蒙引军回救,却被乐进从后追来,李典又截住厮杀,吴兵折了大半。凌统所领三百余人,尽被杀死。统身中数枪,杀到桥边,桥已折断,绕河而逃。孙权在舟中望见,急令董袭棹舟接之,乃得渡回。吕蒙、甘宁皆死命逃过河南。这一阵杀得江南人人害怕;闻张辽大名,小儿也不敢夜啼。众将保护孙权回营。权乃重赏凌统、谷利,收军回濡须,整顿船只,商议水陆并进;一面差人回江南,再起人马来助战。

却说张辽闻孙权在濡须将欲兴兵进取,恐合肥兵少难以抵敌,急令薛悌星夜往汉中,报知曹操,求请救兵。操同众官议曰:“此时可收西川否?”刘晔曰:“今蜀中稍定,已有提备,不可击也。不如撤兵去救合肥之急,就下江南。”操乃留夏侯渊守汉中定军山隘口,留张郃守蒙头岩等隘口。其余军兵拔寨都起,杀奔濡须坞来。正是:铁骑甫能平陇右,旌旄又复指江南。未知胜负如何,且看下文分解。

儒林外史·冒姓字小子求名　吴敬梓

话说牛浦郎在甘露庵里读书，老和尚问他姓名，他上前作了一个揖，说道："老师父，我姓牛，舍下就在这前街上住，因当初在浦口外婆家长的，所以小名就叫作浦郎。不幸父母都去世了，只有个家祖，年纪七十多岁，开个小香蜡店，胡乱度日，每日叫我拿这经折去讨些赊帐。我打从学堂门口过，听见念书的声音好听，因在店里偷了钱买这本书来念，却是吵闹老师父了。"老和尚道："我方才不是说的，人家拿大钱请先生教子弟，还不肯读；像你小檀越偷钱买书念，这是极上进的事。但这里地下冷，又琉璃灯不甚明亮，我这殿上有张桌子，又有个灯挂儿，你何不就着那里去念，也觉得爽快些。"浦郎谢了老和尚，跟了进来。果然一张方桌，上面一个油灯挂，甚是幽静。浦郎在这边厢读书，老和尚在那边打坐，每晚要到三更天。

一日，老和尚听见他念书，走过来问道："小檀越，我只道你是想应考，要上进的念头，故买这本文章来念；而今听见你念的是诗，这个却念他做甚？"浦郎道："我们经纪人家，哪里还想什么应考上进！只是念两句诗破破俗罢了。"老和尚见他出语不俗，便问道：

“你看这诗,讲的来吗?”浦郎道:“讲不来的也多,若有一两句讲的来,不由得心里觉得欢喜。”老和尚道:“你既然欢喜,再念几时我把两本诗与你看,包你更欢喜哩。”浦郎道:“老师父有什么诗?何不与我看?”老和尚笑道:“且慢,等你再想几时看。”

又过了些时,老和尚下乡到人家去念经,有几日不回来,把房门锁了,殿上托了浦郎。浦郎自心里疑猜:“老师父有什么诗,却不肯就与我看,哄我想得慌。”仔细算来,“三讨不如一偷”。趁老和尚不在家,到晚,把房门掇开,走了进去。见桌上摆着一座香炉、一个灯盏、一串念珠,放着些废残的经典,翻了一交,哪有个什么诗。浦郎疑惑道:“难道老师父哄我?”又寻到床上,寻着一个枕箱,一把铜锁锁着。浦郎把锁捙开,见里面重重包裹,两本锦面线装的书,上写“牛布衣诗稿”。浦郎喜道:“这个是了!”慌忙拿了出来,把枕箱锁好,走出房来,房门依旧关上。将这两本书拿到灯下一看,不觉眉花眼笑,手舞足蹈起来。

是何缘故?他平日读的诗是唐诗,文理深奥,他不甚懂;这个是时人的诗,他看着就有五六分解得来,故此欢喜。又见那题目上都写着:“呈相国某大人”,“怀督学周大人”,“娄公子偕游莺脰湖分韵,兼呈令兄通政”,“与鲁太史话别”,“寄怀王观察”,其余某太守、某司马、某明府、某少尹,不一而足。浦郎自想:“这相国、督学、太史、通政以及太守、司马、明府,都是而今的现任老爷们的称呼,可见只要会做两句诗,并不要进学、中举,就可以同这些老爷们往来。何等荣耀!”因想:“他这人姓牛,我也姓牛。他诗上只写了牛布衣,并不曾有个名字,何不把我的名字合着他的号,刻起两方图书来印在上面，这两本诗可不算了我的了？我从今就号作牛布衣！”当晚回家盘算，喜了一夜。

次日，又在店里偷了几十个钱，走到吉祥寺门口一个刻图书的郭铁笔店里柜外，和郭铁笔拱一拱手，坐下说道：“要费先生的心，刻两方图书。”郭铁笔递过一张纸来道：“请写尊衔。”浦郎把自己小名去了一个“郎”字，写道：“一方阴文图书，刻‘牛浦之印’；一方阳文，刻‘布衣’二字。”郭铁笔接在手内，将眼上下把浦郎一看，说道：“先生便是牛布衣吗？”浦郎答道：“布衣是贱字。”郭铁笔慌忙爬出柜台来，重新作揖请坐，奉过茶来，说道：“久已闻得有位牛布衣住在甘露庵，容易不肯会人，相交的都是贵官长者，失敬！失敬！尊章即镌上献丑，笔资也不敢领。此处也有几位朋友仰慕先生，改日同到贵寓拜访。”浦郎恐他走到庵里，看出爻象，只得顺口答道：“极承先生见爱。但目今也因邻郡一位当事约去做诗，还有几时耽搁，只在明早就行，先生且不必枉驾，索性回来相聚罢。图书也是小弟明早来领。”郭铁笔应诺了。浦郎次日讨了图书，印在上面，藏得好好的。每晚仍在庵里念诗。

大泽乡　茅　盾

算来已经是整整的七天七夜了，这秋季的淋雨还是索索地下着，昨夜起，又添了大风，呼呼地吹得帐幕像要倒塌下来似的震摇。偶尔风势稍杀，呜呜地像远处的悲笳；那时候，被盖住了的猖獗的雨声便又突然抬头，腾腾地宛然是军鼓催人上战场。

中间还夹着一些异样的声浪：是尖锐的，凄厉的，有曲折抑扬，是几个音符组成的人们说话似的声浪。这也是两三天前和大风大雨一同来的，据说是狐狸的哀嗥。

军营早已移到小丘上。九百戍卒算是还能够困一堆干燥的稻草，只这便是那两位终天醉成泥猫的颟顸军官的唯一韬略。

军官呢，本来也许不是那样颟顸的家伙。纵然说不上身经大小百余战，但是他们的祖若父，却是当年铁骑营中的悍将，十个年头的纵横奋战扫荡了韩、赵、魏、楚、燕、齐，给秦王政挣得了统一的天下；他们在母亲肚子里早已听惯了鼙鼓的声音，他们又在戎马仓皇中长大，他们是将门之后，富农世家，披坚执锐做军人是他们的专有权，他们平时带领的部卒和他们一样是富农的子弟，或许竟是同村的儿郎，他们中间有阶级的意识作联络。然而现在，他们却只能带着原是“闾左贫民”的戍卒九百，是向来没有当兵权利的“闾左贫民”，他们富农素所奴视的“闾左贫民”，没有一点共同阶级意识的“部下”！

落在这样生疏的甚至还有些敌意的环境中的他们俩，恰又逢到这样闷损人的秋霖，不知不觉便成为酒糊涂；说是“泥猫”，实在已是耗子们所不怕的“泥猫”。

半夜酒醒，听到那样胡笳似的风鸣，军鼓似的雨声，又感得砭骨似的秋夜的寒冷，这两位富农之子的军官恍惚觉得已在万里平沙的漠北的边疆。闻说他们此去的目的地叫作什么渔阳。渔阳？好一个顺口的名！知否是大将军蒙恬统带三十万儿郎到过的地方？三十万雄兵都不曾回来，知否是化作了那边的青燐蔓草哟！

想不得！酒后的愁思，愈抽愈长。官中的命令是八月杪到达防地，即今已是八月向尽，却仅到这大泽乡；而又是淫淫秋雨阻道。误了期吗？有军法！

听说昨天从鱼肚子里发现一方素帛，朱书三个字：陈胜王！

陈胜？两屯长之一是叫作陈胜呀。一个长大的汉子，总算是“闾左贫民”中间少有的堂堂仪表。“王”？怎么讲？

突然一切愁思都断了线。两军官脸色变白，在凄暗的灯火下抬起头来，互找着对方的眼光。压倒了呜咽的风声，腾腾的雨闹，从远远的不知何处的高空闯来了尖厉的哀嗥。使你窒息，使你心停止跳跃，使你血液凝冻，是近来每夜有的狐狸叫，然而今番的是魔鬼的狐狸叫，是要撕碎你的心那样的哀嗥。断断续续地，是哭，是诉，是吆喝。分明还辨得出字眼的呀。

“说是‘大楚兴’啰?”

“又说‘陈胜王’!”

面面觑着的两军官的僵硬的舌头怯生生地吐出这么几个字。宿酒醒了,陈胜的相貌在两位军官的病酒的红眼睛前闪动。是一张多少有点皱纹的太阳晒得焦黑的贫农的面孔。也是这次新编入伍,看他生得高大,这才拔充了屯长。敢是有几斤蛮力?不懂兵法。

想来陈胜倒不是怎样可怕,可怕的是那雨呀!雨使他们不能赶路,雨使他们给养缺乏;天哪,再是七日七夜的雨,他们九百多人只好饿死了。在饿死的威吓下,光景是什么事都干得出来的吧?

第二天还是淋雨,躲在自己帐里的两位军官简直不敢走动,到处可以碰着怀恨的狞视。营里早就把鱼鳖代替了米粮。虽然是一样地装饱了肚子,但吃得太多的鱼鳖的兵士们好像性格也变成鱼鳖了。没有先前那么温顺,那么沉着。骚动和怨嗟充满了每个营房。

“怎么好?走是走不得,守在这里让水来淹死!”

“整天吃鱼要生病的哪!”

“木柴也没有了。今天烧身子下面垫的稻草,明天烧什么?吃生鱼罢?我们不是水獭。”

“听说到渔阳还有两三千里呢!”

“到了渔阳还不是一个死!”

死!这有力的符咒把各人的眼睛睁大了。该他们死?为什么?是军法。因为不是他们所定的军法所以该他们死哟!便算作没有这该死的军法,到了渔阳,打败了匈奴,毕竟于他们有什么好处?他们自己本来也是被征服的六国的老百姓,祖国给予他们的是连年的战争和徭役，固然说不上什么恩泽，可是他们在祖国内究竟算是“自由市民”，现在想来，却又深悔当年不曾替祖国出力打仗，以至被掳为奴，唤作什么“闾左贫民”，成年价替强秦的那些享有“自由市民”一切权利的富农阶级挣家私了。到渔阳去，也还不是捍卫了奴视他们的富农阶级的国家，也还不是替军官那样的富农阶级挣家私，也还不是拼着自己的穷骨头硬教那些向南方发展求活路的匈奴降而为像他们一样的被榨取的“闾左贫民”吗？

从来不曾明晰地显现在他们意识中的这些思想，现在却因为阻雨久屯，因为每天只吃得鱼，因为没有了木柴，更因为昨夜的狐狸的怪鸣，便像潮气一般渗透了九百戍卒的心胸。

鱼肚子里素帛上写的字，夜半风声中狐狸的人一样话语的鸣嗥，确也使这九百人觉得诧异。然而仅仅是诧异罢了。没有幻想。奉一个什么人为“王”那样事的味儿，他们早已尝得够了。一切他们的期望是挣断身上的镣索。他们很古怪地确信着挣断这镣索的日子已经到了。不是前年的事吗：东郡地方天降一块石头，上面七个字分明是“始皇帝死而地分！”平舒华山之阴，素车白马献璧的神人不是也说“明年祖龙当死”吗？当死者，既已死了，“地分”，应验该就在目前罢！

想起自己有地自己耕的快乐，这些现做了戍卒的“闾左贫民”便觉到只有为了土地的缘故才值得冒险拼命。什么“陈胜王”，他们不关心；如果照例得有一个“王”，那么这“王”一定不应当是从前那样的“王”，一定得首先分给他们土地，让他们自己有地自己耕。

风还是虎虎地吹着，雨还是腾腾地下着。比这风雨更汹涌的，是九百戍卒的鼓噪,现在是一阵紧一阵地送进两位军官的帐幕。

觉得是太不像样,他们两位慢慢地踱出帐幕来,打算试一试他们的“泥猫”的威灵了。

他们摆出照例的巡视营帐的态度来。这两位的不意的露脸居然发生了不意的效果,鼓噪声像退落的潮水似的一点一点低下去了。代替了嘴巴,戍卒们现在是用眼睛。两位军官成了眼光的靶子。可不是表示敬意的什么“注目礼”,而是憎恨的,嘲笑的,“看你怎么办”!本来未始不准备着接受一些什么“要求”,什么“诉说”,或竟是什么“请示进止”——总之,为了切望减少孤独之感便是“当面顶撞”也可以欢迎的他们俩,却只得到了冷淡和更孤独。他们不是两位长官在自己部下的营帐内巡视,他们简直是到了异邦,到了敌营,到了只有闪着可怖的眼光的丘墟中。

是黄河一样的深恨横断了部下的九百人和他们俩!没有一点精神上的联系。九百人有痛苦,有要求,有期望,可是绝对不愿向他们俩声诉。

最后,两位军官站在营外小丘顶巅,装作瞭望地势。

大泽乡简直成为“大泽”了。白茫茫的水面耸露出几簇茅屋,三两个村夫就在门前支起了渔网。更有些水柳的垂条,卖弄风骚地吻着水波。刚露出一个白头的芦花若不胜情似的在水面颤抖着。天空是铅色;雨点有簪子那样粗;好一幅江村烟雨图呵。心神不属地看着的两位军官猛觉得有些异样的味儿兜上心窝来了。是凄凉,也是悲壮!未必全是痴呆的他们俩,从刚才这回的巡视看出自己的地位是在“死线”上,“死”这有力的符咒在他们灵魂里发动了另一种的力量；他们祖若父血液中的阶级性突然发酵了。他们不能束手困在这荒岛样的小丘上让奴隶们的复仇的洪水来将他们淹死，他们必得试一试最后的挣扎！

“看出来吗？不是我们死，便是他们灭亡！”

“先斩两屯长？”

“即无奈何，九百人一齐坑罢哟！”

先开口的那位军官突然将右臂一挥，用重浊的坚决的声调说了。

“谁，给我们掘坑？”

不是异议，却是商量进行手续，声音是凶悍中带沉着。

“这茫茫的一片水便是坑？”

跟着这答语，下意识地对脚下那片大水望了一眼，军官之一是得意地微笑了；然而笑影过后，阴森更甚。拿眼睃着他的同伴，发怒似的咬着嘴唇，然后轻声问：

“我们有多少心腹？”

呵，呵，心腹？从来是带惯了子弟兵的这两位，今番却没有一个心腹。战国时代做了秦国的基本武力的富农阶级出身的军人，年来早就不够分配；实在是大将军蒙恬带去的人太多了。甚至像“屯长”那样的下级兵官也不得不用阶级不同的“闾左贫民”里的人了。这事件的危险性现在却提出在这两位可怜的军官前要求一个解答。

“皇帝不该征发贱奴们来当兵的！”

被问住了拿不出回答来的那位军官恨恨地说，顿然感到祖若父当日的黄金时代已成过去，永远成为过去了。

“何尝不是呵！自从商君变法以来，我们祖宗是世世代代执干戈捍卫社稷的；做军人是光荣的职务，岂容‘闾左’的贱奴们染指！始皇帝殡天后，法度就乱了。叫贱奴们也来执干戈，都是贼臣赵高的主意哪！赵高，他父母也是贱奴！”

“咳，‘倒持太阿，授人以柄’——这就是！”

因为是在大泽乡的小丘上，这两位军官敢于非议朝政了。然而话一多，勇敢乐观的气氛就愈少。风是刮得更大了。总有七分湿的牛皮甲，本来，就冰人，此时则竟是彻骨的寒冷。忍着冻默然相对，仰起脸来让凉雨洒去了无赖的悲哀吧！乡关在何处？云山渺远，在那儿西天，该就是咸阳罢？不知咸阳城里此时怎样了呵！羽林军还是前朝百战的儿郎。但是“闾左”贱奴们的洪水太大了，太大了，咸阳城不免终究要变成大泽乡罢！

回到自己账幕内的两位军官仍和出去时一样的苦闷空虚，嗒然若丧。他们这阶级的将要没落的黑影，顽固地罩在他们脸上。孤立、危殆、一场拼死活的恶斗，已是不成问题的铁案，问题是他们怎样先下手给敌人一个不意的致命伤。

——先斩两屯长？

——还有九百人呢？

——那，权且算作多少有一半人数是可以威胁利诱的罢？

——收缴了兵器，放起一把火罢？

当这样的意念再在两位军官的对射的目光中闪着的时候，帐外突然传来了这么不成体统的嚷闹：

“守在这里是饿死……到了渔阳……误期……也是死……大

家干罢，才可以不死……将官嘛……让他们醉死！”

接着是一阵哄笑，再接着便是嘈嘈杂杂的听不清的话响。

两军官的脸色全变了，嘴唇有些抖颤。交换了又一次的眼色，咬嘴唇，又剔起眉毛，统治阶级的武装者的他们俩全身都涨满了杀气了，然而好像还没有十分决定怎么开始应付，却是陡地一阵夹雨的狂风揭开了帐门，将这两位太早地并且不意地暴露在嚷闹的群众的眼前了。面对面的斗争再没有拖延缓和的可能！也是被这天公的多事微微一怔的群众朝着帐内看了。是站着的满脸通红怒眉睁目的两个人。但只是“两个”人！

“军中不许高声！左右！拿下扰乱营房的人！”

拔出剑来的军官大声吆喝，冲着屯长之一叫作吴广的走过来了。

回答是几乎要震坍营帐那样的群众的怒吼声。也有兵器在手的“贱奴”们今番不复驯顺！像野熊一般跳起来的吴广早抢得军官手里的剑，照准这长官拦腰一挥。剩下的一位被发狂似的部下攒住，歪牵了的嘴巴只泄出半声哼。

地下火爆发了！从营帐到营帐，响应着“贱奴”们挣断铁链的巨声。从乡村到乡村，从郡县到郡县；秦皇帝的全统治区域都感受到这大泽乡的地下火爆发的剧震。即今便是被压迫的贫农要翻身！他们的洪水将冲毁了始皇帝的一切贪官污吏，一切严刑峻法！

风是凯歌，雨是进击的战鼓，弥漫了大泽乡的秋潦是义举的檄文；从乡村到乡村，郡县到郡县；他们九百人将尽了历史的使命，将燃起一切茅屋中郁积已久的忿火！

始皇帝死而地分！

风雷（节选）　陈登科

1954 年的冬天，淮北地区，雨雪特别勤。自从入冬以来，三天一次小雨，五天一场大雪，一直没有断过，困得人门也不能出。可是老年人却说：大雪纷纷兆丰年，来年必定丰收。

格溜溜的东北风一阵阵吹来，细细的雪花漫天飞舞。千里平原，白茫茫的一片，如同无边无际的雪海。

在那白茫茫的海面上，有一个小小的集镇，名叫龙庙集，只有百十户人家。集镇不大，生意却是十分兴隆，不管多大风雪，也没有断过来往客商。在农村里，一般的集镇上，过了中午，就没有什么买卖了；尤其在寒冬季节，阴雨雪天，无事在集上溜达的人更少。可是这个集上，近来生意特别兴旺，每天直到天黑，都还有人做买卖。

小镇的十字街头，有座古庙。在庙门前右边那棵快枯死的老槐树下，新搭起个芦席棚子。棚子门口，站着个不到三十岁的女人，扬着清脆的嗓子，向街上来往的人喊道："要吃犬肉的，到这边来。里边有桌子有板凳，有酒有菜，有茶有水，有火有烟。喝得醉醉，吃得香香，烘得暖暖地回家去……"一喊一大串子。这个女人，名叫羊秀英。

羊秀英的狗肉摊，开设的时间并不长，可是在这个小集镇，生意是最好的。因她这个人，很会招揽顾客。

这个芦席棚子，坐北朝南。棚子里，摆设得非常简单。门里左边靠墙，摆一张三条腿的破桌子，桌上放着切肉的案板，桌肚里藏着个柳条笆斗，笆斗里盛着煮熟的狗肉。右边放着三张小方桌，是专为顾客设的座位。

这时，已是下晚时分，天又下着雪，芦席棚里冷清清的没有什么顾客了。只有紧靠右边墙拐的角落上，有四个男人，围在那张方桌上算账。

这四个人，都是死蛙湖里有名的人物。一个黑乎乎的脸膛、斜眼睛的小老头，年纪五十三四，名叫黄三，绰号“三角眼”。这个人在解放前，一不种田，二不耕地，就靠两片嘴皮子吃饭。黄三家几代都在龙庙集上开牛行。他从小就练出一张巧嘴，能说会道，远近闻名。另一个中年人，年不过三十，黑麻脸，黄眼珠，名叫杜三春，是黄三的外甥子，也是黄泥洼的有名的快嘴；说起话来，唇不沾齿，死人能被他说活。这人在解放前，跑过南京，到过上海，专在津浦线上做投机买卖，点子多，门路广，做事又鬼，因此，人都叫他“钻天猴”。还有一个年轻人，最多也不过二十二三岁，大号个子，刀条脸，凹眼睛，高鼻梁，黄黄的脸色，瘦得活像一根芦柴，风都能吹折他的腰杆。这个人名叫黄大权，外号“弹弓子”。这个绰号是双关语。黄大权从小就无爹没娘，孤苦伶仃，以讨饭为生。冬天，无衣无被，双手抱着膝盖，睡在稻草里长大的，将腰杆睡成弓形，直到解放后，才慢慢又直起来；另外还有个含义，这个人从小讨饭，手不提篮，肩不担担，讨一口吃一口，把他也养成一身懒骨。土地改革时，村里分给他双份土地，他也懒得去耕种，将田地扔荒，整天和羊秀英在一起鬼混。他和羊秀英既不是夫妻，又不是长久的姘头，他们之间的关系，羊秀英如同弹弓上的皮条，黄大权就好比一粒无根的弹子。每当羊秀英把黄大权抓得紧的时候，必定是要把他弹出去伤害人。至于这个弹弓的把子，却是抓在另一个人的手里，现时他也在场。此人名叫黄龙飞，年已五十开外，嘴上有十七八根稀稀朗朗的黄胡子，整天翘着手指，捋着胡须，向两边拨弄着，弄成翘翘的八字形。看样子，挺神气的，很像个绅士。莫看此人其貌不扬，尖头细爪，獐头鼠目，活像黄鼠狼投的胎，可是在解放前，他是死蛙湖里地主黄一夫的近族，任大庄的首户，能言善辩，又是一把包揽诉讼的刀笔，自以为是个数一数二的乡审议老爷。如今，他又冒充民主士绅，招摇撞骗，惹是生非。

黄三甥舅两人和羊秀英合伙做了一趟投机买卖，由于分账不均，发生口角。事情是这样：杜三春从蚌埠一家服装厂套购来一批布头，原说是三人合伙，赚钱贴本，均按三股分账。哪知这次买卖做得顺手，杜三春便伸出腿来，说羊秀英与黄三只是出几个本钱，他是出人的，在外边开支大，受辛苦，要从赚的钱中提出二成作为他个人的补贴。黄三当然没意见，因为他们是甥舅关系，好坏是一家；可是羊秀英不同意，结果吵翻了。这天，黄三便请出黄龙飞来做调解人。

黄龙飞双脚跷在火盆边上，手里捧着个算盘，拨弄着，抬头向站在芦席棚门口的羊秀英道："细账不用算了。三春在外边跑了两个多月，确实是吃苦不少，提出五十万块钱①来当报酬，也是应该的。"羊秀英道："俺是个女人，谁要捉俺这个大头，是很容易的，不过在黄泥洼还找不出这样大胆的来。"

杜三春火爆爆地蹦起来："俺捉谁的大头？俺在外边，风里雨里，起五更睡半夜，谁来疼过俺一下子？担惊受怕，求爹爹拜奶奶，香烟还不知贴了多少。你们呢？坐在家里，一不担风险，二不操心劳碌，净打净快，一人分了三百万！人总是要凭良心嘛。"

羊秀英恶狠狠地吐了一口："呸！人不为己，天诛地灭。你在外边，吃喝玩乐，早在老娘头上开销了。"

黄龙飞连忙摆手拦阻道："好好，话越说越多，共事的日子长哩，还有下次，不说啦！这五十万块钱，就只当是我打你们这三家的秋风。大权，打壶酒来，今天是三春请客。"

黄三低着头，坐在一边，始终没有吭一声。

大权打好酒，摆好杯筷。羊秀英自动撕一盘狗肉，送到桌上，转身又从里边瓦罐里捧出几捧花生，撒在桌心，不冷不热地道："俺羊秀英有的是狗肉烧酒，要吃吃在明处。俺也是嘴扛在肩上，到处吃人的人，谁要不睁眼睛，想在……"

黄龙飞举起手道："光棍点到就为止，不要多说啦。大家都不要把眼睛放在这几个钱上，钱短人长，要看到今后还得共事，还有好多买卖要大家伙共同去做。"接着，伸手向门外指指，意味深长地

① 这里指1955年币制改革的旧币，下同。

继续说道："你们看看外边这个天时。"

黄大权嘴上叼着一支烟卷，弓着腰，双手抱着肩，歪着头，蹲在凳子上，扭身看看外边，幸灾乐祸道："这个天时，早晚总有一场大雪。我看啊，有些人日子就是不好过哟。"黄龙飞嘴上那几根胡子翘了翘，嘴角上露出一点点蔑视的微笑，心里暗暗在骂黄大权是个笨蛋，根本不能领会他话中的含意，便说道："你怕啥，天塌下来有人顶住。"羊秀英在案板上边撕着狗肉，边扭过头来问道："谁替他顶住，你替他顶住？"黄龙飞放下酒杯，眯缝起眼睛，向羊秀英道："你今天一集，搞了多少啊？"黄大权将头缩缩，双手拍拍屁股，站下地，伸长脖颈，尖起嗓子道："起早摸黑，忙上一天，搞了十万八万，管个啥劲。"

黄龙飞指指手道："你这两个人，都是黑心肠。一集头十万，还嫌少！我们呢？一个铜扣子未见，还来个二姑娘倒贴，欠你两壶酒钱。"

羊秀英扭过头来插嘴道："他和你比？拿芦席比天，小鬼比神仙。你家女儿，买了头十担小麦囤在你家；到青黄不接的时候，三翻两滚，够他四爪落地，苦上大半辈子。"

黄龙飞的脸色，霎时变得铁青，警告似的向羊秀英道："我可先打你招呼呵！你不要在外边乱造谣咯，我家哪来的头十担小麦哪？"

羊秀英冷笑道："嗨嗨，你瞒得了别人，还能瞒得了你的老娘啊！你家大闺女，前年买了两担小麦，放在粮行里，两年不到，就滚成十多担。别人不知道，你以为老娘也不知道啊？"

黄龙飞抓下头上的狗皮帽，狠狠地往桌上一掼，跳起来，咬着牙，眼睛里都快急出血珠子来，指着羊秀英，好半天，才从牙缝里吐出个字来："你……"

黄三连忙起身，赔着个笑脸，伸手将黄龙飞按坐下道："都是一家人，说两句笑话，何必认真呢？坐下，坐下。"黄大权忙为黄龙飞沙沙斟满杯子，点头哈腰道："来来，喝酒喝酒。"黄龙飞经黄三等人劝解，脸上的气色慢慢缓和下来，可是心里的气恼还没有消除，气愤愤地说道："怪不得人说，你这种人，狗咬吕洞宾，不识好人心。这天时，大雪在地，正是做生意的好机会。我是好心好意要你们不要错过这个机会，你看，她扯到哪去了，真是……"

羊秀英满脸笑容，走到黄龙飞身旁，娇声贱气地说道："吆，好了，好了，俺来赔不是。"说着，便端起杯子，扶着黄龙飞的脑袋，将酒灌进黄龙飞的嘴里……

黄龙飞晕乎乎地抬起头，眯缝起一双乌龟眼，搜寻了好半天，才看到羊秀英。

这时的羊秀英，在他的眼里，好似一位天仙：鸭蛋脸，白里透红的脸皮，高高的龙骨鼻子，淡淡的眉毛，吊眼梢，一双单眼皮包着两颗晶亮的眼珠。苗条的身材，穿一件浅蓝色的阴丹士林布褂子。未开口说话，两腮就现出圆圆深深的酒窝，涌出迷人的笑容……

黄大权和黄龙飞对面相坐，见黄龙飞痴痴看着羊秀英，实是有点醋意；端起杯子，在黄龙飞眼前绕了一个圈子，搅乱了他的视线，不悦地道："喝酒喝酒。"

黄龙飞猛然惊跳一下，感到自己酒还没有吃多少，已有几分醉意了；忙端起杯子，向黄三等人谦让道："好好，共同干杯。"

在座的人都忠实地干了杯。只有黄龙飞，举起杯子，放在嘴边停了停，又放下，说道："三春，别人都说你是久跑码头，见过大世面的人，我就不承认你。光在外边跑来跑去，不能看到一点风向，你还算得了啥跑码头的，做买卖，要看风向呵！在这个灾荒年头，粮食是最宝贵的，你们为啥不在粮食上打打主意呢？"

杜三春笑笑："咋没想过呢。自从去年以来，粮食由国家统购了，不敢碰啊！"

黄龙飞道："轮船都是在大江大海里航行的。要想吃大鱼头，不担点风险咋管。要知道，私盐越紧才越好卖呵！"

黄三道："粮食，就打统购统销以来，都是按户按人定量的，你有啥办法弄到手呢？"

黄龙飞昂首笑笑道："你这个人，耳朵失灵了。大前天，朱锡坤在庄上开会不是讲了吗？黄泥乡今年遭了特大的水灾，是全县最严重的灾区，粮食全部由国家供给！谁有钱谁就买到粮食，保证供应。"

黄三道："那也是按人定量的哟。"

黄龙飞道："只要有个'卖'字，就不愁买不到手。"

杜三春道："'卖'也只能按人头买，有啥办法？"

黄龙飞道："就看你这个'钻天猴'的本领了。要是你有孙悟空的本领，铁扇公主的风火扇子，也照常能拿到手。"

黄大权呷呷嘴道："朱锡坤住在乡里，不容易钻哪！"

黄龙飞摆摆手道："你不要看朱锡坤嘴呱呱的，整天奔来跑去，挺神气的，其实是个草包。只要你把掌秤的拉过来，他会蒙起眼来跟你转。”

杜三春道：“朱锡坤你能骗过去，任为群你瞒不了呵！”

黄龙飞这时突然气愤地擂擂桌子：“任为群，他还算个啥，如今也该咱们翻翻身啦！过去，任为群仗着是民兵大队长，掌握了枪杆子，在庄上作威作福，人都怕他；如今大队长已经给他拿掉了，他还敢在老子头上拍苍蝇！”

杜三春道：“他不做大队长，还是门里的人哟。”

黄龙飞牙一咬，跃身站起，拍着桌角道：“屁！上天美溶回来，已找他谈过话，警告过他，要他老老实实在家种种地；若再敢兴风作浪，就把他的党员也拿掉。”

羊秀英在门口，扭过头对黄大权和杜三春道：“阎王老爷瞎了眼睛，错叫你们这几个废料投了男人胎，不怕人去怕鬼。任为群怎样，他几年前就发狠，要把老娘赶出任大庄，今天老娘不是还在这里吗？只要你有本事把粮站这根线拉上，天大的风浪，老娘去闯。”

黄大权跟上补一句：“粮站这个关系，还得龙飞去拉。”

黄龙飞举起手中的烟袋，向外指指：“你看这个天时，已为你们打开了大门了。”说着，头往杜三春面前伸伸，轻声道：“要利用时机。冰雪在地，灾荒一天天地严重，人心不安，有些人都对黄泥洼这个地方失去信心，想到外边去。你就利用最近从淮南煤矿回来的人，到处宣传在外边如何如何好，多放几把野火，趁势烧烧。老百姓要一走，朱锡坤就慌啦，不怕他不拿出粮食来。”

黄大权道：“拿！他发的是救济粮，俺这号人也沾不上边啊！”

黄龙飞道:“这又得制造时机。弄些人哄到乡政府的大门口,一吵一闹,朱锡坤就没有主张了。要救济,人人都得摊一份,他哪来这么许多粮食,一定是一边发救济粮,一边要有钱户拿钱去买。只要他上了这个圈套,你还怕搞不到手。哼!要知道,这是一本万利的交易,不动点计谋还行?!”

黄大权道:“俺们想得是好,就怕老百姓不会跟俺们跑。”

黄龙飞道:“这就看三春这个‘钻天猴’的本领大小了,只要能钻到空子,人们自己会跑去为我们打开仓库的大门。”

杜三春端起酒杯,思索了好久,叹息一声:“唉,不成啦!钱,今天都买了烟叶,有粮食也无钱去买。”黄龙飞埋怨道:“我不是早对你讲了吗?烟叶,是冷口货。”杜三春道:“从蚌埠回来时,行价还很好,谁知刚刚几天,风头又变了呢?”黄大权道:“还谈这些干吗?错就错了,哪里掉魂哪里找。要干,就趁这雨雪天捞一把!龙飞,还是你出来想想办法,看哪里有钱,大不了背它几分利息,有啥了不起的。”

黄龙飞眯起眼睛,沉思一下道:“钱,困难啊!我昨天向人讲了,不过他要这个数字。”说着,便打了个手势,在众人眼前晃晃。

羊秀英道:“你不要把嘴巴张得像小盆口那么大。黄大权没有骨头,随你整吞活咽,俺羊秀英可不是省油灯。你要净得三成,别人呢!就是帮你跑腿,你还得供人吃饭哩。”

黄龙飞道:“你不干,关我的屌事!我一个铜子好处也不要你的!这是你们找我,我不过是个中间人。”

杜三春道:“求人不如求己。你写封信给美溶,从银行里搞点贷款，由三舅出面，逢四进一，有她一股。”

黄龙飞哈哈大笑道：“你想得倒好，她是个国家干部，还能和你合伙做生意？”

杜三春又改口道：“不是说加上美溶一股，是有你一股。”

黄大权在旁补充道：“也不能白要她……”

黄三打岔道：“依俺看，千条万条，还是以前说的，由龙飞和美溶说说，帮三春在乡里谋个差使，这是最重要的一条。朝中有人才好做官。”

黄龙飞眯缝着眼看了看黄三。伸手在桌上花生堆里挑挑拣拣，最后拣起两颗花生，放到杜三春面前，又眯缝着两眼看了看杜三春。杜三春不知他是何意，歪起头，挑了一粒白皮的花生，剥开壳子，将花生米倒进嘴里。牙刚咬着，霎时，只见他苦眉皱脸，“呸，呸，呸！”连连吐了几口，双手抱着脑壳，张着嘴，伸出二寸多长的红火红火的舌头，口水直流，用脚踢了黄龙飞几脚，理起衣袖，擦擦自己的舌头叫道：“呃哟，俺的妈啊，你这个坏蛋，把俺害苦啦！又苦又酸，牙刚一碰，连根子都酥了。”

黄龙飞仍是皮笑肉不笑地看着杜三春，伸过手，用大拇指将另一粒烂壳花生捺扁，拨出里边的仁子，手指在桌上点点，要杜三春再吃吃看。杜三春只是摆手道：“这下可不上你的当了。”黄大权不识其中之妙，伸出手，捏起半边花生米，放在舌尖上，用门牙轻轻地斗斗，忙吐掉，道：“也是苦的。”黄龙飞得意地把几片花生壳，拿给黄三。

黄三将花生壳放在手掌上，拨来拨去，仔细研究。这两颗花生仁子都是苦的，所不同的，一颗是从里边往外坏，仁子虽是霉烂发苦了，外边的壳子还是好的。另一颗是先霉了壳子，后烂仁子，一眼就看出，那是一颗早已霉烂透的花生。因此，杜三春便挑了一粒外壳完好的花生，把它当作好花生来吃，才上了黄龙飞的当。黄三思量了半天，最后会意地向黄龙飞点头笑笑，表示完全明白他的意思的，说道："你还应三思。依俺之见，机不可失，任为群下台，这是个好机会。"

黄龙飞胸有成竹地笑笑道："你看，我家圩后那二亩小麦，去年秋天种时，垡块都像小盆口一样，打也打不碎；后来我便车上水慢慢浸透，一耙就成了。这也得慢慢浸……"

羊秀英在门口突然咳嗽一声，向黄三使个眼色，转脸向外喊道："要吃犬肉，到里边来坐。有桌子，有板凳，还有火。"话刚刚落音，走进一个人来。

此人姓祝，名永康，年纪二十八九岁，是个中等个子，身穿一件黄色的军大衣，戴顶皮帽子，脚穿一双硬底长筒皮鞋，手里提着个绿色的旅行包。他走进羊秀英的芦席棚子里，一边掸着身上的雪花，一边伸头看看桌案上的狗肉，问羊秀英道："这是什么肉？"

羊秀英笑笑，答道："犬肉。"

祝永康又伸头在盘子里仔细地看看，里面明明盛着个狗头，不解地问道："这不是狗肉吗？"

羊秀英道："有的人听说是狗肉，就不敢吃了，说犬肉，是为着好听些。"

祝永康扫视一下黄龙飞等人，走到靠左边一张破桌子旁，放下手中的旅行包，对羊秀英说道："好，不管你是狗肉还是犬肉，帮我来一斤。"

羊秀英殷勤地走过去，一边招呼他坐下，一边用擦桌巾把桌子抹了又抹，摆上一双红漆筷子，问道："同志，你喜欢吃肥的还是喜爱吃瘦的？"

祝永康道："都行。几钱一斤？"

"只管吃好了，不用问价钱，先尝尝，吃得好，吃得香，你再给钱。不烂，不香，分文也不要你的。"

羊秀英说着便放下抹桌布，伸手在盘子里撕下一块狗肉，送到祝永康面前："你看，这肉多烂。吃狗肉的人，头一条是讲究火功，煮得烂，烂香烂香，越烂越香。你尝尝，香，你再买，不香，你要买也不卖给你。你不喜欢的东西，硬卖给你，吃下去心里也不舒服。"

祝永康从来没有见过这样的狗肉摊子，但是，他在旧社会里见过好多这样的开饭店的女人，对她这一套也不觉得惊异，便道："来一斤，多称一点也行。"

羊秀英拖出桌肚底下的笆斗，拿了一块狗肉，向盘子里撕了几块，又问道："还要酒吧？寒冬腊月，冰天雪地，狗肉烧酒，是最好不过了，一能度暖，二能御寒，三能充饥，四能解渴。"

祝永康抬起眼来，看看羊秀英，心里想：这种女人，练就了一张嘴，很会做宣传呢！笑道："我本来不想喝酒的，你说了这么多好处，好吧，来四两，半斤也成。"

羊秀英一边忙着称狗肉，一边扭头向黄大权道："你那杯子放不下来了吗？快！帮这位同志打半斤酒，好的，口子酒（濉溪大曲）。"

黄大权懒洋洋地站起身，摸过酒壶，走到酒坛旁，打好酒，送过来。

祝永康接过酒壶，沙沙斟满酒，端起杯子，放到唇边，吮了一口，便又放下杯子道："这酒太凉了。"

羊秀英送来狗肉，用眼角细细打量了祝永康一番，笑笑道："同志，你不知此地的风俗吧？此地人喝酒，夏天喝热的，冬天喝凉的。"

祝永康不解，问道："那为什么？"

羊秀英道："热酒下肚是冷的，冷酒下肚以后要起火的。"

祝永康道："还是请你给我烫一烫吧。"

祝永康一走进芦席棚子，黄三等人便不再讲话了，一个个都埋着头喝酒吃花生。只有黄龙飞偷偷地在仔细打量着祝永康。

壶里的酒渐渐空了，黄大权又去打了一壶，恭恭敬敬替黄龙飞等人斟满了杯子。自己活像猴子一般蹲在凳子上，叼着烟卷，缩头夹颈，喝了一口酒，问黄龙飞道："还要狗肉吗？"黄龙飞哼一声，两眼始终没有离开祝永康。

祝永康进了羊秀英的芦席棚子，听她三句话一说，已看透羊秀英是一种什么货色了。他埋着头，只顾喝酒，看也不看她。当羊秀英在他身边走来走去的时候，顿时有一种难闻的气味扑鼻，使他有点头痛。但是他对羊秀英那种百般的殷勤，不断来问长道短，又不得不应付几句。

当羊秀英二次送来狗肉时，祝永康忙伸手挡住，说："不吃了，大嫂贵姓，就是这集上人吗？"

羊秀英道："俺婆家姓任，娘家姓羊，家住在乡下。不瞒同志说，俺的当家人死了，有个小叔在乡里当干部。这也是春荒当头，实是没有办法，才在集上做个小生意；要是有办法，谁来卖狗肉呢？好丑在乡里跑跑，也能为大家办点事呵！"

祝永康道："这么说，好像你在乡里也是个干部啦。"

羊秀英故作羞愧的样子，低头斜眼地说道："农村妇女，一不识字，二不能写，三不能算，又不会讲，能做啥干部。"

祝永康不愿和这种人闲扯瞎拉，便把话题一转，问道："我向你打听一个人，不知你是否知道？"

羊秀英道："同志，你不要看俺是个女人，凡是住在这周围邻近三十里五十里路之内的人，有名则知，无名不晓。不知你问的是哪一家，哪一户，姓甚名谁，是男还是女？只要你说出姓名，俺可知道八九。"

祝永康道："我问的不是某一家某一户，我想打听一下，在这一带地方，有没有姓宦的？"

羊秀英愣住，一时想不起来附近哪个庄上有姓宦的，可是她又不愿回答不知，便转口问道："同志，你得先说清楚，他住在哪个乡，哪个庄？现下找人难得很，过去的乡保甲都废了，区也变了。俺们这里，过去叫南屏区，大郢乡，现在改为黄疃区，黄泥乡。你不说他住在哪个庄子上，不容易找啊。"

祝永康摇摇头道："不知道，什么也不知道。我只知道他姓宦，名叫宦守田。"

羊秀英道："你，和他有亲吗？"

祝永康道："没有。"

羊秀英道："有故吗？"

祝永康道："也没有。"

羊秀英道："一没有亲，二没有故，你找他做啥？"

祝永康道："你告诉我，这里有没有姓宦的吧。"

羊秀英道："俺们乡里，有姓万的，就住在……"

祝永康道："不是姓万，是姓宦，叫宦守田，官宦的宦，守业的守，田地的田。"

羊秀英蹙起淡淡的眉毛笑笑："你真把俺说糊涂了，从来没听人说过，哪个庄上有姓宦的，难，难，真的把俺难住了……"

黄龙飞竖着一双蒲扇耳朵，侧着脖子，静静地在那里听完了祝永康和羊秀英的这段谈话。这时，他用腿抵抵黄三，噘噘嘴道："你看，这个小娘们，多有本事，三言两语，就把这个穿黄军装的勾搭上了。"

黄大权指指黄龙飞道："你……这是人说的话吗？"

黄龙飞道："你放心，这个穿黄军装的，是过路的，不会碰破你的鸡窠。他要是真的能在这里工作，倒是个好花生壳子。"

黄大权从凳子上滑下地，把桌角一拍："呔……你在胡扯的啥！"

祝永康没有听到这几个人在一旁叽叽咕咕说的啥，也没有注意到黄龙飞在暗地里偷偷地看他。经黄大权这一拍，便扭过头去，一见那几副阴沉的笑脸，就想到这几个人，一定不是什么正经货。他感到自己在这样的场合，向羊秀英这样的人，打听张，问道李，有些不合时宜，连忙喝干杯子，站起身，打开旅行包，向羊秀英道："算账吧！"

羊秀英笑道："这就爱财了。"

黄龙飞走过来，非常客气地点点头，插嘴问道："这位同志，听你说话的口音，不像是我们淮北人，恐怕是……"

祝永康一见黄龙飞那副虚伪的面孔，心里非常厌恶，冷冷地答道："我是淮南人。离这里有好几百里。"

黄龙飞双手一摊，做着早已预料到的姿态，非常神气地说道："是嘛，一听口音，就知你老家不是淮南凤阳府，定是滁州城。"

祝永康爱理不理地点点头："是的。"

黄龙飞又走近一步，问道："是从县里来，还是在省里工作？"

祝永康哼一声："嗯！"

黄三接过嘴来问道："你在县里工作，不认识俺们区里熊政委吗？"

祝永康摇摇头："没听说过。"

黄大权道："那你就不是在俺们这个县工作。"

祝永康道："我是在外地工作，刚刚才回到家乡来，还没有住定。"

大权把大腿一拍："俺说的嘛！在俺们县里工作的人，就没有人不知熊彬两个字的。前二年，报纸上无三天没有俺们区里的新闻。"

祝永康扭头看看黄大权那种吹嘘的神情，也不知熊彬是何等人物，便随口问道："熊彬就是你们这里的人吗？"

羊秀英伸手朝黄龙飞指指，说道："畋！就是这位黄胡子的大闺女女婿，是俺们区里的政委。"

祝永康这时才扭过身，仔细地看看黄龙飞；只见他得意扬扬，两只眼睛眯成一条线似的，皮笑肉不笑地龇着牙，活像老臬鸟衔着一块臭肉的样子。祝永康从心里要呕吐，更不愿答理这些家伙，会好账，提起旅行包就走了。

鹅毛大雪，正飘飘扬扬地漫天飞舞。

天云山传奇(节选) 鲁彦周

我跑进自己的房里,匆匆打开一个箱子,从箱里翻出一个本子、一包照片,从许多照片当中我挑出了一张,捧在手上,眼睛也就离不开它了。

这是一张两人合照的照片,一个男青年和一个女青年,两人站在周瑜贞讲的那古城堡上,互相紧紧靠在一起,眺望着远方,两人脸上都是青春焕发,洋溢着幸福的表情。

啊,逝去的青春啊!

五十年代初,当我还是革命队伍里一个十六七岁、梳着两条辫子的小鬼的时候,组织上把我送进一所学校里去了。说是要把这些嘻嘻哈哈的小丫头,培育成搞建设的专家。当时和我一道被送去的大都是解放区的子弟,有点文化,也有点实际斗争经验。我们都满怀信心地进了学校,一致表示,要做一个红色技术人员。

一九五六年,我们从技术学校毕了业,这时我们已经是懂得一些科学技术的大姑娘了。

也就在这一年的秋天,我和我在学校的一个好友冯晴岚,一道分到天云山区综合考察队。

天云山绵延数百里，莽莽苍苍，有峻峭的高峰，有湍急的河流，有原始森林，有丰富矿藏，是一个比较理想的建设基地。当时，省里准备在这里大搞一下，所以不仅派了我们这些人来，还专门把天云山划成一个特区。

我们综合考察队，大都是年轻人，用当时流行的语言，叫“开始走向生活”。在学校关了几年的我们，一下到了这美丽的山区，就像自由自在的小鸟，简直快乐得飞起来了。

然而就在这个时候，我认识了一个人。

这是一个星期天，我约了冯晴岚去逛那古城堡。

我们两个一清早就出发了，那时的我，可不像现在。我爱笑、爱跳、爱唱，跟冯晴岚完全不一样。她是个沉静的，从容貌到性格都不容易引起人们注意的人。我呢，却是属于所谓“美丽活泼而且骄傲”的那种类型。但是，这并不妨碍我俩成为好友。

我们一出天云镇，就碰上了我们队的政委。这是一个古板的人，一天到晚要训斥知识分子，好像知识分子一天不训，就要走上邪路。当时我们都讨厌他，为了避免被他撞见，我拉着冯晴岚钻到竹林里。虽然是秋天，竹林里仍旧绿森森的。我一头跑，一头暗暗地笑，没想，在转弯处一头撞到一个人的身上！

这人给我撞得“哎呀”了一声，我猛地一抬头，只见一个高大的年轻人，被我撞倒在地上。他愣愣地望着我们，我也惊愕地望着他，他大约正在躬着腰打猎，冷不防给我撞倒了，一杆猎枪却紧紧抓在手里。

我先是发愣，后来，忽然扑哧一笑，我一笑他也笑了。我见他坐在地上笑，样子有点滑稽，忍不住大笑起来，他见我大笑，他也大笑了。还是冯晴岚不过意，讲了我一句，我才止住了。

“你们这两个疯姑娘，干吗这么跑？藏猫子吗？”

他拍拍身上，站起来笑着问。我把嘴一噘，还了他一句：“你把我们当小孩吗？”

“不敢！”他说，打量着我们，“你们是……”

又是冯晴岚，她老老实实地告诉了他。他一听更乐了，“好家伙，你们是企图摆脱党的领导嘛！”

“别扣帽子！”我说，严肃起来，“我们都是从小就受党的教育的，什么叫党的领导，比你清楚！”

“好厉害，”他说，“我们讲和吧。你们想看看那古寨子，我来做你们的向导，欢迎不欢迎？”

就这样，他把猎枪一背，和我们一道上古城堡去了。

他走在我们前面，步子又稳又快，我和冯晴岚在后面，悄悄地议论他是什么人。冯晴岚说他是搞后勤的，理由是他像个转业军人，最近来了一批军人在搞后勤。我说他像是森林采伐工人，理由是他脚上穿了双长筒靴，而且有猎枪。可我们又觉得没有把握，因为他身上还有我熟悉的某些气质，而这种气质又不是一个普通工人所具有的。

我们就这样在背后叽叽咕咕，不知不觉随着他走到了城堡的大门。

这个所谓的古城堡，原来是一座空城，而且墙大部分是用石头垒起来的，有的地方已经完全倒塌，只有我们进去的门和一个箭楼，还完好地保存着，这里有许多石碑、石刻、砖雕。

我和冯晴岚对这些玩意都是十足的外行，看了几眼就兴趣索然。可我们的义务向导，倒是看得聚精会神，很仔细。他看着看着，就掏出本子记起来。冯晴岚指指他悄声对我说："你看，他还在抄呢。"

"这破古城堡上的东西，有什么抄头。"我说，并不放低声音，"都是些封建的玩意！"

"首先，这不叫城堡！"义务向导忽然回头笑着对我说，"本地人叫寨子；其次，别小看这封建的东西，它对我们也有用处。"

"屁用处！"我因为他纠正我，有点不高兴，便粗鲁地回了他一句，"老顽固们才喜欢它呢！"

"你这个小鬼呀！"他老气横秋居然叫起我小鬼来了，他说，"第一，这上面告诉我们，顽固守旧的势力非常之大，每一次人民要求变革，它都千方百计把你镇压下去，它封锁着天云山区，阻挠一切新的进步的势力进入，它是中国封建社会的一个缩影，对这点，可不能小看它！了解这个过去，可以分析我们的现在。第二，它又大捧特捧他们所谓的日月光华、汉唐盛世，好像中华民族的文明，早已到了顶点，人们不需要再创造，只要把他们已有的拿来夸耀夸耀就行了。这是很甜蜜的毒剂，你看这上面写的！"

他把我们引到那些石碑面前，给我们讲解着。这时，他不像后勤兵了，更不像森林采伐工，而是像一个很有修养的学者了。

这个发现很使我惊奇，我忍不住重新打量他，揣摩他到底是什么人，而当他那很吸引人的眼神注视着我的时候，我忽然不敢正视他的目光了。

第二天，我们才发现他原来就是我们的新政委，原来的政委被调走了。

新政委一来，完全改变了老政委的做法。他首先处理了一个骂工程师的政工干部，不但让他向工程师道了歉，而且给各队发了通报。接着又召开了全考察队的党员大会，在党内开展了形势和任务的讨论，要全体党员明确认识：在三大改造基本完成后，搞社会主义建设就是党的中心任务，党员不能甘当外行，更不应以大老粗为光荣。不久，又召开了全体人员大会，给在天云山区考察有功的人挂上了红花，让他们骑上马，他自己带头为我们的总工程师牵马，在天云镇绕行了一周，引起了天云山区大轰动。

新政委不仅在队里大刀阔斧，他还把特区郊区的一位区委书记也动员起来了。他让区委书记请一些老人给我们讲天云山的历史，讲革命斗争史，又让熟悉情况的群众给我们指路，参加考察。他又派出一些技术人员给农民讲科学种田，甚至还把几个女队员派下去当教师，在农村办起学校来。

这样，在天云山区，从科技人员到工人，从地方干部到农民都动起来了。我们很快就找到了矿藏、森林，那大片的原始森林里蓄积了大批名贵树种和经济价值很高的植物。在大森林边缘的金沙沟，我们找到了煤和非常有希望的有色金属矿藏。与此同时，水利地质组又找到了一个优良的电站水库坝址。

在发现这些资源的同时，我也进一步了解了我们的新政委。他那大刀阔斧的作风、火一般的热情、生龙活虎的性格，都使我在内心里暗暗倾倒了。我发现我自己的眼睛，只要见了他就在他身上转，他一走到我面前我就心跳加快，跟他讲话，没开口脸就红了起来。

二十多岁的我，第一次出现了爱的萌动！

但是我们谁也没有说破，我甚至还不知道他心里究竟有没有我呢。

这情形一直持续到一九五七年初春。

我清楚记得，那是四月初的一个傍晚，我们队为了具体制订综合开发计划，又一次被集中起来，那位和我们的新政委成了知己的区委书记也来了。吃过晚饭后，同志们都聚集在我们帐篷前面的草滩上嬉戏。我呢，虽然也跟同志们在一起有说有笑，但总感到心神不定。绿茸茸的草地、哗哗的流水、芬芳的空气、温暖的春风和不知哪里传来的悠扬的笛声，都使我心灵颤动。

同志们又在学骑马了，我从来没骑过马，对它也没有兴趣，就悄悄地从人群里溜出来。我很奇怪，一向在工作之余最爱玩耍的新政委，今天怎么不见了？他会到哪里去呢？

我沿着河边信步往前走去。春天的晚霞，倒映在河水里，发出颤动的闪光。我望着河水，又望望河边的小树林，摘了朵小黄花，放在鼻子上嗅着，漫无目的地徘徊着。

忽然，在一棵大树后面，传来了说话声。我斜眼望过去，原来是我们的新政委和区委书记，他俩躲在这里谈心呢。

我听见区委书记略带沙哑的嗓子说："你说得对，有的人官大了，架子大了，他话里的真理价值似乎也就大了。这不是正常的现象!”

“现在这还是个苗头。”我们的新政委说,“假使再发展下去,那就严重了,它肯定会影响我们的建设事业!”

“现在已经在影响了!”区委书记说,“前天特区下命令,要我们今年一定要种三万亩双季稻,我顶了他们,说这是瞎胡闹,马上一顶‘要搞独立王国’的帽子就飞来了。”

“扣帽子也别理他,这个山高水冷的地方能种那么多双季稻?”

“难啦!”区委书记沉重地叹息了一声。

我听到这里,想抽身走了,两个领导干部谈这类问题,是不应该听的,可我刚要走,忽然听见区委书记又说:

“你知道吗?对阁下你的议论也不少啊!”

“啊!”

我停下来。对他的事,我情不自禁地想听个明白。

“说你在这里,搞的是向资产阶级知识分子投降路线,你压制了政工人员,还有你搞的什么形势和任务教育,据说,这些都是很成问题的!”

“管它呢!有些人就是靠议论别人搞小动作为业的,我们跟他们的拍子跳,就得把自己变得和他们一样卑下。”

“你的前任大概也有一份功劳,他已经提为组织部长了。”

我刚听到这里,我们几个队员从那边跑来了,区委书记和他也站起来了,我怕被他们发现,也急忙转身走了。

他们这场谈话,当时并没有引起我的注意。那时的我,以为这些政治上的问题,都是党和上级的事,我们这些普通党员,只要响应号召就行了。所以,我看他们都向营地附近走去,我也从另一条路上赶了回去。

离营地很远,就听见一阵欢笑声,一阵急促的马蹄声清脆地响了起来,我抬头望去,只见有几个人在那边跑马。

原来,在我离开的时候,他们一直在玩骑马,我到了营地的时候,小伙子们已经都骑过了,他们又向姑娘们起哄,要她们也来一下。他们一见我,也把我拉住,把我们几个从来不敢沾马边的姑娘包围起来,硬要我们上马试一试,说这是工作需要。几位姑娘都大着胆子骑上去了,连冯晴岚也骑着马走了一圈,只剩下我一个,怎么也不敢上。小伙子和姑娘们越起哄,我越不敢上,我越表现胆怯,他们就越起哄,搞得我满脸飞红,非常狼狈。

正在我下不来台阶的时候,突然我看见我们的新政委一纵身跳上了一匹马。他勒着马在我身旁转了一圈,我还没明白是怎么回事,他猛的一下把我提到了马上,紧接着他又跳了下去,哈哈大笑着把缰绳抛给了我。我呆呆地坐在马上,只听周围响起了一片掌声,我定了定神,觉得骑在马身上也很平稳。马踏着小步在原地走着,我不觉胆子也大起来,望着政委,感谢地向他笑笑。为了表示我现在不怕了,我还把身子一挺,把马缰一收紧。谁知我这一个动作,马以为我是下达命令,它昂起头,一声长嘶,撂开蹄子飞奔起来。

这下可真把我吓晕了,我紧紧伏在马鞍上,只觉耳边风呼呼作响,也不晓得被马带到什么地方,眼也不敢睁,头也不敢抬。过了好久,马忽然停住了,只听一个人喊:“宋薇同志,宋薇同志。”我一睁眼，这才看见政委已经站在我的马旁边，他紧紧逮住马头，他和马都已站在悬崖边上了。

这时，我已顾不得什么难为情了。我一下就滚下马，落到他的身上。他小心翼翼地把我放在地上，我还没从惊骇中醒过来，怔怔地望着他，拉着他的手不放，好像一松手，马又会把我驮跑似的。

等我们往回走的时候，天已经黑下来了。

山区的春夜是迷人的，清辉的月亮高高挂在天上，挺秀的山峰都蒙上了一层梦幻般的朦朦胧胧的薄雾。

这夜晚的幽静的迷人景色，加上饱含着兰花芬芳的空气，使我深深感动了。我情不自禁地想和他靠得近些。我忽然觉得，正是这匹马，给我创造了一个难得的机会，我一反往常见了他就脸红的态度，一再引他讲话，请他讲他的经历、见闻和对许多问题的见解，我也把自己的经历告诉了他。我们之间原来又相同又那么不同，相同的是我们都是在革命的怀抱里长大的，不同的是我的经历太平淡了，而他，虽然只比我大几岁，但是却饱经了沧桑。他小时候跟父亲住在北京，父亲牺牲后，他又到了延安，并且还被送到国外，直到解放战争后期才回到国内。

我听他讲着经历，望着他那在月光下显得特别英俊的脸，望着他那浓眉下的闪光的深邃的眼睛，我的心猛烈地跳起来，我的脚步有些发飘。有时我被什么东西绊了一下，我就紧紧拉着他的膀子，他的健壮的膀臂接触到我的怀抱，使我浑身战栗起来，我不自觉地靠紧了他，我们停止了谈话。

我觉察到我的失态，我满脸发烧。我松开他膀子，再也不敢看他的眼睛了。

但是，我感觉到他正在动情地凝视着我。

大白马不明白我们中间发生了什么事，它把头昂起来，呼噜了一声，站住了。林里的鸟儿都为之惊叫起来。山林里没有一丝风，芬芳的空气浓得像酒。我低着头慢慢朝前走着，我们两人一时都没有话说。我感到这种沉默是危险的，但是这种沉默，却使我有一种醉酒似的甜蜜。

我们都不想打破这种沉默。

不知什么时候，月亮被一片云儿遮住了，周围的景色格外朦胧起来。大白马已经不管我们，自个儿慢慢朝前走了。它的有节奏的蹄声，朝着一条小溪边响去，我们时而靠得很近，时而离得远些，我们还是不声不响，一直到了一条小溪边，我们才不约而同地停了下来。

溪水淙淙地响着，泛着微光。马儿停在那里，我知道我们已经离营地不远了。我不知道他此刻究竟在想什么，为什么一句话不说？我忍不住回过身来，抬头望着他，我看见他也正在俯视着我，虽然在暗中，我们的眼光还是像电光一样碰着了。这眼光比千言万语都说明问题。忽然，我自己也不明白是怎么回事，我向他伸开两只胳膊，他一下子把我搂了起来。

我们热烈地吻起来了，我们还是没有说话。过了好久，他忽然把我抱上了马，他自己也骑到马上来，我们就那样让马儿信步走去，我们望着茫茫的夜的山林，我紧紧贴在他的身上，我听见我们的心，都在激烈地跳动……

我们回到草滩营地时，已经很晚了，同志们还没有散去，他们见我平安回来，都非常高兴地围了上来。当我和冯晴岚拥抱时，我忽然在她耳边轻轻说了句：“感谢那匹大白马，它把我带进了幸福的乐园。”老实的冯晴岚也一下明白了，她反过来把我紧抱着，热烈地小声地说：“我祝福你，你找到的是真诚的火热的心！”她为我流下了快乐的眼泪。

永生难忘的那个夜晚啊，这第一次的最纯真、最热烈的爱情，在这以前没有过，在这以后也没有了！

大江风雷(节选)　艾 煊

反扫荡结束了,立夏也过了,蚕豆、樱桃、青梅三鲜也吃过了,早稻开始莳秧了。区游击大队轮流放了几天假,让干部和战士们回家把秧插下去。

杨大新的伤也好了。这天,天不亮,大新就回家去和老婆莳秧。村子上抗属代耕队,又派来了两个临时帮忙的人。大新准备一天当中就把家里三亩佃田的秧统统莳完了事。

早饭后,星光从大新的田边经过,被那悠扬的秧号子吸引住了,他一边细细欣赏那悠扬的声韵和辨别那词句的意思,一边看着嫩绿的秧针在微风下轻柔飘动,比天上那淡蓝色浮动的彩云还要美丽。他听得入神,看得呆了。杨大新看见了他就喊道:

"'四月乡下无闲人',你还不快卷卷裤子下来帮帮忙。"

星光犹豫了一下。一看阿媛也栽得蛮起劲,心里想,赶一个妇女总能赶得上,便坐到田埂上脱草鞋。阿媛看他真的要下田,怕他栽出浮根秧来,就想拦阻他,但星光已不顾一切,蹚着泥水,呼哧呼哧走下田了。

杨大新在三分钟之内,便把莳秧的全部要领,教给了星光。看来，这似乎并不是难事。星光开始兴致勃勃地插秧了。

插了不过两三袋烟的工夫，何为从田边走过，她赤巴脚，裤筒卷过膝盖头，腿弯里还粘着一块半干半湿的黑烂泥。她立在田埂上，大声笑着说：

“星光，看人吃豆腐牙齿快，这会子你看你……”

她的话还没落音，田里四个人一齐忍不住大声笑起来。

星光朝四边一看，这才发现自己身子的左右前后、四面八方，都被新插下的秧苗包围住了，没有一条出路。弄得他又急又慌又难为情。刚举起手，习惯地托一托眼镜，大家又爆发了一阵大笑，原来鼻子上又被糊上了一块黑烂泥。他呆立在田当中蛮尴尬，便拿何为解嘲，说：

“你不要笑我，你下田试试看，能不能赶得上他们。”

“我就是赶不上他们，也不致落在包围圈里边身陷重围。”

“我才对他说过的，”阿媛朝何为说，“叫他就跟学游水一样，先在边上试试，他不听。”

星光弯腰插完了那几行的空白，小心地从秧棵缝里向埂上走。立在田埂上，向何为说：

“你没事做，就是专门想嘲笑我的？”

“我怎么没事？连带早工，我已经莳完了三分田。”何为说，“哦，差点忘了。我帮你弄来了一架八成新的油印机，摆在区里头，你去抢吧。夏区长看见了，要拿去印通知、告示；林政委看见了，要拿去办报纸；你又要出杂志。”

“你打算给谁呢？”

“你不老早就讲过要办一个什么‘轻骑兵’‘重炮兵’的？他们两个一吵，把我也闹昏了。我说等你去了，你们三个人拈阄子。”

“那好，你去做公证人。”星光拾起草鞋，就拖何为。

“你看你性急的！我现在要到西溪去有事，晚上再去帮你们断官司。”

“该没有什么大不了的事吧。”星光用央求的口气，软逼着何为跟他一道去。

何为无法，只得跟他一齐走。杨大新在田里叫了：

“何大姐，你太没道理了，怎么把我一个顶顶得力的大伙计拖跑掉了？”

星光肚里没有多少俏皮话，跟着大家笑一笑，算了。

星光坐在石埠头上洗脚，何为立在岸上等他。

他把两只脚慢慢地搓来搓去。

“你说，人最愉快的是什么时候？”星光不望何为，望着水面说，似乎是在问水中的影子。

“这是什么一个没头没尾的题目。”何为不高兴地回答。

“我说是此刻，”星光直接表白了，“前一向，没昼没夜地打仗、行军，紧张、疲劳得要死。”

“紧张也有紧张的特殊味道。”何为捡起一块瓦片，抛到河中，刚刚巧打中了插在河当中的一根孤零零的竹竿尖顶上，那是一根攀拦菱绳的竹竿，“生活太平静了，就会烦死人。天下恐怕只有住在高山上的天文学家，才喜欢平静生活。”

“不过生活也不能像胡琴弦样绷得太紧了，紧很了，神经要断的。”星光把脸转向何为，手捏紧了，又松开；再捏紧了，再松开，说，“生活要有节奏，就像这样，一紧，再一松。像上海人那样急匆匆地走路，我虽然在上海住了那么多年，无论如何还是不习惯。”

“像北平人那样踱方步就好？”

“那也不好。总而言之，失掉节奏。比方小说，写得太紧张了，看的人也受罪。”

何为反驳道：“那倒不见得。《红楼梦》里写的那些人，老是吃喝玩乐，吟诗做对，哭哭花，赏赏雪，无缘无故地怄怄气。那么许多聪明伶俐的青年男女，整年到头挤在一个草鞋底那么大的小园子里边，无事忙，转来转去；东不出东府，西不出西府，也不嫌腻得慌。要是把我关在那个小园子里边，我真烦得要吃人。”

“问题是要有节奏。比方前一个时期，我们紧张地反扫荡，现在，我们能坐在这里无忧无虑地……”他话没说完，屏住气，伸出两手，轻轻地合起来，捉住了一团柳絮。

“快点洗吧，”何为又投了一块瓦片，击中了插在河当中的另一根竹竿顶上，“怎么好意思老要人家陪你闲聊。”

星光好心地笑了，托一托眼镜，开始用手帕揩脚。他一边穿草鞋，一边说：“你真淘气。时常看你在行军、走路、没事的时候，总喜欢弄石子打这样、砸那样，真是越大越孩子气了。”

“拉倒吧，你懂个啥！”

星光穿好了草鞋，立起来，说：

“哦，我晓得了，你是嫌驳壳枪子弹金贵。”他又逗了她，说，“你要有本事，能把河对岸那棵榆树上的树洞打中么？喏，那个洞，在那根树桠上,有碗口……”

“拉倒吧,”何为打断他的话,说,“死目标,老打有什么打头。”

“好,我指个活目标给你打,”星光兴奋地仰脸寻飞鸟,没寻着。就指着对岸水边的一棵垂柳说,“你能打中那根柳丝么?喏,那根顶长的,正在飘来飘去的。要打,就要打那个擦水面的柳梢。”

何为没答话。星光只见忽的一闪,那根顶长的柳条,一下就飘飞起来,随后,又像秋千一样往回一荡。

“好!”星光忍不住叫了一声。又转向何为,“怪不得你这么顽皮。”

何为伸出一只巴掌,拦住了星光,示意他不要说话。星光一凝神,听出了噼噼啪啪的爆竹声。

何为说:“走,我们看看去。群众在替赵老头做喜事。”也不等星光同意,她便赤巴脚,啪嗒啪嗒往村子上跑。

赵长青火烧过的宅基上,破砖碎瓦早已打扫得清清爽爽了。一副像龙骨架样的屋梁,刚刚竖立起来。

何为和星光还没进村,就看到一挂长爆竹悬在中梁上,向四处开花飞炸。

屋架下聚满了人,有讲笑话的,有大声叫喊的,在这种场合下,人们总是任着自己的性子,闹得越凶越好,闹得越孩子气越好。也果真有几位年纪大的人,和孩子们在一起,抢着拾落在地上没有炸的单粒爆竹。

两人才走到洛河桥头,就被闹喜事的人们发现了,老粘从人群当中的桌子上端了两碗酒，拿肩胛挤开挡路的人，走到何为、星光面前，说：

“来，不醉不准出去。”

人们一下就把新来的两个人围住了，逼他们喝光。

红光满面的赵长青，挤进了人圈当中，说：

“文曲星来了，头一个任务就是要做一副对联。做不好，罚酒三碗。”

大家又哄闹起来，把他俩推推搡搡地挤到了屋梁下摆酒的桌子旁边。何为早就被这种热闹场面闹得笑疼了肚皮，笑弯了腰。再走到桌边一看，也没一样下酒的小菜，只摆了十几个装酒的碗，当中一个大酒甏。

星光悄声对何为说：“这么闹哄哄的，怎么做得出对联来！”

何为指着酒甏，笑道：“我可以织布纺纱，做对联是你的专长，做不好，就别想出去。”两人互推了一阵，后来协议好了，每人做一副，然后再取长补短，拼成一副交卷。星光嫌闹，但要立马交卷，没办法，只好立在新屋梁下的酒桌边，立在闹哄哄的人群当中动脑筋。

这幢房子，是村上群众自动替赵长青盖的。

最初，赵长青坚决不同意。反扫荡结束后，赵长青总是披着一件他自己编织的蓑衣，不分昼夜，不分晴雨，到处忙搞战后恢复工作，很少回到东溪村来。在哪个村子搞工作搞到夜深了，就困在哪个村子上。光远早就参加游击队了，杏姑也跟阿媛一道在乡里搞工作了。一家都干革命了，家的意义也就变了，就不是原来那个三间瓦屋、两间草房子的家了。

赵长青一听说村上的群众，要照他祖宅的老样子替他盖房子，就连忙摇手，一再向大家说：“我要房子一点用场也没有。”群众代表也一再坚持说：“这表示我们东溪村贫雇中农人齐心齐。”

积极分子在一起商量，要成立个组织，来负责筹备盖房子的事。有人提议，就仿照农抗、妇抗的名义，临时成立一个“房抗”，并且推选现在东溪乡的乡长老粘做会长，阿媛做副会长。

一切事情都是在办喜事时所特有的半认真半玩笑的心情下，热热闹闹地进行着。

砖瓦木料都是群众自动捐献的，也不摊派，也不记账。一个下午和一个清早，全村的群众，掮的掮，挑的挑，就把赵长青门口的稻场堆得像几座小山一样。迟得到消息的外村群众，也有自动送料来的。这批砖瓦木料，后来没有用完的，又帮军属和贫农修理了好些房子。

一挂长爆竹放完了，何为和星光的对联也做出来了。两人把草稿拿到一起一看，只见星光写的是：

春风送暖上梁日

抗战胜利欢庆时

横批写的是“斗争到底”。

何为写的对联是：

烧掉了，再重盖，工农江山万年青

软骨头，莫开口，换根脊梁重做人

代替“上梁大吉”的横批，是“反扫荡胜利大吉”。

围看的群众，有说好的；有说要改个字的；有说韩广金、老秀才这类墙头草看到何为的下联，要羞得没处躲藏。

星光看着何为的对联，低声对她说：“现在提‘工农江山’看来不大妥当，不如改‘革命事业万年青’，你看怎么样？”

他抬头一看，何为不在。原来何为已经转过身去和大新在说话。

大新和阿媛俩泥手泥脚的，才从莳秧田里赶来。每人刚吃完了一碗非吃不可的上梁酒。何为又来央求大新，代她喝半碗。大新晓得她量小，便仰起头，把半碗烧酒一口气就喝光了。

这时，赵长青轻轻把老粘拉到人圈外边，说：

“这房子我一时也派不上用场。”

老粘插断了他的话，说：“娶媳妇，招女婿，都用得上呀。”

“这是以后的事，现在不谈。房子空着也可惜，我看就送给你们乡公所和联抗做办公事的房子，门口挂个招牌，还蛮像样子。”

“这不可以送。”老粘叫起来，“这一送，群众要不依的。”

“你这么敞着喉咙叫什么！不说送，说借给你们也可以。”

老粘故意拿腔作势，说：

“这问题嘛，要‘房抗’开理事会来决定。”

新安家族(节选)　季　宇

一

光绪二十一年春,天送在背井离乡两年之后,终于又回到了故乡。母子相见,抱头痛哭。姐姐天叶也哭得像个泪人似的。她们根本没有想到还能见到天送。两年未见,母亲一下子苍老了许多,头发全白了。自从父亲被杀之后,家里便败了,生活失去了依靠,多亏胡东阳的接济勉强可以维持生计。但是,母亲是个要强的人,她不愿拖累胡叔,便带着天叶去给人家帮佣,春荒的时候,只好拿着家中的物品去典当,勉强度日。看着家徒四壁的凄凉惨景,天送心里一阵阵发痛。回来之后的第二天,他便打定主意要出去学生意了。母亲似乎还有些不情愿,她说:"你爹最大的心愿就是希望你金榜题名,光宗耀祖,他要是知道你放弃科考一定会难过的。"可是天送却说:"娘,此一时,彼一时,家里现在都成这样了,连饭都吃不上了,爹要是在的话,看到这个样子一准会更难过。我是家里唯一的男人,不能再让娘和姐受苦了。"

天送说到做到,很快做好了准备。徽州山多田少,历来经商之风盛行。所谓地狭而民众，耕地瘠薄，粮食不足于自给。为了生存，徽民不得不求食于四方。于是，经商成了谋生的重要手段。当地有谚云："以贾为生意，不贾则无望。"更有歌谣唱道："前世不修，生在徽州，十三四岁，往外一丢。"由此不难看出，像天送这样小小年纪就外出学生意的，在当地并不鲜见，可谓习以为常。然而，尽管如此，在儒风盛行的徽州，科举功名仍然最为神圣。天送放弃科举也心有不舍，但他并不后悔。现在他唯一的想法就是让娘和姐能吃饱饭，过上好日子。为了这个目标，他义无反顾，决心要干出一番名堂来。

临走之前，他做了三件事。第一件就是去云梦庵，把鲍清源的信亲手交给了明慧师父。这是鲍叔的重托，而且这么久未见明慧师父，他也怪想念的。明慧师父正在抄写经书，见到天送非常高兴，放下笔便忙不迭地招待起他来。她泡了茶，还找来了一些果子，然后迫不及待地和他谈了起来。她有很多话要说，天送同样如此。他讲了自己的遭遇。当他说到鲍清源时，明慧师父的脸色一下子变了，但她极力保持镇静，不让自己的情绪表露出来。天送说到了画像，他说鲍叔的卧室里至今还摆放着她的画像，谁也不让碰，其珍贵之至任何东西都比不了。他还说到了鲍清源对她的思念，这种思念并不因为时间推移而有所减弱，相反倒是愈久弥深，更加刻骨铭心。明慧师父渐渐地有些控制不住自己了，她站了起来，背过身去，浑身颤抖着，痛苦地闭上了眼睛。

"阿弥陀佛。"她嘴里轻声念道。天送接下去又说了什么，她一句也没听进去。死水般的心里开始掀起了波澜，逝去的往事又在她的脑海中纷乱地闪现出来。她的心开始一阵阵收缩，疼痛起来。那是一种伤口重新被撕裂后的疼痛，鲜血在流淌。她感到窒息，喘不过气来。

天送有些担心地看着她："明慧师父，你没事吧?"

"没事，"明慧勉强地笑了一下，"我感到有些头疼，不大舒服。"天送见此，不便久留。他站起来说："明慧师父，我今天来还有一件重要的事情。"他把鲍清源的信拿出来递给明慧师父。"这是鲍叔写给你的，他让我亲手交给你。"

明慧手一抖，像是被针刺了一下似的，信落在了地上。"阿弥陀佛，"她闭上眼睛，双手合十，"过去的都过去了，我不想再提起了。这封信你还是拿走吧。"

天送弯腰捡起信，有些为难地说："明慧师父，这是鲍叔交代的事，你要不收的话，这叫我日后怎么向鲍叔交代啊? 我那么老远地带来，你就收下吧。"他用央求的口气说。明慧沉吟了片刻，似乎是不想让他为难。"那好吧。"她伸手接过信。天送一阵释然，可还没等他高兴起来，只听"嚓"的一声，明慧师父已经将信撕成了两半。天送实在搞不明白，这是怎么一回事。在回去的路上，他一直在想，但却始终没有想明白。

天送要做的第二件事就是去剑潭，找老庆叔的家。早在南洋时，他就想好了，只要自己能活着回来，就一定要找到老庆叔的家。他要把老庆叔的娘当作自己的亲奶奶，替他尽一份孝心，以此报答老庆叔的恩德。

剑潭位于深山之中，天送带着干粮走了三天三夜，终于找到了老庆叔的家。老庆叔的家早已破败不堪，三间房已经塌了两间，剩下的一间也到处漏风。是阿昌领着天送来到了老庆叔的家。阿昌就是老庆的堂弟，当年他和老庆一起去上海，他还把老庆送上了船。没想到老庆这一走便如泥牛入海，再也没有了音信。老庆娘的眼睛已经全瞎了，她佝偻着背，满脸皱纹，面色蜡黄。听说南洋来人了，她便抓住天送的手紧紧不放，说庆儿为什么不回来？娘想他啦，想得心都碎了。天送不知说什么才好，多亏阿昌替他解了围。阿昌说，老庆那边忙，一时回不来，等忙过了这一阵子就会回来的。老庆娘一边说，好，好，让他快点回来，一边抹着眼睛，深深的眼窝里涌出了泪水，顺着脸上的沟沟坎坎滑落下来。

天送把身上带的钱全都掏了出来，总共有五十多两。这些钱都是临走前鲍叔给他的，除了路上的花销和留给家的一些外，剩下的全在这里。他把这些钱给了老庆娘，让她还清债务，再修理一下房子。第二天，他还专门跑到镇上割了两斤鲜肉，剁成大块之后，全部红烧了。香喷喷的烧肉端上桌后，天送便把它摆在了老庆娘的面前，他说："奶奶，你吃吧，好好地吃个够，这可是老庆叔的心愿啊！"老庆娘一边嚼着肉，一边又哭了。她说："庆儿要在就好了，你给我说实话，他是不是不在了？"天送泣不成声了，扑通跪下来说："奶奶，你今后就是我的亲奶奶，守义就是我的亲兄弟！"老庆娘摸索着抓住天送，然后抱着他说，好孩子，接着便失声痛哭。这天晚上，天送与老庆叔的儿子守义并排躺在床上，怎么也睡不着。守义说："哥，你怎么了？"天送说："哥在想，一定要挣钱。挣了钱，我要让你和奶奶都过上好日子！"

天送要做的第三件事，就是去看胡东阳，向他请教。但是，还没等他前去，胡东阳听说他回来了，倒先一步来到了程家坞。他对天送的想法表示理解，问他具体有何打算。天送说，家里有个远房伯伯在上海开茶庄，他想先投奔他，以后再图发展。胡东阳说，这样也好。他本来就是一个淡泊科举之人，认为人各有志，不一定非在一棵树上吊死。他对天送说，中国士人的理想是修齐治平，但治国救民并不见得非科举，非做官。春秋时，有两个大商人，一个计然，一个范蠡，正是他们帮助越王复国，一雪国耻家恨。人们也许只知道越王勾践卧薪尝胆，忍辱负重，但却不知道吴越战争打的是财力，是银子。正是计然、范蠡帮助了勾践。他还告诉天送，天下本没有什么尊卑之别，也没有什么贵贱之分。士农工商，商为末技，这只是世俗之见。人生在世，贵在自强。不在你做什么，而在你怎么做。

他们谈了很久。在胡东阳的开导下，天送豁然开朗。他们还谈到了父亲的死。胡东阳说："这事背景复杂，就连郑大人也没有查明白，所以，你爹的仇要报，但不能操之过急。眼下，你首先要立业，站稳脚跟。君子报仇，十年不晚，总有一天这件事会有个水落石出。"

办完这三件事后，天送就要动身起程了。临走前，他去向胡东阳告别："弟子就要远行了，胡叔还有什么要吩咐的吗？"胡东阳捻着胡须说："该说的我都说了，临走前，我再送你一幅字吧。"说着，提笔写下了一个"道"字。"胡叔，这是何意？"天送问道。

"你自己慢慢悟吧。"胡东阳笑着回答。

二

渔梁坝位于歙城以南约六里路的地方，离此不远的歙浦口就是渐江和练江的交汇处。两江交汇之后，始称新安江，继续东流，经由南源口、坑口、深度和街口，便出省至浙江，再沿千岛湖、钱塘江而下，即可直奔杭州和上海。由于独特的地理环境，早在唐宋年间这里就已垒石筑坝，逐渐成为著名的码头。

天送这天一大早便来到渔梁坝，打听前往上海的船只。码头上热闹非凡，大小船只远远近近地停了一片。到处堆满了货物。人们穿梭往来，人声喧哗。一些脚力扛着包正在装货或卸货，小商小贩大声叫卖着。为了节省盘缠，天送四处打听，想找一个顺道的货船把他捎往上海，可打听了半天没有一家肯答应的。天送碰了一鼻子灰，有些沮丧。这时一个好心的脚力看他可怜，便指点他说："你去找那个人看看。"

"他是谁啊？""鸿泰庄的老宋。"

天送将信将疑地走了过去。那个老宋是个三十开外的汉子，黑皮肤，四方脸，眉毛又浓又黑，看上去颇有几分威严。此刻，他就坐在不远处的一个棚子内，一边吧嗒着旱烟，一边朝外打量着。

天送走过去，叫了一声大叔。"什么事啊？"老宋抬起头来，看了他一眼。

"大叔，我想去上海，捎个脚吧？"

"嗬，想蹭船？""大叔……"

"别说了，"老宋摆了摆手，打断了他的话，"鸿泰的船不载生客，你上别处看看去吧。”

“大叔，别处没船了。”“那我就没办法了。”老宋磕了磕烟袋，站起来，向棚子外边走去。天送急忙跟了上去，他说：“大叔，大叔，我不白坐船，我能帮着干活哩！”老宋斜起眼看了他一下：“干活？你能干什么？小屁孩一个。去去去，一边耍去吧！”可天送紧追不舍，像个跟屁虫似的跟在老宋后边一个劲地缠蘑菇：“我能干，真的能干，不信你试试，我什么都能干。”老宋有些不耐烦了，他说：“你能干什么？能扛包吗？”他拍了拍身边的一个货包，本想唬他一下，没想到天送居然连咯噔都没打，便说：“我能行。”

老宋愣了一下，说：“你知道包里是什么吗？”天送说不知道。一个脚力插话说：“这包里可是干笋片，百把斤重哩！”“你扛得动吗？”老宋讥讽道。“我能行。”天送还是那句话。老宋笑起来：“好啊，你只要能扛走，我就捎你。”

天送一听这话，便放下包袱，朝手心里啐了一口，然后走过去，弓下腰来。周围的脚力们围了上来，有人说：“别瞎逞能了，多大点孩子，累塌了底不得了。”众人笑了起来。天送一声不吭，他拍了拍肩膀，示意上包。“嘿，这小子还当真了！”一个脚力说，“给他上！”

于是，就有两个汉子上前抓住包，喊了一声“起！”，便将包儿向上一悠，天送顿感身子一沉。由于惯性的作用，这力量来得很猛，也很大。他一个踉跄，立脚不稳便摔倒在地上。

周围响起了一片笑声。老宋也笑了。他说：“好了，别逞强了，压坏了可是一辈子的事！”天送涨红了面孔，一脸的不服气。他三下两下地扒掉衣服，往地上用力一甩：“再来！”

“嘿,这小子还不信邪了!”“屁大点孩子,还不服输。”

人们嘁嘁喳喳地议论着。“再让他试试。”有人说道。刚才那两个汉子这时又上前抓起包来。“起!”他们一声喊,再次把包悠了起来。这一次,天送铆足了劲,用力支撑住。虽然还是向前踉跄了几步,但在摇晃了几下之后,最终还是挺住了。“好!”有人喝起彩来。天送稳住劲,开始慢慢地挪动起脚步。他的脚步很小,很沉,几乎是拖在地上,两腿仿佛灌了铅似的,每挪动一点都显得异常艰难。很快,他已是大汗淋漓,力不能支了。可他还是顽强地支撑着,牙齿咬得嘎嘎直响,头上的青筋也暴突出来,一根根的,清晰可见。

人们惊叹起来,都说这孩子不简单啊,有股子拧劲。老宋看在眼里,开始有些不忍心了。他几步走了过去说:“好了,好了,别扛了。”天送翻起眼睛,一边喘着粗气,一边看着他,那神情好像在说:“我能行。”老宋笑了起来,他说:“真是个犟种!”

晌午时分,船队开始起航了。老宋同意天送上了船。站在船边上,看着岸边的景物像水一样慢慢地漂走了,越漂越远,天送抿着嘴美滋滋地乐了。

新安江是徽州的母亲河。它发源于休宁,穿行于万山丛中,逶迤东流。对于交通闭塞的徽州来说,它是通向外界的一条重要孔道。一代代的徽州人就是从这里走出徽州,走出大山的。春天的新安江最为美丽。江水温柔,静如处子。水面像镜子似的,在春阳之下波光粼粼。水浅处清澈见底,可见水底的卵石,还有小鱼在活泼地游动。两岸一片苍翠,崇山峻岭中时而可见涓涓山泉、条条飞瀑，充满了诗情画意。李白曾有诗云："清溪清我心，水色异诸水。借问新安江，见底何如此？人行明镜中，鸟度屏风里。"船过坑口，水浅处便有纤夫拉纤，雄浑的纤歌一声声地从岸边传来：

一自渔梁坝——哟——嘿哟！
百里至街口——哟——嘿哟！
二自街口行——哟——嘿哟！
淳安往前走——哟——嘿哟！
三自建德转——哟——嘿哟！
杨村过桐庐——哟——嘿哟！
四自桐庐起——哟——嘿哟！
富阳在前头——哟——嘿哟！
徽郡至杭州——哟——嘿哟！
水程六百走——哟——嘿哟！

天送看着这壮观的景象，心情激动起来。再往前走，船过街口，便进入了浙江境内，徽州正在逐渐地远去。天送怀抱着憧憬，跃跃欲试。

几天下来，天送很快便与船上的人厮混熟了。他手脚勤快，眼里有活，大家都很喜欢他。尤其让老宋高兴的是，天送会下棋，一路上替他解了不少闷。老宋爱下棋，但棋术一般，尽管如此，在船上却找不到对手，这让他大为扫兴。有一天，他实在无聊，在那里胡乱地摆着棋。见天送给他送茶来，他便问天送会下棋吗。天送说会一点。老宋说，来来来，我让你两个子。天送笑了，说还是先别让了。老宋心想，这小子还真不知厉害。

哪知一局下来，老宋的头上便冒汗了。直到这时，他才明白碰上硬手了。天送的棋术是跟着胡东阳学的，虽然小小年纪，已非等闲之辈。老宋使出了浑身解数，也只有招架之功。好在天送总是适可而止，见好就收，每每以和棋收局。老宋心里有数，这孩子是在给自己留面子哩！嘴上不说，心里倒有些佩服了。

不久，船队过了建德，进入了钱塘江。又走了十多日，前边就要到达杭州了。这天，天送正在和老宋下棋，船队突然停了下来。老宋正感诧异，只见船队总管老庚头匆匆走来了。“杭州开征塘捐了！”老庚头老远地就叫了起来。

“什么塘捐啊？”老宋一时没有明白过来。老庚头解释说，朝廷为了整修钱塘堤坝，特准杭州河道开征塘工捐银，凡过往货船都得按章交纳。

老宋一推棋盘，站了起来。“走，看看去！”他和老庚头一起向河道关卡走去。天送也跟在后边看热闹。一路上，只见河道上横七竖八地停满了船只，把整个河道都堵死了。人们都在交头接耳地议论，情绪颇有些愤愤不平。河道关卡前，布满了兵丁。不少人拥在关卡前，吵吵嚷嚷地说着什么。天送跟在老宋叔和老庚叔的后边挤了进去，只见一个脸盘又白又大的河道官员一边剔着牙，一边正在说着什么。

“诸位，诸位，”那个官员操着江南官话，不紧不慢地说道，“静一静，大家静一静。开征塘捐，这是朝廷旨意。钱塘江年年发水，祸害百姓，你们说要不要修啊？自然是要修！可这要修，就得钱啊！钱从哪儿来呢？光靠国帑库银可不行啊，朝廷也有朝廷的难处嘛。所以嘛，开征塘捐，这也是不得已而为之。俗话说得好，众人拾柴火焰高嘛。人人掏一点，九牛一毛，何乐不为啊？其实，这也是朝廷体恤苍生、关心百姓嘛！"

他的话音一落，人群中便七嘴八舌地叫起来：

"可这塘捐也太高了！""这可不是九牛一毛！"

"这生意没法做了。""我们都是小本生意啊，你们还让不让我们活了？"……

那个官员沉下脸来，有些不悦了，他说："打住！都打住！你们都别乱吵吵了。本官知道，你们这些生意人最会叫苦。一找你们要钱，你们就叽叽歪歪的，哭天抢地。有道是，无商不奸啊，真是不假！可这钱不找你们征，找谁征啊？自古就是如此，这叫与其病农，不如病商。""这叫什么话嘛，"一个汉子高声说，"难道我们做生意的就是该死啊？""死不了，"那个官员说，"本官心里明白，你们心里也明白。""大人，这也太不合理了！"又有一个汉子抗议道。"放肆！"那个官员恼火起来，他一板脸，大声喝道，"合理不合理，本官说了不算，你们说了也不算，这事上头说了算！本官这是照章办事，秉公执法。废话少说！你们都睁大眼睛，给老子看明白了，朝廷的谕旨就挂在这里，不交银子，谁也不准过。谁要硬闯，就给我扣船！"说着，一摆手，拂袖而去。

众人一片不满，都恨恨地嘀咕道："太不像话！这是巧立名目嘛！""听说还层层加码。"

“名为修塘，实为捞钱！”

“钱塘大堤年年修，越修越糟！”

……

尽管人们牢骚满腹，怨声载道，可面对重兵把守的关卡却毫无办法。过了一会儿，众人逐渐散去，老宋和老庚也从人群中退了出来。回到船上，他们开始商议起来。老宋说：“看来这刀非挨不可了。”老庚说：“可不是，不过，这塘捐可不低，一担货收五钱，光咱这一单就得上百啊！”“是啊，”老宋吧嗒着旱烟，想了想说，“看来这事还得回禀一下啊。”

“你是说向总号？”老宋点点头。

“那就得等了，这一个来回，没个十天半月怕是不行啊！”

天送在一边给他们倒着茶，这时忍不住插了一句：“干吗非得等啊？咱不能绕道吗？”“绕道？往哪绕啊！”老宋白了他一眼说，“这水道能随便乱走吗？这里头讲究可大了，走不好要出大事的。”天送沉默了一会儿，接着又说：“老宋叔，我听说绍兴那边有条内河，经杭州湾可达上海……”“听说有啥用！”老宋不以为然地说。老庚头这时开口说话了：“老宋啊，你别急，先听他说。”接着，便扭过脸来，看着天送问，“我说，这绍兴内河，你听谁说的？”

“鲍叔的《行情启》里都写着哩！”天送转身进了舱，从包袱里翻出鲍清源送给他的《行情启》，双手捧着又跑了回来。原来，鲍家的《行情启》里记得清清楚楚，从新安至上海，除了钱塘水道，绍兴内河亦有一条通道，此道由萧山至绍兴，然后再渡杭州湾，即可跨海至沪上。“你们看，这上面都记着哩！”天送用手指着说，“这条路怎么走，距离是多少，沿河有哪些村镇，还有河的宽度、深度，能走什么样的船，都标得一清二楚。”

老宋将信将疑地接过来看了一会儿，然后一咧嘴乐了，他说：“嘿，你哪来的这个宝贝啊！”天送说了来历之后，老宋说，“原来是鲍家的《行情启》，难怪哩！——哎，我说老庚啊，”他转过头来问，“你听说过这条道吗？”“听说过。”老庚是个老码头，也算经多识广，这条水道他虽没走过，但早有耳闻，他说：“当年闹太平军时，杭州被占领，有人向上海偷运粮食，就走过这条道。”

“是吗？”老宋说，“这条路要能走通，那就太好了！虽说路程远些，但与塘捐比还是要节省许多，起码是不受气了！那你看能走吗？”“能啊，”老庚拍了拍《行情启》说，“有这玩意儿，还有什么不能的啊？”老宋一下跳了起来：“那我们还等什么？”老庚说：“别急啊！你让我先派人蹚蹚道，毕竟这么多年过去了，保不准有什么变化呢。”“说得对！”老宋说，“到底是老码头，想得周全！快去吧！”

老庚起身而去。老宋高兴地一击掌，然后又伸手拍了一下天送的脑袋说：“嘿，你小子！这趟带你是带对了，不仅对了，还赚了！”天送心里也美滋滋的，他说：“老宋叔，看你高兴的！”“能不高兴吗？”老宋哈哈大笑，“这条水道要能蹚出来，那可是大功一件喽！”

当　铺　季　宇

一

朱老板下了洋车，朝停在东关当门前的那辆黑色小汽车打量了一下，心里就想：来了大主顾了。

车夫正候在边上等着收车钱。朱老板在口袋里摸索了一会儿，摸出了几枚零子，又在手里掂了掂，这才一枚一枚地数到车夫的手里。

“朱老板，车钱是一毛。”车夫小声提醒道。

“啥？”朱老板皱起了眉头。

“啥？”他说，“这点儿路要一毛？日他二的真是黑了心。”

车夫是一个憨厚的年轻人，朱老板的话竟让他红起脸来。但他仍然小声说：“四里多路哩，再少也得一毛吧？”声音怯怯的，好像失了什么理似的。朱老板却完全是一副理直气壮的样子。

“就这么多了，就这么多了！”他不耐烦地挥挥手，“要剥人啦！日他二的真是黑了心！”

车夫望着他的背影，只好小声骂一句：“二的！”也无可奈何。

朱老板是五湖地界有名的人物，名华堂，字民泰，长得干瘦干瘦，下巴颏儿尖尖的，耷拉着眼皮，几乎成年累月地阴着面孔，极少开笑脸。遇到高兴的事他也只是轻轻地干咳几声，极其吝啬地宣泄着内心的喜悦。朱老板的悭吝和苛刻是出了名的，且头脑也极顽固。民国许多年了，他的脑袋后边仍留着一条枯巴巴的小辫子。前清遗老、乡愚下流固无论矣，像朱老板这种商界和典当业中的头面人物亦豚尾后垂，却极其罕见。直到前几年，世风所趋，不得已他才勉强剃去了辫子。朱老板并非对大清朝皇帝有什么留恋，他这样做完全是受一种顽固的习惯和惰性所支配。

朱家早年是皖东有名的大财主，拥有田产数千亩，佃户分布于交界的三县几十个村庄。辛亥年大变故发生后，由于军阀混战，战乱连年，加上年成不好，十年九荒，靠田产吃租的日子一年不如一年，朱华堂便变卖了大部分田产，进城开起了当铺。“要想富，开当铺。”这是当时流行的一句话。当铺在清代时便和盐商一样，由政府发给龙票，并受到官方的保护，向有“官当”之称；加之一本万利，赢利丰厚，又无风无险，因此，清末民初的王公贵族、大官僚、大商人、大地主、大军阀等纷纷投资于当铺，典当业出现了空前繁荣。朱华堂开当铺没多久，因为架本（资金）雄厚，善经营，心狠手辣，悭吝苛刻，很快就成了引人注目的人物。当时中国最负盛名的当铺号称“四顺、八恒、八家、三裕”。“四顺”指的是天津的大顺、元顺、恒顺、和顺四家大当铺，行内称“四大顺”。与“四大顺”齐名的是北京的“八大恒”，即八家带“恒”字的当铺。“四顺、八恒”都是清代内务府大臣明善家族经营的。此外，天津还有“八大家”，如长源杨家、杨柳青石家、上城刘家等。这些大当铺大多集中于京津一带，但在南方却有“三裕”可与之相提并论。这“三裕”是：上海的裕昌，南京的裕德，还有一“裕”便是朱华堂的裕和。在江淮鲁豫之间，裕和朱家几乎是无人与之匹敌的。

裕和当坐落在五湖的中心大街上。中心大街是五湖城最繁华的街道之一。一进街口老远就可以望见一所高大坚固、古色古香的建筑，铁门钢窗，威风凛凛，四周的围墙高达数丈，在整条大街上鹤立鸡群，十分突出。这就是大名鼎鼎的裕和当铺了。当铺迎门的影壁上，挂着一块“裕国便民”的牌子。铺堂内还悬着一块金字黑底的牌匾，上书“昭灵锡祜”，每个字铜盆大小，据说是出自前清某位翰林之手。门外还挂着象征着威严的绿柄红头军棍和告示牌，气派浩然，令人敬畏。据说袁世凯执政时期，城里曾发生过一场兵变，许多商行和当铺都遭了劫难，裕和当却凭着坚固的建筑躲过了这场灾难。

裕和当除了坐落在中心大街上的总号外，还有四家同样规模不小的分号，分设于东关、西关、南门、北门。其中，东关当是四家分号中最大的一家。朱老板隔三差五便要去四个分号巡视一番。当时，汽车虽还不太多，但在上层人物中已不算什么新鲜的东西，当地人称之为“龟壳车”，军政显要、达官贵妇自不必说，商界里像华丰纱厂、民生船运公司、东兴钱庄的老板，出门办事也都是屁股冒烟儿。稍次些的，也都有自己包租的洋车。但朱老板在肚里拨拉过算盘子儿，买汽车简直是大逆不道，即便包车也“日他二的”不上算。不用车的时候，车和车夫都闲在那里，岂不是太浪费了？他花的每一分钱都必须是实打实的，用他的话说，叫“满锅贴饼子”。因此，朱老板每次巡视或外出，总是临时叫车，而且每次付车钱总是百般克扣，这在他几乎成了一种乐趣。每次少给几个钱，都使他兴奋好一阵子。城里的洋车夫都怕他叫车，又不敢不应差。在生意不好的时候，许多车夫都得靠当铺吃饭。冬季里，有的车夫甚至每天早起把棉衣送进当馆，押点钱买米，晚上赚了钱再赎回来穿，过着“早当晚赎”的日子。朱老板岂是他们敢得罪的？

朱华堂付了车钱，转身向东关当走去。他的猜测没有错。东关当这一天果然来了一位大主顾。

二

东关当的掌柜叫田七。他是朱老板从老家带出来的人。田家过去一直是朱家的佃户。朱老板进城开当铺后，田七自幼便在当铺里干活，从学徒一步步混到分号掌柜的地位。他为人实诚，办事得力，当行的业务熟，内心有主张，一向受到朱老板的器重。

裕和的分号与其他当铺的分号，在名称上有一点儿不同。大凡分号，号牌上一般都写明某某当某某分号的字样，裕和当的分号却不注明。如东关分号，铺名就直接叫“东关当”，另外三个分号亦如此，给人以独立当铺的印象，初到乍来的人往往也想不到彼此是一家的。这又是朱老板精明过人的地方。当铺的分号多，固然能显示其实力，给人以信赖感，但也有弊端。

开当铺的人都有个原则，那就是尽量压低当价。这是当铺赚钱的来源。当价，又叫当本，当铺对当品估价，有个不成文的规矩，即打对折计算。一百元的东西当价就是五十,这叫“当半”。要想多赚钱,特别是在拍“死当”时多获利,当铺在估价时并不如实地按“当半”开价,而是千方百计地压低当价。当价越低,赚头越大,油水越多。这是常识。但当价压得过低,就不怕当户不情愿?当铺对此并没有太多的顾虑。因为谁不到了走投无路的地步肯上当铺呢?当铺的全部奥妙就在于乘危打劫。遇到当价谈不拢时,当铺有时也会做些让步,那都是极有限的。如果还谈不拢,那就走人吧。不过在当品上却要做些手脚。比如,叠衣服时两只袖子一反一正;珠宝之类用金刚石轻磨一下;古书古画之类用长指甲做个暗记。如此种种,不一而足。这样当户再到别的当铺,那家也就心里有数,开出的当价也就大致相同。当行之间虽有竞争,但在赚钱这一目的上都是相同的。当户几家一跑,往往也就死了心,只好认宰。

不过,这样做肥水有时就要外流。这是朱老板极不甘心的。况且,当铺对一般当品估价都有固定的标准,相差不会太大,但遇上“巧当”和“黑当”情况就不同了。所谓“巧当”,是指那些价格昂贵的当品,即便按“当半”估价,利润也是极可观的。至于“黑当”是指那些来路不太明白的当品。这些当品有时价值连城,估价时出入也很大,有时会有上千上万的出入。朱老板当然不肯失掉这样的机会。城里虽然还有好几家当铺,但都是小庙小菩萨,大凡“巧当”“黑当”是不会冲他们去的。要找大菩萨,五湖城内只有裕和当,包括四大分号。不标明分号的道理也就在这里:总号谈不拢,你还可能去分号;这家分号谈不拢,你还可能去那家分号。转来转去，你都跑不出裕和的掌心。朱老板的这一招，不可谓不精明。

东关当这天来的大主顾是在开门后没多久到达的。此人三十来岁，戴礼帽，着长衫，脸皮白净，鼻梁上架着一副金丝眼镜，脚下穿着一双簇新的英国皮鞋。车到东关当门前，便嘀嘀嘀地揿响了喇叭，显然是个有来历的人。

果然，那人进了当铺后，朝门柜上斜了一眼，问："当家的在吗？"便在铺堂上的太师椅中一坐，跷起了二郎腿。

"老板，您有啥贵干？"伙计在门柜后边探出身子招呼道。"老板"是当地对人的一种尊称，如同现今见人喊"师傅"一样。

"请当家的出来说话。"那人理也不理，嚓地点着了香烟。

伙计不敢怠慢，忙去后边喊出了田七。

田七来到后说："老板有啥吩咐？尽管说。"

那人撩了撩眼皮，没说话。田七便明白了。田七说："屋里请！"把他让进铺堂边的一间小房里。这时候，那人才慢吞吞地开口了。那人说："我想请你看件东西。"

说着，他从随身的大手提包中取出了一件物品。这件物品包裹在一块布片中。布片尚未展开，田七心里便扑通跳了一下。

包裹物品的布片是一块绣有团龙花纹的黄缎子。田七一眼便看出这是宫中才有的东西。但他表面上不动声色，看着那人仔细地展开包布。包布里是一个烧制得非常精致的珐琅盒子。打开盒子，田七一下子张大了嘴巴。

盒内卧着一只硕大的玉乌龟！

一时间，田七满眼生辉，眼底一阵阵刺痛，好一会儿才从起初的震惊中恢复了常态。他仔细地看了看那只玉乌龟,心里又是一阵阵惊叹。这只玉乌龟的身体是用一块极其罕见的巨大的碧玉雕刻而成,雕工之精细自不必说,通体还镶嵌着黄豆大的珍珠,足有数百粒之多。龟头由一块蓝盈盈的印度绿宝石制作而成,更是稀世珍宝。乌龟的底部有一行类似波斯文的小字。田七想,这准是内廷的贡品。

他又看了看珐琅盒内的垫布,更是激动得浑身发抖。这种布的花纹组织很特别,由 X 形和 V 形纵横编织而成,人称“经畦纹”,是一种典型的“汉式组织”。但从编制的精细来看,又显然不是汉纺。田七凭经验断定,这是一种仿汉织品,其年代再晚也不会晚于宋代。田七虽说念书不多,但在当铺里滚了大半辈子,经手的文物也有成千上万,对古董的鉴别已达相当的火候。他知道,眼前这个东西是个无价之宝。

他抬起头看了看那人,那人也正在看他。田七说:“你想当?”那人说:“那要看什么价。”田七说:“你说个数吧。”那人说:“你是行家,你开价。”

田七笑了笑,朝门外喊:“看茶!”又递上烟,亲自上前为那人点了火。

田七心里在想:这家伙是个什么来路呢?听口音是北方人。京津一带大当铺云集,为啥要舍北而南,舍近求远呢?当时,一些前清王族的后裔以及富家子弟有时候花天酒地,入不敷出,常常背着家里将一些宝物偷出来典当。但京津一带消息灵通,很快就会传播出去,有时还会成为小报的新闻,闹得沸沸扬扬,所以不少人便宁愿多跑些路，图个安生。这家伙是不是这一路的呢？要么是“黑当”，这种可能也不能排除。田七暗自琢磨着，一时也没个准头。

那人有些不耐烦了。田七笑着说：“老板要银票还是要现钞？”

“我要大洋！”

“好，”田七说，“我们可以付大洋。不过——”

那人等着下文。田七却说：“抽烟，你抽烟！”点上火后，田七才说，“不过，规矩你是懂的，一般上千的东西，当铺都不付现洋。但你放心，我们可以付现洋。”田七的意思是说，我们付现洋，价格上你就得让着点。

那人说：“这我懂。”

“好，懂就好。”田七又说，“这东西看起来像是个好东西，不过——”

那人看着田七。田七却说：“喝茶！你喝茶！”自己端起杯子，呷了一口，然后慢慢地把杯子放到桌上，他接着说，“不过，这东西中看不中用，要是搁住了就很难走得动，压钱不说，反倒是个累赘。”

那人有些不耐烦了：“你能不能痛快点？”

“好！老板是个痛快人，咱也不给你来虚的。”田七略略沉吟了一下，伸出了五个手指。

“多少？”

“五千！”

“捉大头啊！”那人从椅子上蹦起来。“捉大头啊！”他叫道。

田七笑着说:“老板不信,可以出去再访访,这个价可是撑天了。”

“得!”那人气呼呼地收拾东西要走。田七却伸手按住盒子。田七说:“老板不妨报个价。”

“起码也得上万!”

田七哈哈笑起来,一边笑一边动手替那人收拾起包裹。田七说:“既然如此,小号也不敢强留,老板您另寻他处吧。”

就在这时候,朱老板来到了东关当。

朱老板说:“能让我瞧瞧东西吗?”

那人见朱老板其貌不扬,衣着又很旧,不摸底细,就有些不大情愿。田七说:“这是我们大当家。”那人便说:“你们也太黑了!放血也不能这么个放法!”

朱老板阴着脸,并不搭话。田七在一边展开包裹,打开盒子。一刹那间,朱老板的眼睛里便直直地放出光来。他把那只玉乌龟小心地捧在手里,嗓子里不停地干咳起来,仿佛受了什么突然的刺激,咳得那位主顾直皱眉头。田七当然明白这意味着什么。

“日他二的!”朱老板的声音都有些哆嗦了。由于意外的惊喜,他几乎控制不住自己的情绪了。他非常清楚眼前这个东西的价值。这只玉乌龟即便拍“死当”也能拍到两三万元,至于其本身究竟值多少钱,他根本无法估量。“日他二的!日他二的!”他不住声地咕哝着。

稍稍镇定了一下,朱老板把目光移向了那位当户。尽管刨根问底是开当铺的大忌,但他还是眼珠转了转,说:“老板像是远道而来。”

那人回答，正是，并声称外出做生意遇到了麻烦，手头急需资金周转，把家传的珍宝拿出来质典，也是出于无奈，云云。朱老板知道是编出来的，也不戳穿。

朱老板又说：“都是场面上混的人，老板想必知道，当行的规矩，当期十八个月。但这种压钱的东西，当期就要再谈一谈……”

那人似乎对当期并不关心，没等朱老板的话讲完，就插上来说：“你们那个价根本不弹筋，也太黑了嘛！”

朱老板心里这时候已经多少有点数了。此人八成是来押“死当”的。大凡临时抵押，一般就近入当，以后赎起来方便；另外对当期不会等闲视之。当期长一些，将来赎回的可能性就大一些。但此人既不就近入当，对当期也无所谓，所以朱老板断定此人很大可能是来押“死当”的。果真如此，那就更有利可图。“日他二的！”朱老板又频频地干咳起来。

他小声对田七说：“你放了多少价？”

“一挝。”田七回答。这是当铺的术语，“一挝”指的是五。

朱老板说：“加个‘道子’。”想了想，又补充道，“‘眼镜’也行。”

当铺的术语中，“道子”指一，“眼镜”指二。这段话的意思是：可以再加一千，两千也可以考虑。

田七明白了。田七对那人说：“我们大当家的放话了，老板大老远地来，也是我们的缘分，我们放个口，再加一千。”

“得！”那人一翻眼。“得！”他说，“想捉我的大头啊？那可没门！”说着起身就要走，毫无再商量的余地。田七只好替他收拾起东西。朱老板坐在一旁冷眼相观，一直未说话。直到那人走到门口了，他才站起身来又一次圆盘。

“日他二的！”他说，“再加一千！”

“得！”那人拉开门。

“得！”他说，“你们也他妈的太黑了！”

门外响起了汽车声。朱老板立即吩咐田七给总号和各分号挂电话，交代各号掌柜此人如果去了，当价不准超过五千。他清楚，在五湖城内能吃下这只玉王八的只有裕和当，何况要的是现大洋，别家当铺是没有这个财力的。他相信，那人还会再回来。

朱老板耐心等待着。

几个小时后，东关当的门前再次响起了汽车喇叭声。“日他二的！”朱老板又一次大咳起来。

三

朱老板乐颠颠地回到家中。朱府的院子紧挨着裕和当铺，进出的大门开在另一条大街上，和当铺相通有一个后门。朱老板穿过当铺，从这个后门进入了家中。

玉乌龟的事使他心花怒放。当那位当户重新回头来到东关当时，他心里的一块石头也落了地。虽说一切都未出他的意料和掌握，但事情毕竟有意外；万一那人改变了主意，或者一气之下离开了五湖？这种担心现在看来，显然是多余的了。这人急等着钱用！朱老板心里更有底了。原先谈妥的七千元钱当价，他也不再认账了。

“啥?”他说,“七千元?”

“这不是你刚才说的吗?”

“不!”朱老板的态度已变得十分傲慢,他说,“刚才是刚才,现在是现在。”

“那你说多少?”

“六千五。”

那人急眼了。他越急,朱老板越沉着,完全是一副满不在乎的神情。最后,田七出面圆盘,双方让一让,以六千八成交。但付款时,朱老板只给了六千五百块光洋。他解释说,店里眼下只有这么多光洋,剩下的三百元能不能付纸钞。那人极不情愿,但也不想为这点钱再去扯皮,只好接受朱老板的建议。他当然不知道这是朱老板的惯用伎俩,而且屡试不爽。任何一位顾客都不会为这点细枝末节而推翻整桩交易,这是普遍的心理。朱老板不放过任何一个讨便宜的机会,他是精通顾客心理的天才。

“日他二的!”朱老板一路上都陶醉在自己的智慧和胜利中,直到进了院子,才发现家里有些异样。

厨房里飘出了阵阵鱼肉的香味,他下意识地咽了一口唾沫,忽然想起今天并非吃肉的日子。这是怎么回事?他快步向厨房走去。

朱华堂尽管家财万贯,但却吝啬得不可思议,平日生活也俭朴得不近人情。他规定家里一个月才准吃一次肉,每回吃肉又总是吩咐厨房里多加豆腐、萝卜、大白菜之类。家里人受不了,常背着他吃小灶,却苦了店里的一班伙计,个个牢骚满腹敢怒不敢言。他也极少做新衣服，铺房里挂了“死当”的旧衣物，他便拣出一两件，有滋有味地穿着。他曾试图动员老婆和姨太太也如法炮制，却遭到了殊死的抵制而未能得逞。有一次姨太太说：“你就不怕穿上死人的衣服晦气？”“啥？”他说。这是他的口头禅，不论说什么话，开口总是先来一个“啥”，仿佛是一个引子、一个开场白。

“啥？”朱老板说，“我可是让人用洋胰子洗过哩！”

朱家平日洗衣服是不准用洋胰子的，只能用碱粉，因为碱粉便宜得多。在朱老板看来，他让人用了洋胰子，有了如此“破费”，还在乎什么死人不死人的？姨太太只好摇头，由他去了。

民国开风气以后，牙粉逐渐在世面上时兴起来。价格也并不贵，一毛多钱就可以买一盒。朱华堂却舍不得这点花销，仍按老法子用盐水漱口，并逼迫家里人和店里的伙计们效法。“日他二的，”他说，“还不一屌样！”店里有位“浮住”。所谓浮住，是店里的一种叫法，指的是入号第一年的生手。地位连学徒也不及，尚处在接受考验的阶段。这阶段除了打杂活外，得空了也跟着学珠算，认当字，有时还练练写当票，行内称作抹黑。第一年干得好了，便可“转正”为正式学徒。因此在这期间，浮住们都努力表现，格外小心。但这位浮住入号前，曾在新式学堂里读过几年书。读过几年书便不大安分，有点爱赶“新潮”。有一次背地里偷偷用牙粉漱口，让朱老板碰上了。朱老板的脸便拉得老长。朱老板说：“日他二的，烧得你！”以后就左看不是鼻子右看不是眼。一到正月，便找保人卷了他的铺盖。店里再也无人敢用牙粉了。而用盐水漱口的直接效果，便是把牙齿刷得青绿青绿的。五湖城当时有个顺口溜：“黄牙穷，白牙富；绿绿牙，裕和铺。”裕和当铺的人，牙齿一个个都四季如春。

朱老板就是这么一个吝啬到每一个毛孔每一个细胞的人。在经营方针上，他也向来采取独来独往的“不结盟”政策。他很少参加商会和当业公会的活动，让他当会长他也推三阻四。商界和质典同业中互相借贷的事时有发生，但朱老板从不向别人借，也不借给别人。他时时算计着别人，又时时警惕别人觊觎他的财产。和他打交道的人几乎没人能占到他的便宜。

朱老板走到厨房门口时，吴妈正好端着茶盘迎面走出来。“老爷回来啦？”吴妈笑吟吟地说。

“家里谁来了？”

吴妈说：“少爷回来啦，正在太太屋里说话哩。”

“啥？”朱老板一下子愣住了……

四

朱家的少爷叫朱辉正，是朱老板的独苗儿子。但无论长相，还是性格，朱辉正和其父朱华堂都截然不同。朱辉正身材高大，相貌堂堂，穿戴衣着更是入时考究，一副风流倜傥的公子哥模样；而朱老板却是一个干干瘪瘪的瘦老头，穿得又破旧，就像一根晒枯了藤的老丝瓜。

还在儿子很小的时候，朱老板就一心要把儿子培养成一个像自己这样克勤克俭、持家守业的人，裕和当的家业将来要靠他去继承和发展。朱老板在儿子身上寄托了一个梦想。他教儿子念《名贤集》《朱子治家格言》，诸如“一粥一饭当思来之不易，半丝半缕恒念物力维艰”“自奉必须俭约，宴客切勿流连”“饮食约而精，园蔬愈珍馐”，等等，都是必须熟记且要能够背诵的。在生活上，朱老板更是奉行“教子要有义方”的古训，决不对儿子施以半点溺爱。家里吃肉的规矩也不因儿子有半点破例。有时没有肉，儿子不想吃饭，朱老板就说：“饿他三顿，我看他还想吃不想吃！”在儿子的印象中，这几乎成了一句经典性的名言。朱老板吃完饭后还有一个习惯，就是舔饭碗。据说这是朱家的传统，朱老板是从父亲那儿继承下来的。他当然很希望能够代代相传。他鼓励儿子说：“这叫粒粒皆辛苦。”儿子开始觉得好玩，吃完饭后就把碗底舔得溜光，能照见人影儿。朱老板这时候就高兴地说：“日他二的，好小子，比爹强啊！”但舔过几回，儿子失去了兴趣，不再舔了。朱老板就骂：“日他二的，败家子！”硬逼着去舔，儿子便会哭歪歪地不大情愿。有一次，朱老板竟发现儿子把吃剩下的半个馒头扔到院子里。“日他二的，要败家啦！”他心疼得浑身发抖。

朱老板对儿子吼：“日他二的，捡起来！”

儿子犟着头，不动。

“捡起来！”朱老板冲了过去。

儿子很勉强地走到馒头跟前，又停住不动了。“捡！”朱老板厉声催促道。儿子这才弯腰捡起了馒头。

“吃！日他二的吃下去！”连吼了几声，儿子都不动，朱老板愤怒地拧住他的耳朵，“吃！看你敢不吃！”

儿子忍住痛，翻起白眼，很仇恨地看着父亲，突然一扬脑袋，挣脱开来。“不!”儿子反抗了,“不!”儿子说。

朱老板一巴掌打下去,儿子的小脸上立刻腾起几个鲜红的指印。“哇”的一声,儿子哭了。

“不! 就不!”他喊道。

朱老板更火了,抡起巴掌拼命打。太太和仆佣们闻讯赶来劝阻,儿子一赌气便趁这个机会把馒头扔上了屋顶。

“反了! 反了!”朱老板顿足捶胸。

他让人把馒头弄下来。田七便去搬来了梯子,田七当时还是裕和当的小学徒。他爬上房把那个馒头拿下来,馒头这时早已是黑糊糊的了,但朱老板还是立逼着儿子吃下去。朱老板说:“日他二的,看你敢不吃!”儿子说:“不,就不!”一个满院子跑,一个跟在后边撵,太太哭喊着劝阻,一口一个老爷地叫,院子里乱作一团。田七这时候拦住了朱老板。

田七说:“老爷,让我来吃吧。”

还没等朱老板有所反应,田七已三口两口吞下了那半个脏馒头。看着这一幕,朱老板身子一软,差点站立不住。太太急忙上前扶住他,她看见他的眼里泛着混浊的液体,嘴里喃喃地说着什么,仔细听才听清楚了,他在说:“要败家了,要败家了……”

五

在朱华堂的眼里,儿子朱辉正自幼就是一个叛逆者、一个孽障,父亲的生活法则始终与他格格不入。他爱吃爱喝爱花钱爱摆阔气,上学时就在外边花天酒地。他属于另一种生活,而这种生活正是朱老板痛恨的、难以容忍的。

上中学时，朱辉正学会了赌博。母亲背着父亲给他的钱已难以维持，他开始偷东西。放学后他常到当铺里转悠，和这个说说话，和那个聊聊天。不久秋季对点时，当铺里发现短了不少当品，大多是值钱的东西，于是上上下下开始紧张起来。每年春、秋两季，当铺里都要进行一次对点，春季对点简称“春点”，秋季对点简称“秋点”，这是当行多年沿袭下来的老规矩。所谓对点，就是按当票查对货架。对点结束后，便要放假一天。这一天当铺里要会餐，每个伙计也都会得到一份红包，作为犒赏，钱数不等，就连学徒也有份。大家会过餐后就各自外出听戏或洗澡。当铺里的制度是极苛刻的，平时一般不许外出，有事出去必须得到老板同意，而且必须于天黑前赶回来，不许在外吃晚饭，更不许在外过夜。店里的伙计，上至掌柜、下至学徒，一律住号，不准带家眷，也不准家眷进号探望。五年才有一次探亲假，回家前也不准自己打行李，要有专人检查，防止裹带当铺里的衣物。有人说，进了当铺就如同坐牢，这话一点儿不假。正因为如此，店里的伙计们都格外盼望一年两次的对点，这是他们一年里难得的两次放假时间。

但是，裕和当的那次秋点却成了一次灾难。

放假、会餐、红包、听戏或洗澡，自然是统统取消了。当铺的大门紧闭，人心惶惶。朱老板带着人挨个盘查，伙计们的住处被翻了个底朝天，每个人的行李、包袱都像过筛子似的抖搂了一遍，即便是铺里的老人也不放过。最后，朱老板还招来了警察，把所有的人都集中到一间大房子里，剥光了衣服搜了一遍身。结果依然是一无所获。

嫌疑最大的是田七。田七当时只有十八岁,但到裕和当已有近十年了,他九岁做学徒,勤勉过人,沉稳扎实,一步步熬上来,那时候已成了管号房(即库房)的。当铺里少了东西,管号房的自然是首当其冲,难逃其责。然而,朱老板一再逼问,田七只是说他不知道他没有偷他是冤枉的。

朱老板决定动家法了。裕和当的家法有两种:一种叫"热棒槌",一种叫"画鱼肚"。热棒槌,是用棒槌打手心,打得手心发红发烫发肿才罢休,这是对付犯了小错的;画鱼肚则是扒了衣服,用皮带抽肚皮。肚皮上的肉最嫩,是个薄弱环节,皮带蘸了水,抽在上面便留下了一道道血痕,伤好后便会留下鱼鳞似的斑痕,是谓画鱼肚。田七被带到院子里,双手双腿绑在一棵大树上,扒去上衣画鱼肚。那天夜里惨叫声不绝于耳。从院子里一阵阵传过来,当铺里的人个个提心吊胆,一夜没睡好,最后还是没能弄出个所以然来。田七仍然坚持说他不知道他没有偷他是冤枉的。

朱老板抓不到把柄。田七自春点以来从未外出过一次,这是确凿无疑的事实,即便是他偷的,赃物难道会不翼而飞?再说田七的表现一贯忠诚老实,如果他知道别人偷的也不会不说。朱老板一筹莫展。丢了东西使他心疼不已,本想让田七卷铺盖滚蛋,又念及他入号多年,从未犯过大错,最后还是把他留了下来。不过,号房的事不让他再干了。

田七在床上躺了几天,伤势渐渐好转,便挣扎着起身了。起床后第一件事便是去找朱家的少爷朱辉正。朱辉正正在屋里玩蟋蟀,昨天他刚花了五十块大洋买了一只“黑头哑槌”,这只蟋蟀原是瘸腿刘五的,一个夏季百战百胜,虽然时令已进了秋季,依然雄风不减。朱少爷玩得正高兴,田七走了进来。

田七说:“你出来,我有话要说!”

朱少爷待理不理地说:“有话就讲吧。”

田七说:“我要你出来!”

朱辉正一愣。田七还从来没有这样和他说过话。望着田七的那副模样,他心里一阵子发虚,盖上蟋蟀罐,便跟了出来。走到院子的僻静处,田七站住了。田七说:“东西是你偷的!”

“胡说!”朱少爷惊慌地叫起来。

田七说:“你当我不知道?”

朱少爷还想抵赖,田七突然笑起来。田七嘿嘿地笑着,那笑带着一丝冷冷的阴风,朱辉正有些害怕了。

田七比朱少爷大两岁,因自幼进朱家做学徒,便常和朱少爷在一起玩,朱辉正是个什么德行,他是完全清楚的。那天对点发现短了东西,他立即想到了朱少爷,这事除了他不可能再有别人。他后悔当初朱少爷来号房玩时没能引起警惕,现在一切都晚了。但是,这种事是不能说出去的,更不能对朱老板说,他很清楚只有自己背黑锅,忍受皮肉之苦。

田七扒开了上衣,画鱼肚留下的伤痕纵横交错,有的已结痂,像一条条紫色的小蛇痛苦地蜷曲着、盘绕着。田七把牙齿咬得咯咯响。他咬着牙说:“你明白吗?这是我为你付出的代价!”

朱少爷颤抖着说:“你要我怎么办?”他又说,“我可以给你钱。”

田七说:“我只要你答应一个条件。”

“什么条件?”

田七沉默了一会儿。

田七说:“从今往后,你不准进当铺一步!”他捏紧拳头补充道,“不准进一步! 就是这个条件,你明白了吗?”

朱辉正不敢再进当铺了,于是便在家里偷起来,于是仆佣中间又发生了一场危机。有一位女佣还因为受牵连被太太赶了出去。

第二年春季,有一天,福昌当的老板登门求见。福昌当是城内的一家小当铺,一向是很巴结裕和当的。福昌当的老板姓丁,是个眨巴眼。见到朱老板,他就眨巴着眼说:“有件东西想请朱老板过目。”朱老板说:“什么东西?”他说是一对手镯。朱老板说拿出来看看吧,他就把手镯拿了出来。朱老板看到手镯,脸上顿时变了色,这正是自己太太的东西。他说:“这东西哪来的?”

丁老板解释说,这是朱家少爷昨天拿去敝号典当的。他说,他认识这是朱太太的东西。他又说,少爷年幼无知,不知朱老板和太太是否知道这件事。他还进一步讨好说,对这种事小号岂敢马虎?所以特地赶来璧还。

朱老板的脸越拉越长,这时他已完全明白这是怎么回事了。“日他二的,这个孽障!”他在心里骂道,表面上却故作不以为然状。

他问丁老板:“当票是多少钱的?”

“哎呀呀,都是自己人,还什么钱不钱的。”丁老板飞快地眨着眼,从口袋里掏出那张手镯当票的底单。票上写着当价一百元。

朱老板通知账台上照票付款。“对了,”付完款他才好像突然想起来了，“当息还没算嘛。”当行计息的规矩是“算月不算日，过五不过六”。即，当息是按月计算的，当品只要入了当，哪怕是半天或一个小时，当息也按一个月计算；“过五不过六”是指三十五天内按一个月计息，但到三十六天就得按两个月计算。按照规矩，朱老板除了照票面付款外，还得付一个月的当息。

丁老板说：“哎呀呀，算了算了。”

朱老板平白无故蚀了一百元钱，本已心痛如绞，当息便存心想赖掉。虽然一个月的当息数字并不大，但在他能扳回一点儿是一点，这也是他心理平衡的需要。而且，正因为数字不大，料想对方也不会认真计较。果然，现在丁老板这样说了，他也就半推半就地装起糊涂。

送走丁老板，朱老板心里的火气如同油库失火一般直往上蹿。如今一切都明白了，当铺里的贼、家里的贼，不是别人，正是自己的儿子。“日他二的，这个孽障！”他一路上大骂不休，呼啸着回到家里要找儿子算账。但朱少爷早已闻讯躲了出去。朱老板暴跳如雷，有气无处撒，抓起桌上的一只茶杯，举到半空中。姨太太吓得一声尖叫，闭上了眼睛，随后是“扑通”一声响，不像是茶杯破碎的声音。她睁开眼一看，茶杯还好端端地摆在桌上，但桌旁的一只木椅子却让朱老板踢翻了，倒在地上……

朱少爷悄悄地回到家里，已经是大半夜了。尽管他轻手轻脚的，还是没能逃过朱老板的耳朵。儿子是个灾星，他不仅使他破了财，还使朱家斯文扫地。这种痛苦如煎如熬，朱老板根本无法入睡。他“霍”的一下从床上跳起来，鞋都没穿便闯进了儿子的房间。

太太猛然间惊醒，知道不好，连忙跟过来，但已经晚了。儿子一声尖厉的惨叫，昏倒在床上。

他的右臂被打断了。朱老板操起一把铁锨把劈头打下去，朱少爷用右臂一挡，于是“咔嚓”一声，右臂便被打断了。朱太太哭喊着，又是掐人中，又是泼凉水，儿子苏醒后便开始荡气回肠地清嘶鬼叫。他一个劲地喊痛，直喊得翻江倒海惊天动地，整个朱府像着了魔似的被搞得不得安宁。等不到天亮，朱太太就差田七去请大夫。直到大夫赶来替他上了夹板，打了镇静剂，朱辉正才渐渐安静下来。

这一晚朱老板被折腾得心力交瘁。大夫走后，他便坐在客厅里长吁短叹。请大夫又破费了一笔钱，这使他更感到窝囊和沮丧。田七送大夫回来，见朱老板还坐在客厅里，便端了一杯茶送上来。田七说：“老爷要注意身子啊，还是早点去歇着吧。”

朱老板突然心里发酸，他把田七叫到面前。他说：“你是哪一年来我们家的？”

田七说：“九岁那年。”

“快十年啦。”朱老板眼睛里慢慢地涌出了泪花，他叹了一口气，又说，“少爷要有你一半，我也就知足了。”

田七说：“老爷别生气，少爷还年轻……”

朱老板摆摆手，不让他再说下去。

“田七啊，”他说，“秋点的事让你吃委屈了。”停了停，仿佛鼓足了勇气，问，“当时你知道是少爷干的吗？”

田七摇摇头。

“你要说真话。”

田七这才点点头。

朱老板很感动。他说:“明天你就回号房去。”这之后没几年,田七就成了东关当的掌柜。这是后话。

六

朱辉正的胳膊被打断后,便不再理睬父亲了,甚至连叫爹也变得很难得了。朱老板和他说话,他也总是犟着脖子,用一种很阴险的目光斜视着父亲,常常弄得朱老板心里直发毛。“日他二的,这个孽障!”朱老板心里想,儿子说不定什么时候会杀了自己。自从打伤了儿子,他好像觉得欠了儿子什么似的,许多事情也都睁一只眼闭一只眼,他对儿子已经完全灰心了。他对自己说:随他去吧,就当自己没有这个儿子。

朱辉正的日子过得更快活更放肆了。学校也不去了,书也不念了,成天在大街上东游西逛。没有钱的时候,他就去找朱太太。他说:“二。”当地人称母亲叫二,据说天一地二,乾一坤二,父为乾,母为坤,天为一,地为二,此称呼由此而来,但称父并不称一,仍叫爹,不知什么原因。朱少爷说:“二,钱用光啦。”

朱太太便压低嗓门叫道:“小祖宗啊,你咋能这样使钱?不是刚刚才给过你吗?叫你爹知道不得了呀!”

朱少爷不耐烦地说:“二,你到底给不给?”朱太太当然不敢不给。如果不给,谁知道这位“小祖宗”又会干出什么事来。她拿了钱千叮咛万嘱咐:千万别再敞着手花了,二的钱也不多了。有时说着说着，还会难过地抹起眼泪。朱辉正则笑嘻嘻地说："钱是身外之物，走了还会再来，值得淌眼水吗？"

有一段时间，朱辉正迷上了麻将牌，常去城东聚丰估衣铺胡太太家里玩牌。胡太太是一位四十多岁的半老徐娘，长得很白很丰满。打牌的时候，朱辉正便把腿架到胡太太那极其丰润极其肥沃的大腿上。胡太太并不在意，有时她也会在朱少爷的腿上拧一把。胡太太说："去去去，大热天的也不怕长痱子！"朱少爷便哈哈笑起来。他装作很天真的样子说："胡太太，你的腿真是好凉的哟。"

有一回胡太太进里屋上马桶，朱少爷便悄悄跟了进去。胡太太坐在马桶上站也不是坐也不是。"去去去，小鬼头！"她笑着说。朱少爷不走。朱少爷说："你上你的，我又不碍你。"胡太太说："你不怕难闻？"朱少爷说："你身上好香的。"胡太太说："你到底想做什么？"朱少爷便龇着牙笑起来，那笑很淫荡很无耻。胡太太有些慌乱了。当时朱少爷才十六七岁，在她眼里他还完全是个孩子。

朱少爷说："门我已经锁上了。"

"不行，不行。"胡太太方寸大乱，不知如何是好。

朱少爷这时候已经过去把她从马桶上拉起来紧紧地抱住了。"就一回！"朱少爷说，"就一回！"他说得很坚决、很果断，不容抗拒。

这以后朱少爷便常来常往，终于有一天事情发生了。聚丰估衣铺的胡老板发现了这件丑事，便去裕和当大吵大闹，事情最后闹到商会会长、华丰纱厂的经理靳雨峰那里。于是靳雨峰出面调停。靳雨峰说，事情既然已经发生了，闹下去对双方无益，为了本城商界的团结和名誉，是不是由朱老板赔偿损失费五百元？但朱老板坚决不干，五百元不是小数字。聚丰的胡老板看事情成了僵局，一度让人传话，表示愿作进一步让步，四百元也行，但这是最低的数字了，并威胁说，如果裕丰当不认这笔钱，那就等着瞧吧！朱老板回话说：事情是他儿子干下的，与他无关。胡老板要如何处置他儿子，他可以不管。但想从他这里拿钱，一个子也别想！

事情彻底成了僵局。但朱老板没想到的是，胡老板请来了瘸腿刘五。瘸腿刘五是城里有名的鳅打混。当年用五十元钱卖给朱少爷一只“黑头哑槌”蟋蟀的人就是他。瘸腿刘五不仅是个赌棍，还是个流氓、酒鬼。

几天后，瘸腿刘五大摇大摆地进了裕和当。他满嘴酒气，睖睁着红眼睛。裕和当的伙计赶紧招呼说：“老五啊，有贵干？”

老五说：“二的屃，没事我撑的！”

伙计说：“有事尽管说。”

老五又骂了一句“二的屃”，然后说有件玩意要当。

伙计说：“啥玩意？”

老五便把左手放在门柜上，老五说：“二的屃，给我瞧好了！”右手拔出刀子，用力一斩。“啪”的一声，左手的小拇指便被齐齐地斩了下来，鲜血四溅，溅得伙计一脸都是，在场的人无不大惊失色。瘸腿刘五却一脸的若无其事，他用嘴嘬住流血的伤口，然后用刀挑起那截血糊淋拉的断指往伙计面前一扔，那截断指居然像活了似的，很优美地勃动起来。伙计们都吓傻了。老五说：

“二的屃！给个价吧！”

伙计们说，老五啊，都是自己人有话好说，这是何必呢？老五却一口一个“二的屄”。老五说，今天就是要当这根手指，不当也得当，这根手指他是当定了，不给当休想让他离开这里，说着，还把刀子插在了门柜上，一副泼到底的样子。围观的人纷纷聚过来，立时围了里三层外三层，生意根本没法做下去了。

朱老板吩咐赶紧关门。朱老板说：老五啊，你想干什么？老五说：当手指。朱老板说：有话你就明讲。老五却不接话。老五说：二的屄，不当也行，你把这截手指给我安上去弄成原样。朱老板明白，他这是存心来找碴了。但像瘸子刘五这种人软硬不吃。轻易是不能得罪的。朱老板正在没有主意的时候，田七把他拉到里边去了。

田七说：“这事八成和聚丰那档子事有关。”

朱老板猛然醒悟。朱老板说：“那该咋办？”

这是明知故问。田七望着朱老板不说话，朱老板便一屁股跌坐在椅子上。“日他二的，这个孽障！这个灾星！”他恶狠狠地骂道。他舍不得这笔钱，但看样子不出这笔钱事情无法了结。瘸子刘五在外面越闹越凶，朱老板别无选择。终于，他开口了。他有气无力地对田七说：“你去聚丰跑一趟吧。”

田七从柜上支了钱，去聚丰找胡老板。胡老板说：“真是属狗屄的，不打不松箍啊。”

朱老板破了财又丢了面子，气得浑身直哆嗦，用手一摸头发，头发竟掉下一大把。抓着那把头发，他又是好一阵心痛。

当天晚上，朱少爷回家的时候，刚进门就让田七带人将他捆翻在地。朱少爷说：“二的田七，你敢捆我！”田七说：“少爷可别怪我，这是老爷的吩咐,我也没法子。”众人七手八脚把朱少爷抬进当铺,然后绑在立柱上,剥去上衣。这样做是为了避免惊动朱太太。

少爷大喊大叫,朱老板说:“堵上嘴!”田七找了块破布塞进少爷的嘴里。朱少爷睁大眼睛,摇着脑袋,却出不了声了。

朱老板脱去大褂亲自动家法,四百元钱化作一股巨大的能量和愤怒,皮带以牙还牙地挥舞着,如同疾风暴雨,在朱少爷的肚皮上雷霆万钧地呼啸。直到少爷昏死过去,朱老板还不肯住手,他已经完全忘掉这个被打的人就是他的儿子,他只知道就是这个人使他一下子丢掉四百元钱,还使他在众人面前丢尽了脸面。他要报复。他要发泄。抽!抽!……朱老板简直疯狂得失去了理智。

田七上前抱住了朱老板。田七说:“不能再打了,再打要死人啦!”

朱老板放下皮带,看着昏死的儿子,突然失声痛哭起来。“日他二的!这个孽障!这个灾星!”他一边哭一边骂。

朱少爷从昏死中醒过来,已经是大半夜了,看见朱太太正守在床边抹眼泪,他便吃力地嚅动起嘴巴。朱太太以为他想要什么,便把耳朵贴上去。朱辉正用一种几乎听不见的声音说:“这个……老杂毛……我要杀……杀死他……”朱太太一听这话,便更加伤心地哭起来。

七

经过这次家法,朱少爷似乎一下子老实了不少,出去游逛的时间也明显地减少了。时令这时已进入春季,太阳暖烘烘地照着朱家大院。朱辉正无事的时候便坐在院子里和姨太太说闲话，消磨时光。每年春季这时候，朱太太都要回乡下老家住一段时间，朱老板忙着当铺里的事，院子里很安静。朱少爷和姨太太说着各种各样的事情，有时候还在一起玩翻翻棋，这是一种用铜板进行的极简单的游戏。

朱老板的姨太太是个很年轻的女人，她叫阿芳，原先是朱家的丫头。朱太太在生养了朱少爷后，又怀过一次孩子，但半道上却流掉了，从此再也不怀孕了。朱老板一心想再有个一男半女，便思谋着要接姨太太，这事也和朱太太说过。但接姨太太要花钱，朱老板又觉得需要好好盘算一下。他想尽可能地少花点儿钱。这事便拖了下来。有一次，朱太太出去访客了，阿芳在家洗澡，被朱老板撞上了。阿芳那一天不知为什么没有闩门，阿芳平时洗澡总是闩门的，但那一天却没有闩。朱老板进去后，阿芳就尖声地叫起来，忙不迭地用毛巾遮挡。朱老板起先一愣，随后便像发现了一件有利可图的当品。朱老板惊喜地说："你站好，你站好。"围着阿芳转了一圈，又在关键部位用手捏了捏。"日他二的！"朱老板很满意，更满意的是他不用再花一分钱了。

于是，阿芳成了朱老板的姨太太。

阿芳成了姨太太，却并不幸福。除了要继续履行丫头的职责外，主要是性生活比较成问题。倒不是朱老板年纪大了，体力不支，而是朱老板十分注重实效。他的信条是满锅贴饼子，和女人睡觉也是如此。在他看来，干那事就是为了生孩子，不能生孩子就是浪费。所以每月同房他都算好了日子，过了日子任凭阿芳百般挑逗他都不接茬儿。“一精十血”，朱老板算过账，这种事无论如何划不来。伙计们背后都说：“要说抠朱老板是真抠，都抠到裤裆里了。”

不知什么时候，阿芳开始和朱少爷勾搭上了，这事瞒不过伙计们和佣人们的眼睛，但谁也不敢和朱老板、朱太太说。朱太太从乡下回来后，对少爷和阿芳的关系也有些敏感。朱太太对阿芳说：“少爷也是老大不小的人了，你做长辈的该懂些礼数，别让人说闲话。”阿芳听了这话，便有些心慌。阿芳说：“别人都说了些啥？”朱太太说：“倒也没说啥，我只是这么给你说说。”阿芳说：“太太放心，阿芳虽不识字，但礼数还是懂得的。”朱太太说：“那就好。”

朱太太又对朱老板嘀咕：“少爷也不小了，还是赶早给他说媳妇吧，也好收收他的野性。”朱老板也觉得是这个理儿，但他提出要找个有钱的人家，因为有钱的人家嫁妆才能给得多。他强调说，这一点至关重要，托媒时就得讲清楚。朱太太懂得朱老板的心思，啥时他都不能吃亏，能多占一点儿是一点。朱太太说：“就依你的办。”

但城里有钱的人家都不愿把女儿许给朱家。朱辉正的名声太坏，和胡太太的那件丑事闹得满城风雨，把女儿许给这样的花花公子谁也不放心。再加上朱老板的吝啬又是出了名的，女儿上这样的人家不是明摆着找火坑跳吗？

没钱的人家倒有人愿意，但朱老板又坚决不干。“啥？”他说，“想讨我的便宜？”朱老板说，“日他二的，那可没门！”

事情进展得不顺利，朱太太着急，朱老板却不急。朱老板说：

“急个球!”他有他的生意经,刚刚开市就慌着定盘子,岂不太蠢?他说:“活儿得慢慢做。”他哪里知道,糟糕的事情早就发生了。

秋天的一个夜晚,朱老板在床上让尿憋醒了。那天是裕和当吃肉的日子。每回吃肉朱老板总是交代厨房多加盐,这样做的目的是为了让伙计们能少吃一些。烧肉的时候,朱老板正好从外边回来,便去厨房里转了转。他对吴妈说:“放盐了吗?”吴妈说:“放啦。”朱老板说:“多放点。”吴妈说:“够咸的了。”朱老板还不放心,掀开锅盖又加了一匙盐。结果那天的肉咸得难以入口。晚饭后,朱老板一茶缸一茶缸地喝水,半夜里便让尿折腾得死去活来。

朱老板披着衣服起来上茅房。院子里月光如水,满天的星星。快到中秋十五了,空气中充满了凉意。朱老板抖抖索索地撒完尿,打着寒战正要回屋,忽然听到了一阵奇怪的声音。

声音是阿芳屋里传出来的。朱老板顿时警觉起来。他蹑手蹑脚地摸到阿芳的窗外。夜静极了。没有风,也没有其他声音,屋里那激越的呻吟和喘息听起来竟如同雷鸣一般滚滚而来。朱老板熟悉这种声音,他感到肺像热气球似的膨胀起来。

他推了推阿芳的门,门在里边闩上了。朱老板随手摸了一把铁锨。“阿芳!”他喊了一声,里边居然没有听见。惊心动魄的响声依然忘我地响彻云霄。朱老板抡起铁锨猛地砍在门上,屋里的声音骤然停住了。

“开门!”朱老板暴躁地喊。

阿芳却不答话。朱老板抡起铁锨又朝门上砍了两下,屋里才传出阿芳那掉了魂的声音。阿芳说:“来……来……了……”

阿芳打开门，朱老板像头被激怒的公牛直冲进去，屋里的后窗打开着，显然刚有人从这里跳出去。朱老板扑到窗前，看见有个人影正朝前院当铺那边跑。刹那间，一个可怕的念头闪了一下。他想到了少爷！

朱老板连忙掉头，冲向少爷的房间。房间的门虚掩着，屋里没人，被窝里也是冰凉的。一股甜腥的热浪猛然顶到嗓子眼，朱老板哇地吐了一口鲜血。“日他二的，这个孽障！这只猪！”他拎起铁锨就向当铺追去。

朱辉正慌乱之中跑进前院，但当铺四周全是高大的围墙，大门又紧闭着，根本没法逃脱，于是他又踅转身从花园里逃向后院。朱老板追到当铺，朱辉正已跑进了后院，当铺里值更的伙计听到响动，便打开门探出头来。

伙计问：“朱老板，出啥事了？”

朱老板像野狼一样奓着毛，气喘咻咻地也不搭话，一把从伙计手中夺过枪来。自从民国初年城里发生过一场兵变后，各大商号和当铺夜晚值更都配备了枪支。朱老板拿过枪，朝着后花园里的黑影猛地扣动扳机。

枪没响。

又扣！

还是不响。

伙计提醒说：“没拉扳机。”朱老板这才醒悟过来，气急败坏地把子弹推上膛。这时黑影已爬上后院墙头。朱老板再次端起枪扣动扳机。——啪！这回枪响了。黑影一下从墙上摔下来。但没一会儿,又拼命地攀上墙头。

伙计在一边喊:“没打中！没打中!”

朱老板试图再拉扳机,可手突然发软,怎么也拉不动了。伙计说:“让我来!”接过枪去“哗啦”一声把子弹推上膛。

朱老板这时拼出最后一点儿力气,扯着嗓门喊:“别……别……打……”话没说完,又吐了一口鲜血。

……

这件事发生后,儿子再也不敢回家了,五湖城内也没了他的踪影。

朱辉正跑走了。

朱家的少爷一走就是十年。

八

朱老板没想到儿子又回来了。十年来,他无时不在诅咒儿子,又无时不在试图忘掉儿子。自从儿子跑走后,他就一直希望儿子已经死了。这种想法多年来始终在他的潜意识里盘踞着。尽管有时他也暗自神伤,但他还是希望这一切都是真实的。儿子死了,过去的一切也就不存在了。朱老板要忘掉过去,而忘掉过去首先要忘掉的就是那个“日他二的”孽障儿子!

对朱老板来说,儿子留给他的创伤是无法修复和弥补的。他永远不可能原谅儿子,他在儿子身上仅有的一点儿残存的寄托和亲情也因此彻底毁灭了。儿子现在是一个耻辱、一个敌人、一顶绿帽子、一种无法容忍的灾难……无限的悔恨和痛楚几乎使他完全崩溃了。他大病了一场。病好后第一件事就是卖掉阿芳。当着阿芳的面,他十分残忍地和艳红楼的老鸨进行了一场长时间的讨价还价。阿芳哭得死去活来,跪在地上拼命地磕头求饶,淋漓的鲜血把朱老板床前的那块踏脚板漆成黑糊糊的一片,就连朱太太也动了恻隐之心。朱太太说:“还是别卖窑子了,另找个人家发落吧。”朱老板却恶狠狠地咬着牙齿。“啥?”他说,“啥!”那副样子像是要把人吃下去。朱太太吓得不敢求情了。当天晚上,阿芳跳井寻死被伙计们拦住了。望着披头散发、哭得快不成人形的阿芳,朱老板丝毫不为所动。朱老板让人捆住了阿芳的手脚,绝望的阿芳拼命挣扎,号啕不止,凄厉的哭喊如刀剜心,不绝于耳。伙计们都受不了了,他们说:要不要堵住她的嘴巴?朱老板却不准。朱老板说:“日他二的,让她喊!”就在这残忍的折磨中,朱老板寻找报复的快感。

儿子一直没回来,朱老板默默地、冷静而狰狞地等待着。各种残酷的想法就在这种等待中疯狂而反复地施展着。他想到过种种恶毒的念头,最后想到了砒霜。他想,至少得给儿子留一具全尸。但日子一天天过去,他的勇气也一天天减少。突然之间他感到疲惫至极,坐卧不宁,寝食难安。夜里各种噩梦常常搅得他情绪恶劣到了极点。那段日子里,朱老板变得焦躁不安。与其说是他要惩罚儿子,不如说是惩罚自己。如果那时候儿子突然回来了,他也许会变得手足无措的。在朱老板的内心深处始终存在着一种深刻的矛盾和恐惧。

就这样,一年过去了,两年过去了……直到有一天,朱老板确信儿子不会再回来了，他才感到了一种解脱。他想，这样也许是最好的解决……

然而，没想到的是，儿子又回来了！

朱老板愣在那里，足有好几分钟。沉睡的耻辱和仇恨慢慢地涌上来，一波又一波地咬着他的伤口，玉乌龟带来的喜悦也早被这突如其来的消息冲得无影无踪。他突然喊住了吴妈。

“叫他滚！”朱老板陡然抬高了嗓门。

吴妈吓得一哆嗦，一时间未明白是叫谁滚。朱老板跺着脚，喊起来：

“叫他滚！叫那孽障给我滚！”

朱太太闻声从屋里走出来。她眼圈红红的，显然刚才已经哭了一场。见到朱老板，她刚想开口说话，朱老板厉声喝道：“住口！日他二的，你给我住口！”朱太太张了张嘴，再也说不出话来了。她用手绢按住眼睛，又一次很伤心地抽泣起来。

就在这时候，朱家的少爷朱辉正出现在了朱老板的面前。猛然见到儿子，朱老板不禁愣了一下。十年未见，朱辉正已不是原先印象中的那个人了。他身着一套笔挺的白西装，浆得坚挺的衬衣领下悬着一条紫红色的领带；头发烫得油光水亮，薄薄的嘴唇上留着一撮修剪得很整齐的中山胡。他的手上套着白手套，一根做工精致的金属文明杖极优雅地握在手中。在院子里的阳光照耀下，那根手杖亮晶晶地闪着光，完全是一副很贵族很绅士的派头。

父子俩默默地交换着目光。朱辉正平静地站在父亲面前，脸上挂着一种难以捉摸的微笑。朱老板心里想，儿子没有变。他依然是那么漂亮、那么无耻。朱老板心里的火气又一次升腾起来。

“朱老板。”朱辉正首先开口了。朱太太抹着眼泪，小声说：“辉正，叫声爹。”

“我不是他爹！我也没这个儿子！”朱老板怒气冲冲地打断朱太太的话。朱太太又伤心地抹起眼泪。

朱辉正没有马上对这句话做出反应，他很沉着很长久地注视着父亲，在他的注视下父亲的目光终于回避了。朱辉正笑了起来。他笑得很愉快。这愉快使他相信了自己的力量。现在感到害怕的不再是自己，而是自己的父亲了。“很好，”朱辉正说，“你是不是我的父亲，我是不是你的儿子，这已经成为过去了。我这次回来也不是为了这件事，我对这种事不感兴趣。不过，十年了，我也该回来了。也许你想忘掉我，可我却忘不了你。”朱辉正说着慢慢解开了衣领，颈根处露出了一条细长的紫红伤疤，伤疤的合口愤怒地咬在一起，泛着暗淡的光泽，就像一张被打歪的正在抽搐的嘴巴。朱辉正说：“瞧瞧，你的枪法真不错，可惜歪了一点儿。”

朱老板气得说不出话来，他后悔至极，当初怎么没让伙计打死这个孽障。他用哆嗦的手指着门外：“滚！现在就滚！今后你要再敢跨进这里一步，当心我敲断你的腿……”

朱辉正依然不紧不慢地笑着。他极耐心地品尝着父亲的恼怒。手中的文明杖轻松地在地上画着圈，这是一种很潇洒很布尔乔亚式的动作。朱辉正从心眼里瞧不起父亲。他觉得父亲的时代已经过去了。他心里充满了对父亲的蔑视。

“很好，”朱辉正又一次开口了，他说，“你不叫我走，我也会走的，而且今后你想请我来——请你记住这一点，我也不会再来的。不过，我想我们是会打交道的，这是我的名片——”朱辉正掏出名片递过去。“滚!”朱老板扭过脸去，朱太太犹豫了一下，还是伸手把名片接了过来。

“谢谢!”朱辉正转身朝门外走去。“哦，对了，”刚走了几步，他又转过身来，对朱老板拱拱手说，“我差点忘了告诉你，你的六千八百元，敝号已经收到了，朱某深表感谢。不过，那只乌龟你可得保存好啊，你当然知道它的价值，到时我们是要赎回去的。——就算是一份见面礼吧!”朱辉正突然放肆地大笑起来。

朱老板一时让他说蒙了，他怔怔地看着儿子的背影，看着儿子走出朱家的大门。大门外的街边上停着一辆黑色的小汽车，这汽车朱老板看着眼熟。当儿子走到汽车旁边时，车内钻出一个戴着金丝眼镜的人，他很殷勤地替朱辉正打开了车门。这不正是那个到东关当去当玉乌龟的人吗？朱老板的心猛然抽了一下：他被儿子耍弄了！这种恶作剧的用心显然是太恶毒了！但他有苦说不出。朱老板精明了一辈子，这一回却上了儿子的圈套。朱辉正让他用六千八百元当下了自己的嘲讽和羞辱。一只乌龟，一个王八，还有什么比这更绝妙更残酷的诅咒!

朱老板摇晃着身子，站立不住了，朱太太赶紧上前扶住他。“日他……”朱老板刚想张口骂人，一股泛着胃臭的甜腥突然涌上来，他感到一阵虚脱。一时间，竟连骂人的力气也使不出来了。

九

儿子的报复接二连三地跟着来了。

半年前,田七曾向朱老板报告,东大街那里冒出了一家名叫“永义”的当铺,朱老板当时并没有在意,他让田七去摸摸底。田七回来说,永义的伙计口风极紧,没有打听出个所以然来,只知道老板也姓朱,至于叫朱什么,田七也不清楚。有一次巡视分号时,朱老板顺道去看了一次。从门面上看,永义当的规模并不大,朱老板就更不放在心上了。但他怎么也没有想到的是,永义当的董事长竟是出走十年的朱家少爷朱辉正。更令朱老板惊讶不已的是,不知何时,朱辉正还成了五湖当业公会的会长。这一切,朱老板都是从儿子留下的名片上获悉的。

当业公会是五湖商界“五大会”之一,与商会、船业公会、米业公会以及钱业公会相提并论。当业公会成立较晚,大约在民国十年。公会成立之初,当界同人一致要推举朱华堂出来主持。无论从当铺的规模还是实力而言,裕和当的朱老板都是当之无愧的。但朱老板对这种社会性的活动兴趣不大,他关心的是如何赚钱、如何赚更多的钱。由于朱老板不愿意干,会长的头衔便落到别人的头上。但历届会长都不敢怠慢朱华堂,朱华堂也从没有把公会放在眼里。当业公会的会议和活动,他也是爱参加不参加。在他眼里,当业公会完全是一个可有可无的东西。尽管如此,朱辉正当上了当业公会会长这件事,还是引起了他的警惕。

玉乌龟的事给了朱老板一个沉重的打击和教训。他明白了一个现实:儿子已经长大了,已经不再是当年那个被他用锨把撵得到处乱跑的花花公子了。十年了,儿子是怎样过来的,朱老板并不完全清楚。外间对此有种种传闻,比较可靠的一种说法是:朱辉正当年跑到北京,投靠了一个老同学,由于这位老同学的引荐,朱辉正得以结识了某部长,成了部长家中的红人。部长病死后,朱辉正娶了比他大十岁的部长遗孀,并继承了分在部长遗孀名下的全部财产。关于朱辉正和部长遗孀结婚的事情,据说是有据可查的,当时京津的报纸都登载过他们结婚的消息。但具体情况究竟如何,便不得而知了。朱老板问过朱太太,儿子是不是和她说过一点儿什么,朱太太说没有。"哪来得及说啊!"提起这件事,朱太太又难过起来。朱老板对太太的伤感厌恶至极,她哪里懂得眼下发生的事意味着什么。她想修复和找回失去的亲情,早已是不可能的事了。朱辉正突然归来,他的所作所为,当然不仅仅是为了气气朱老板,如果是这样,他大可不必去开当铺,去谋求什么会长的职务,他显然有更深远的打算。朱老板下意识地感到了一种潜在的威胁。这种威胁由于玉乌龟的事变得更加具体、更加清晰。儿子是无耻和残忍的。在朱老板的心目中,一个对手的无耻水平越高就越可怕。而朱辉正恰恰具备了这种特点。他的报复性是那么强烈、那么不择手段。"日他二的!"只要想起来朱老板就要大骂不止。他对田七和各分号的掌柜交代说:"这个孽障来者不善呀,你们都要给我当心点儿!"

漫长的夏季平静地过去了。天渐渐地凉了,秋天随着飘落的黄叶不知不觉地来到了。一个雨后的上午,朱老板巡视各分号回来,看见社会局的王局长正在客厅里等着自己。

社会局的王局长是一个长着白净脸皮、油头粉面、发育不太健全的小个子男人,说话慢吞吞的,带着一股娘娘腔。但在五湖的商界和当界,王局长却算得上是一个威风八面的人物。社会局掌管商税、当税的核发和缴纳。按理,这本应是财政局的事,可市长景世宦上台后,“锐意新政”,便把税纳划给了社会局。划分的理由据说很充分,甲乙丙丁的好几条,但最主要的一条,市长却没有说,即社会局的王局长就是他的小舅子。这样一来,社会局便成了一个肥得流油的衙门。仅逢年过节,各商号和各当铺派人送给王局长的“年节”就相当可观。这种年节,大多是银票,也有现钞,装在一只信封里。送得多了,王局长也不当回事,接过来后便随手塞在椅垫子下。王局长的椅垫子是特制的,很大,很松软,再多再厚的“年节”放进去也不会硌屁股。送“年节”的走了,局长太太便会把这些信封收起来,并逐一登记。唯有裕和当没人给王局长送过“年节”。王局长派人去暗示田七,田七便去找朱老板。朱老板倒还爽快,朱老板说,既然别家都送了,咱也表示表示吧。这年的年关头上,朱老板便让田七跑了一趟局长府。王局长见裕和当来人了,心里挺高兴。他想朱老板乃五湖当界巨子,“年节”自然薄不了。接信封时用手捏了捏,果然有一定的厚度。王局长笑着说,让朱老板破费啦。随手把信封塞进了屁股下的椅垫里。直到田七走后,局长太太才发现信封里只装了十元钱,全是一元的新票子。太太说:“还年节哩,倒像是给儿子的压岁钱!”王局长也气坏了,竟也娘娘腔地豪放了一句:“他二的屄!”当即让人把钱退了回去,他带话说,本局长一向为官清廉，洁身自好，不屑于此类拉拉扯扯之事，请朱老板自尊自重，云云。没想到朱老板收到退款连声赞叹："钦佩！钦佩！"并做出一副五体投地的崇拜状。自此之后，连"压岁钱"似的表示也不再有了，王局长一直怀恨在心。

两人见面后便很热情地寒暄起来。朱老板连连拱手："哎呀呀，不知局长大人驾到，失敬！失敬！"王局长也满面春风地笑着，很斯文、很娘娘腔地向朱老板问候。彼此友谊了一番，谈话便进入了正题。王局长说，他是无事不登三宝殿，此次来主要是为了当税革新之事。他告诉朱老板，当税如今又有了新的章程。他特别提醒朱老板注意，新的章程将从阳历的今年 1 月 1 日开始生效。也就是说，过去几个月的当税也将按新的章程补收。

朱老板一直冷静而警惕地听着，脸不知什么时候已经拉得很长了。"啥？"他突然忍不住了，打断了王局长的话说，"这日他二的新章程，是谁他二的订的？"

"朱老板，我王某有话在先，这可不是我们社会局的主张。"王局长解释说，脸上阴阴地飘着一丝笑，"新章程乃当业公会诸同人磋商而订，经过市长签准，我王某不过是照章执行而已。"

"啥？当业公会？"朱老板根本不信这一套，他说，"当业公会算他二的啥玩意儿，竟订出这等缺德的章程！"

"朱老板，你不要不相信嘛，我这里可是有公文为证。"娘娘腔的王局长这会儿变得更加娘娘腔了。他很得意地从公文包里抽出几张纸片摆在朱老板的面前。

这是一份当业公会给市长景世官的呈文，呈文用的是当业公

会的公笺:浅黄色毛边纸,竖行红格,毛笔正楷书写。题目是:五湖当业同人呈市长详陈当税革新各办法文。正文开头写道:

为呈请事:窃惟当税自民初核定以来,数十年不变,多有弊端,非改不足以图当业之兴盛,非革新不足以达利国便民之目的。本城当界同人为响应市长之新政,特草拟当税核纳新章程若干条如左:

……

朱老板来不及仔细看,急急翻到后面,首先跳入眼帘的是市长的批示。指示云:

呈悉。所呈之新章程甚好,转社会局核准后,即日生效。此批。

下面是"景世宧"三个龙飞凤舞的大字。

朱老板再往上看,这才看清了呈报人的落款,竟是:五湖当业公会会长朱辉正!朱老板的心扑通一跳,头皮一阵阵地发凉……

当税自民初取消龙票,核定税制以后,经过袁世凯、黎元洪、徐世昌、冯国璋、段祺瑞以及张作霖,都没有变过。民初税制规定,由当铺年终一次性缴纳,税额以架本多少分为甲、乙、丙三等,各等之间相差只有一二十元钱。但这份新章程,却将税纳的年缴改为月缴,并以营业额的多少划分五等。一千元以上营业额的为头等,三百元以下的为末等，头等和末等的税额竟要相差数百元。而在五湖城里能划上头等的，除了裕和当，别无第二家。明摆着的，这份新章程是专门针对裕和当的。

看着朱老板目瞪口呆的样子，王局长心里盈满了喜悦。他说：“朱老板，刚才我的话还没说完呢。新章程中还有一个条款，就是对五千元以上的贵重当品将征收特别税——”说到这里，王局长快乐地舔了舔嘴唇，他得意地看着朱老板，摇晃着脑袋说，“听说贵号几个月前收了一件玉乌龟，价值六千八百……”

“日他二的！这个孽障！”朱老板突然破口大骂起来。提到玉乌龟，他一下子全明白了，所有这一切都是儿子搞的鬼。只有知道裕和当底细的人，只有朱辉正，才能搞出这样的新章程。他是要治我残废啊！朱老板痛心疾首，破口大骂。

“你、你……咋骂人……”

“日他二的，老子就骂你！”朱老板突然把火气全部倾泻到面前这个小男人身上，他愤怒而失态地跳起来，“日他二的，你们合伙欺侮老子！老子和你们拼了！……”

接下去的几天，朱老板是在更加痛苦的煎熬中度过的。社会局在警察的护卫下登门强行索税。一笔数目可观的税款就这样无缘无故地扔到水里去了。朱老板像被人割了一块肉。儿子的报复又一次出其不意地打在了朱老板最疼痛的地方。然而，事情并没有就此结束……

十

萧索的寒风吹过街巷。几场秋雨之后，五湖落下了一场薄薄的早雪。

腊月初一这一天，各当铺纷纷打出年终减息的招牌。裕和当按照惯例还请来了吹鼓手，在门口吹吹打打。上午十点，总号和各分号一齐点燃长鞭，噼噼啪啪，颇为热闹。

腊月是当行的旺月。每年这个月，都是各当铺最繁忙最兴盛的时候。因为年关快到了，当户们都将纷纷入当、赎当，或者上利钱转期，当行的营业额和所收的利钱在这个月里也将大幅度地上升。一年一度的年终减息，正是刺激和吸引当户的一种手段。今年裕和当和各分号打出的减息标准比以往都更慷慨、更不顾“血本”，增加三厘，所减高达八厘。然而令人奇怪的是，却出现了意外的萧条。几天下来，除了赎当的以外，总号和各分号竟都出现了程度不同的“臭市”。细心回顾一下，这种情况并非始于今日。只是在旺月里出现这种状况，实在是太意外太罕见了，这不能不引起朱老板的注意。

“日他二的，难道出鬼了？”他对田七说，“你去给我访访。”

田七也觉得这事蹊跷，便袖住手在城里转悠开了。转着，转着，便发现了问题。田七回来说，天晓得咋回事，现在满城里一下子冒出贼多的小押当，简直比狗都多，总共有七八十家，连城乡结合的边区以及乡下也都被控制了。“二的，”田七说，“生意全叫他们给兜揽了。”

"啥?"朱老板吃惊地瞪圆了眼睛,他不敢相信,会有这种情况,他说,"日他二的,哪来那么多小押当!"

田七说:"我也挺纳闷,这事是有点怪。"他锁着眉头补充道,"难道会有啥后台?"

这句话很明显是在提醒朱老板。但朱老板沉默着,没有马上回答。冬日的阳光照在那张紧缩而发皱的脸上,田七注意到朱老板的目光中闪过了一丝不易觉察的慌乱。

小押当五湖过去是有过几家的,但大多数是临时性的,时聚时散,不成气候。这是一种代当式的经营。代当,也叫转当,因为它一般是由少数人合伙组织起来的小本经营,所以俗称小押当。其经营方式主要靠兜揽当户,尤其是兜揽偏远地区和乡间的当户,然后再将兜揽到的当品转入大当铺,从中收取一个月的利钱。因此,一般小押当都要背靠某个大当铺才能够维持和生存。五湖城内突然之间出现如此多的小押当,当然不可能是无缘无故的,背后肯定有某个甚至多个大当铺做后台。

"这可能是谁呢?"朱老板沉默地看着田七,终于开口了。他的脸色沉重而忧郁,田七知道他已经有了某种预感,只是不希望这个预感由他自己说出来。他不希望自己的预感是真实的。

"会是谁呢?"田七附和着,轻轻地摇着头。两个人面对面地坐着,心里想着同一件事情。田七从一开始就敏感地想到了朱家的少爷朱辉正。他自幼进裕和当,对朱家的一切可以说了如指掌,朱辉正回来后所发生的种种事情,他也一本清账。这种事,除了朱辉正别人是干不出来的,在五湖即使有人想干也没有这个能耐。但在没有确凿证据之前,这个想法是不能说出来的。他知道朱老板不希望听到这样的结果。田七说:“再给我几天时间。二的,这事我非弄清不可!”

几天后,预感得到了证实。果然这一切都是朱辉正在背后一手操纵的。田七找到了原来和裕和当有联系的一家小押当。这家小押当的老板起先吞吞吐吐,什么都不肯说。但在田七给了他五块光洋,并许诺决不把他的话走漏出去之后,他才告诉田七,城里的小押当大多是瘸子刘五弄起来的。刘五还让人给他发过话,所有的当品都不准转给裕和当,否则的话别怪他刘五“二的屄”的不认人。瘸子刘五就是当年去裕和当当断指的家伙,如今已是五湖城内臭名昭著的青皮帮的舵主。这一帮的人一律剃成光头。在外闹事时只要摘下帽子露出青光发亮的脑袋,说一声:“瞧瞧大爷是干啥的!”对方无不魂飞魄散。那家小押当的老板一再解释说,不是他无情无义要背叛裕和当,而是实在得罪不起青皮帮,请田七和朱老板理解他的难处,多多包涵。他还向田七透露,朱辉正的永义当是用减息一分的代价向他们收购转当的。这比裕和当年终的减息八厘,还要高出两厘。

“二的,永义当这哪里是在做生意?”田七恨恨地说,“他们是存心要给我们难看!”

朱老板苦着脸,一言不发。他没有像以往那样暴跳如雷,“日他二的”骂人,这使田七十分意外。也许因为早有了思想准备,也许是因为无计可施,精疲力竭了。在暗淡的灯光下,他瘦小的身影很萎缩地投映在墙上,如同一只离了水的老麻虾,失去了蹦跶的力量。田七突然感到很难过。他在为朱老板难过，他心里涌起的这种感情很奇特，这是一种儿子对父亲的感情。田七很小的时候，父亲就去世了。父亲在他心目中的印象完全是模糊不清的，但在这一刻，他对朱老板的这种感情却是真实的、强烈的。他很想对朱老板表白一下这种感情，后来还是什么也没有说。他默默地坐着，陪着朱老板坐了很久……

小押当的兴起，给了裕和当沉重的打击，东关、西关、南门、北门四个分号几乎到了无人上门的地步，只有裕和总号靠着多年的老牌号和信誉，尚能够勉强维持。这年的正月，朱老板解雇了第一批伙计。一些多年的老伙计在朱老板和朱太太面前涕泪交流，长跪不起，朱家大院笼罩在一片凄凄惨惨之中。朱老板无法承受和应付，只好躲进屋里，不再出来见人。朱太太除了抹眼泪，说不出一句话来。只有田七在一旁劝着众人，说大家还是离去吧，朱老板也是没办法，谁叫咱裕和走背字哩。他保证，如果裕和还有兴旺的一天，朱老板会想到他们，把他们重新召回来的。伙计们陆续散去了，但留在人们心中的阴影却长久地弥漫着。裕和当在五湖多雪的正月里，前所未有地显出了它的萎缩、冷清和破败。

开春后，又传来了一个惊人的消息：永义当买下了紧挨着裕和总号的一家布店和百货店，准备拆除后在这块地皮上盖永义当大楼。据说，大楼盖成后，将是五湖城内唯一的三层大楼，永义当也将成为国内东南半壁首屈一指的大当铺。朱辉正几乎倾其所有，市长景世宦和青皮帮舵主瘸子刘五也都投入了资金。朱辉正许诺，三年后他将加倍偿还这批资金，以酬报市长和舵主的鼎力相助。他相信，一切都在他的筹划和掌握之中，他的目的只有一个，那就是彻底挤垮裕和当。他用昂贵的代价买下布店和百货店，原因也正在这里。

永义当大楼在拆除后的布店和百货店的地基上迅速地矗立起来了。当它建成后，原先在这条五湖主要大街上显得鹤立鸡群的裕和当，便一下子渺小而丑陋起来。永义当大楼像一个巨人似的，俯视着、嘲笑着脚下的侏儒，仿佛只要抬一抬脚，便可把它踩得粉身碎骨。

大楼开业那一天，永义当门前车水马龙，高朋满座。五湖政界要人和商界巨头纷纷前往祝贺。鼓乐、鞭炮以及欢笑，经久不息，持续到次日黎明。永义当大楼的开业，成了五湖当年的盛事之一。

朱老板闭门不出。他连迈出门的勇气都没有了。田七也觉得，他们是真正地败下阵来了。朱辉正把整个社会都变成了裕和的敌人。白道、黑道，凡是能利用的力量，他都利用了。而孤家寡人的朱老板，面对如此强大的对手，他的失败几乎是不可避免的。田七悲观地想，裕和已经完全失去了和永义抗衡的力量。

在朱太太的指使下，田七背着朱老板去见过一次朱辉正。他试图用亲情来感化朱家的少爷，让他给裕和、给自己的父亲留下一线生路，但他的努力却遭到了朱辉正无情的嘲讽。

“我就知道你们会来求我的，”朱辉正在那间宽大豪华的西式客厅里来回地踱着步，松软的地毯在他脚下发出柔和的声响，“我想知道，是你田七自己来的，还是朱华堂让你来的？”

田七不知该怎样回答，他含混地点点头。朱辉正微笑地看着田七，他的神态显得优雅而宁静。

“其实，这对我来说都是一样的，即使朱华堂亲自来，跪在我面前，我也不会改变主意的。”朱辉正说话的时候，从桌上的翡翠烟盒中取出一支粗大的雪茄，叼在嘴上，“你是不是认为我这样过于残忍了？”

田七没有回答，只是紧张而急促地咽了口唾沫。朱辉正徐徐地吐了一口烟，白色的烟雾在田七的眼前袅袅地飘升着。朱辉正品尝着雪茄，也品尝着自己的快乐。

“你问我为什么要这样做，答案很简单——我恨他。”在说“恨”的时候，朱辉正的表情依然是温柔的、安详的，充满了诗情画意。

“我太了解朱华堂了。”他对田七说，“你说的父子之情对我毫无意义。朱华堂除了爱钱、爱他的当铺，他从来就没有爱过任何东西，包括我这个儿子，我恨他。我从小就恨他。我说过有一天会杀死他。但这样太便宜他了。他不是爱钱，爱当铺吗？我要让他失去的，就是这些东西。我会让他死的，但我要看着他在痛苦中一点一点地死去。”

朱辉正淡淡地说着，仿佛不是在谈论自己的父亲，而是在谈一件与自己无关的事情。他的冷酷和残忍的确是超常的、令人恐惧的，田七感到不寒而栗。这是一个十足的魔鬼！他在心里骂道。

朱辉正快活地笑起来。他的笑是冷静而傲慢的。他接着对田七说，你对裕和忠心耿耿了一辈子，我很钦佩，但裕和现在已经没有出路了，这是明摆的事情。他提议田七和他一起干，里应外合，搞垮裕和。“你得为自己留一条后路啊！”他很知己地说，并表示，只要田七答应他的条件,事成之后,永义的经理将虚席以待。

田七被说得心惊肉跳,不敢再听下去了。他真害怕在这巨大的诱惑面前失去良心。从永义出来后,田七独自站在夜凉如水的长街上,任秋风吹拂着。他狠狠打了自己两个耳光,拼命抗拒着那个正在膨胀起来的可耻的念头。朱辉正可以背叛父亲,但他却不能背叛朱老板,直到这一刻,田七才发现自己竟然对裕和当、对朱老板还有如此强烈的割舍不下的情感。发现这一点,连他自己也觉得奇怪。

回到家里,朱家的院子里正乱作一团。朱太太哭着告诉田七,朱老板小解时,突然栽倒在茅房里,人事不省了。田七急急地奔进屋里,朱老板尚在昏迷之中,大夫们正在抢救。田七在床边站了一会儿,走进院子。在漆黑的夜色中,悲凉阵阵地向他袭来,就在这个时刻,田七在心里发下誓,他将和朱老板一起坚守下去,即使天塌下来,也决不做任何对不起裕和、对不起朱老板的事。

抢救一直持续到深夜。大夫们临走时,对双眼哭得红肿的朱太太和田七说,朱老板的生命不会有问题,但他的右半身已经偏瘫,今后他不可能再起床了。大夫们说:“他的命可真大!”

十一

朱老板中风后,裕和的局面便由田七勉强支撑着。但颓败之势已无可挽回,四个分号陆续关闭了,裕和总号也半死不活的,苟延残喘。

这一天,朱老板把田七叫进屋里。他让田七把他扶起来,靠在床边。一场大病后,朱老板仿佛只剩下一把骨头,中风使他的嘴巴也歪了,说话的时候半张脸都在抽搐着,显得十分吃力。

朱老板吃力地说:“田七,你到我家这些年,我朱华堂待你薄不薄?”

田七说:“不薄,老板对我恩重如山。”

朱老板骂了一句“日他二的”,又说:“我如今成了这副模样,已经不中用了,裕和今后只有靠你了。”

说这话时,他的声音是那样凄楚,目光中的乞求也是田七从未见过的。他不敢再看朱老板的眼睛。

“我懂。”田七点头。

沉默了一会儿,两人的脸上不知不觉地挂满了泪水。

“我知道你有难处,”朱老板又开口了,“现在我要给你名分——”他看着田七,心里充满了无限的伤感,他说,“我要收你为儿子,你愿意吗?”

“嗯。”田七点头。他的嗓音哽咽着,说不出话来。他知道只要一张口说话,准会控制不住地大哭起来。“嗯。”他咬住嘴唇,使劲地点头。

几天后,选了一个好日子,田七便正式拜了朱家的祖宗,改名为朱七。

“爹。”朱七给朱老板磕了头。

“娘。”朱七又给朱太太磕了头。

朱老板靠在躺椅上,抽搐着半张脸,说:“你起来吧,从今以后你就是朱家的子孙了,裕和也交给你了。”他长叹了一口气,又说,

“我相信你。我要你把裕和维持下去。不是为了我,而是为了你自己。裕和不能垮,起码在我死之前不能让它垮……”

他说不下去了。

朱七认真地听着朱老板的话,一言不发。

朱老板喘了几口气,知道朱七有话想说。“有话你就讲吧。”他吃力地抬了抬左臂。

朱七沉默着,像在思考这话该不该说。

“爹,”他小心翼翼地开口了,“我有权从柜上支钱吗?”他把“钱”字说得很重,不动声色地察看着朱老板的表情。钱是朱老板的命根子,在这个问题上他必须小心谨慎,但又不得不提出来。他无法回避。

朱老板沉重地喘息着。他的小眼睛里发出锐利的闪光,死死地盯着朱七,想从对方的脸色中看出他的用意。但朱七的脸上毫无表情。

“我相信你。”他说。

朱七又说:“我有权支配裕和所有的一切吗?”

长时间的沉默之后,朱老板又点了点头。

“我相信你。”他说。

“那好,”朱七胸有成竹地说,“现在我可以回答你了,我决不会让裕和垮掉!”他又说,“裕和也绝不会垮掉!”

朱七开始四处活动了。他频繁地从柜上支钱,频繁地在城里最豪华的状元楼饭庄宴请宾客。赴宴的有警察局的、报界的……其中还有一位是东亚保险公司驻五湖的代表。东亚公司是英国人办的一家跨国公司，该公司在东南亚一带信誉卓著。二十世纪三十年代初，保险公司在中国还是一个新鲜玩意，虽然京津沪一带业务已经有所开展，但在五湖一时还难以被商界接受，该公司的代表正为打不开局面一筹莫展。朱七的友好姿态，很快和他一拍即合，两人成了密友。东亚的代表频繁地出入裕和，被朱七奉为上宾。

朱七的举动引起了种种猜疑。朱太太对朱老板说，朱七究竟要干啥呀？这么花钱哪里吃得消！朱老板被她说得心烦意乱。他骂道，日他二的，你就不能少说两句！朱老板比朱太太更心疼钱，但他知道现在已经无能为力。他相信朱七不是那种吃里爬外的人。眼看着开销一天天增加，有一次他忍不住把朱七叫了过来，但当朱七到了面前时，他又什么也没说，什么也没问。朱七坦然的神色说明，他这样做是有目的的。朱老板意识到，一件重大的事情正在悄悄酝酿之中。

朱七继续进行着自己的活动。那些日子里，裕和当很少见到他的人影。他早出晚归，沉默寡言地想着心事，脸色庄严而凝重。有一天夜里，他突然造访了五湖城防司令部。城防司令部设在东门清华寺，司令叫马魁风。马魁风原是段祺瑞手下的一名师长，国民党当政后，马师改番号为国民革命军新编独立第七师，马魁风以师长兼任城防司令。马司令和景市长一向不和，五湖城内众所周知。马司令在段执政和张大帅时代，一直兼着市长职务。市长掌管着全城的财政税收，这是马魁风的财源所在。后来南京政府免去了马魁风的市长兼职，以景世宦取而代之。马司令的气一直不顺，有一次竟然派兵包围了市府，闹得南京政府大发雷霆……

朱七到了城防司令部，找到马司令的副官田芝贵。田副官是田七的一个远房族叔。田七在东关当做掌柜时，为了防范新七师的人马骚扰滋事，曾和这位族叔有过来往。田副官见田七这么晚来访，又是一副很神秘的样子，知道有事，便把他让进房里。田七对族叔说，他现在已改名叫朱七了，朱老板收他做了儿子，并把裕和全权交给他了。“不过，裕和的日子眼下不太好过，”他说，“还望族叔能鼎力相助。”田副官说，好说好说。田七便把一只信封推到田副官面前，田副官抽出里边的银票看了看，便喜笑颜开起来。接着，朱七又把一只提包交给田副官。“这是送给马司令的。”他说。

提包沉甸甸的。田七用拇指和食指圈了一个圈儿，田副官便明白了。

“好说，好说。”他咧着嘴哈哈笑起来。

立冬那一天，五湖来了一场寒流。西北风带着刺儿，满街地肆虐着，天气陡然变得干冷干冷的。严寒的冬季伴随着这场寒流骤然而至了。

半夜时分，五湖中心大街突然起火了。大火是从裕和当首先烧起来的，借着风势直扑西边的永义当大楼。木质结构的大楼顿时在半空里冲起耀眼而夺目的光华，映红了五湖的夜晚。灼人的火球和烈焰热浪滚滚，气势不凡地飞腾着、闪烁着；巨大的轰鸣声迎风呼啸，渲染起一阵阵摄人心魄的瑰丽。整个五湖城都在这突发的大火中惊惧地嘈杂和颤抖……

市长景世宦在睡梦中让电话铃声吵醒了。朱辉正的声音在话机里变得惊慌失措、语无伦次。他向市长大声求援。“快派救火队！快派救火队！……”朱辉正冲着话筒声嘶力竭地狂喊乱叫。

但救火车刚开到街口便被新七师的部队拦住了，市民们有的自愿赶来救火，也无法通过新七师的防线。整个大街完全被城防司令的部队封锁了。田副官全副武装地骑在马上，代表城防司令马魁风发布戒严命令。他宣布，鉴于目前的混乱，为保证安全和秩序，新七师奉命执行任务。如有抗拒不从者，格杀勿论。

荷枪实弹的士兵形成了一道无法逾越的障碍，人们只好眼睁睁地看着大火无情地燃烧下去。市长闻讯紧急派员交涉，但等到部队允许救火队进入时，五湖城的黎明已经来到了。在朦胧的晨光中，中心大街已经面目全非，成了一片废墟……

大火完成了一场阴谋。

裕和当和永义当一齐消失了……

尾 声

当天的《五湖日报》以头条位置报道了这场大火。报道说：“据初步查访，大火系永义当所引起，并由此殃及裕和当及周围商号，起火原因尚在进一步查访之中。”云云。后来有人指出，报道与事实不符。因为当夜刮的是西北风，而裕和在永义的西边，大火岂能逆风而上？有目击者证实，火是从裕和而不是从永义首先烧起的，但报馆对此说法置之不理。警察局在调查时竟也附和报馆之说，把起火的责任完全归咎于永义方面。

就在那天的报纸上，人们还在显著的位置上看到了裕和当的

一份安民告示,题为《裕和当为火灾事敬告当户文》,内容如下:

窃惟昨夜大火蔓延之故,裕和老号不幸毁于一旦,损失殊为惨重。惟庆幸者,乃敝号投火险之保于前,而遭火灾之劫于后。现与东亚保险公司接洽,一俟火灾查访结束,该公司将按所投之保险,偿付敝号全部之损失。且按民国七年当铺火灾赔偿之条款,对非责任意外之灾,将按当价七成偿还当户之损失。偿还日期待确定后另行通告,裕和当将于明日迁往原东关当旧址。恳望各当户少安毋躁,同超苦海,共纳福林。特示。此告。

署名为“裕和当经理朱七”。

几天后,《五湖日报》又刊登了一则消息。题目是:《董事长逃债无门,朱辉正自杀身亡》。摘要如下:

今日凌晨,有渔民在五湖江中发现一无名男尸,年约三十有余……据警方验证,乃前永义当董事长朱辉正。……据悉,永义当毁于火灾之后,索赔者相逼日甚,哭闹者有之,打骂者有之,寻死觅活者亦有之……朱辉正因破产无力偿还,故走此绝途。呜呼!悲哉!

但五湖城里关于朱辉正的死私下里传闻却很多。人们都说,朱辉正是被人打死后投入江中的。至于是谁打死的,说法不一。

有人认为是市长或刘五派人干的，因为朱辉正使他们的大笔投资化为了泡影；也有人说，是一些当户的报复行动；更多的人则相信，此事和那场大火一样，都和朱七有关。

这是一个令人困惑的难解之谜。

尾声之尾声

一场大火挽救了裕和当。几年后，裕和当再度兴盛起来，中心大街上被烧毁的总号也重新翻盖一新，四个分号陆续开张营业。不久，朱七还当选为五湖当业公会的会长。抗战爆发后，裕和更是经过了一个畸形的繁荣时期。在朱七的主持下，裕和的分号一度发展到六家。即使在国民党崩溃的前夜，由于金融混乱，纸币惊人地贬值，许多当铺无力支撑，纷纷倒闭，裕和仍然维持了下去。

朱老板活到八十多岁。他是在解放前一年去世的。他的死非常突然，事先没有一点儿兆头。第二天佣人送早饭时才发现他已经死在床上了。他的两眼瞪得溜圆，直直地望着天花板，嘴巴痛楚地扭向一边。殓尸的说，朱老板死前可能想说什么，但没能说出来。他是被一口痰憋死的，死得一定很痛苦。整容的时候，殓尸者用手合上朱老板的眼睛，但手一松，眼睛又睁开了，一连三次，最后才算是合上了。人们都说，朱老板死不瞑目，大概还有什么心事未了。

五湖的解放是在 1949 年 7 月。在这之前，朱七携全家逃往了台湾。解放后，裕和总号的房子成了法院的所在地。1964 年，法院在原地基上翻盖大楼时，建筑工人在地下挖出五坛银圆和金条。

坛口用火漆封了口,坛内每包银圆和金条的封纸上都有“朱华堂印”的封章。这件事成了轰动五湖的新闻。人们由此又想起了裕和的种种往事。据一些原来裕和的老伙计们推测,这笔钱无疑是朱老板在中风前埋下的,并且很显然他始终没有把这笔钱告诉朱七。至于为什么,自然又引起了种种猜测。

夏天的公事　许　辉

李中接到这个任务，是在五月中旬。接到任务之后，领导和他都没感到是个任务，因为这任务只是个意向，还没有具体的细节和要求。过了些日子，人一忙，就把这事给淡忘了，因为不再有人提起；李中自然也不会主动提起，他是无所谓的，可去可不去，可干可不干。接下去天突然热了，电视里的天气预报每日都是“高温，高温！高温！！高温！！！”的报告，叫城市里的人受不了。

这时那任务忽然具体了。于是李中打点了行装，于七月十八日上午前往旅游汽车站赶9点钟的空调车，向夏城方向去。他出差了。

到夏城并不太远，两个来小时就到了。空调车如一只钻在蒸笼里的甲壳虫，那嗡嗡的一点点空调哪里能起什么作用。等到了夏城，李中的白短袖衫已全淌湿。下了车，出了车站，他就打听了路，沿着街道一路找通知上注明的那个宾馆去了。

夏城宾馆在大街边的小巷里，小巷仅容两辆小轿车慢行交会。巷边竟长了一排参天大树，是英国梧桐，把个巷子遮得无多少阳光，看上去就凉爽多了。

宾馆自然很大，占地甚广，一眼望过去，除了各式各样五十年代、六十年代、七十年代、八十年代的建筑外，就是参天大树，这对于煎熬于炎热之中的人来说是个良好的慰安。李中在宽敞的接待大厅里问清了报到处之后，便转而往13号楼去了。

到了13号楼，一进门，凉气就扑过来解暑，原来这是有中央空调的一栋楼。李中在服务台说明来意。服务台里那位很年轻，因而也就很美的小姐，破了各处宾馆的惯例，很客气地从服务台里出来，领着李中到二楼报到处去。他们一前一后地走在铺着红地毯的走道里，到了之后，那小姐在那门口说了声“请”，才又转身往回去了。

原来屋子里已经有了七八个人了，见了李中，大家都起身迎他。一位五十多岁的中年人，精瘦，倒也显得精明能干，跨前一步道：“请进请进，天气太热，辛苦辛苦，请问你是?”“我叫李中。”李中说。那中年人马上就反应过来了，忙又说：“噢，李中同志，欢迎，你是第三个到的，路上很热吧?”李中说：“太热了，人又多。”中年人说：“我来给你介绍一下。”两个人便面向那六七个人了。中年人先介绍说：“这位是……李中同志。”又指点着屋里人道：“这位是张主任，这位是刘主任，这位是单部长，这位是赵局长，这位是王总编，这位是朱局长，这位是谭局长，我叫……”内中有人接上说：“这位是江部长。”都笑了笑，一一握了手。江部长说：“请你跟我来一下，你住在230房间，跟老汪住一个房间，他人胖些，夏天日子不好过。你们以前不认识吧?”李中说：“以前不太熟。”江部长又问：“怎么老夏没到?”李中说：“老夏我也不太熟，只听说过。”江部长说：“老夏的经验丰富啦，跟他在一块，不用你操心问事，他能把一切考虑得周周到到。他以前也是从我们这里上调上去的。”李中“噢”了一声。

住下来，江部长就来喊他们去吃西瓜。吃过西瓜，闲聊一时；又吃西瓜，又闲聊一时；又吃午饭，喝了点啤酒。餐厅很干净、清雅、凉爽。吃过了他们就回房间睡午觉。有空调，太舒服了，好像一辈子没睡过什么好觉。他们猛睡一觉，一觉醒来，已是下午 4 点多钟。起来又闲聊、等人、吃西瓜。又吃西瓜、吃晚饭，又喝了些刚从冰箱里拿出来的啤酒。这一天过得真不错。李中很快就安定下来了。

吃过晚饭，李中跟老汪一块回了房间，在房里坐定，李中道：“近晚了天怕能凉快些，你我二人不如出去走走。不知你以前来过没有。”老汪道：“没跑头，小城市，没啥跑头。况且外头的高温我也受不住，我人太厚。”李中想了想道：“你这话确有道理。但这地方我以前从没来过，总得知道是个什么样子。那我就出去走走了。”老汪道：“你去你去。”又说：“不如我洗过澡把水给你放好，你回来也能清净清净，这里的热水晚了恐怕就没了。”李中说：“麻烦你，那我就出去了。”

李中独自一人倒也随便。出了大楼，暑气顿时扑面而来，身上脸上都感到热烘烘的。虽说已是天初黑的时候了，但暑气也见不着有多少消退。李中晃晃荡荡，东瞅西看，就到了街上。街是长街，似望不见尽头，路灯一路去了，橙红的一线。街边人行道上有树，梧桐，枝繁叶茂。李中便走在人行道的梧桐树下，很有节奏地慢迈着步子，一步一步地往前去。

原来行人和骑自行车的人等并不遵守交通规则，都在护栏内的机动车道上慢行慢逛，这也许是入夜的原因。街上的人都着短裤或短裙，在晚间朦胧的光里，虽瞅不出个详细，但也能感到这小城市的人身心健康、精神饱满、精力旺盛。李中一路走去，不觉已到了一处十字路口，右手的方向似乎更宽阔些，人来人往也好像多些，李中便往右手去。抬腕看看表，已是十点多钟，天上的星都早已出齐了。

走过五七十步，身边渐出一道护栏，原来下边有水了。李中这才发现是到了这城市市中的一座小湖边，湖边的灯光倒映在水里，使李中能推测到那一边有多远。脚下的人行道也渐宽渐阔。围栏边和人行道上的乘凉人也渐多起来，大都是一领小席甚至就是一方报纸，人手一扇，轻摇慢扇。有些孩子则趴到护栏上玩，但也玩得安静。

李中顿觉凉爽了许多，虽说身上仍不间断地溢出汗来，但毕竟因为有了水，人的感觉就好一些。李中便仍往前走，只是走得更慢，在坐着乘凉的人中间择路而行，倒也别有意趣。

再走一段，人行道终端变成一个小广场，场上的人更多，耳边不时有芭蕉扇扑在腿上身上的响动。李中便寻到一处护栏，趴在上面，望着脚下的水，听着身后的人声，心情倒真的安静下来了，觉得盛暑时在外地能觅到这样一处地方，也真有点情趣。

才这么想着，耳边隐隐地，竟有一曲丝乐飘来，在耳鼓里拨得好清晰，点滴分明，而且动情得很。李中颇感惊讶，便四下里望去。望仔细了，才望见宽宽广广的水中，似有一座小岛，在夜色和星光里，若隐若现，若即若离，缥缥缈缈的，望不太真切。

李中想，这便是了，那丝乐必是从那岛上飘来的无疑。这样想了，便越发静下心来，竖起耳朵，去捕捉那若即若离的曲声。古人云，心诚则灵。背后的嘈杂声一隐去，那丝乐真又飘然而至，奏在李中的耳鼓里。声不大不烈，却处处清晰，点滴分明，甚是动情，如泣如诉一般。李中听得了，心里竟泛上些酸酸的味道，抽抽地有情而至。这样一直逗留到夜深，才转返宾馆。老汪自然已将洗澡水代他放好。他谢过老汪，跳在池里洗了个好澡，便上床去睡了。空调自然叫人睡得好，一夜无话。

第二日晚饭后，两人又来到房间里，李中道："老汪，昨晚怎样？留在宾馆也很闷人吧？不如我们一起上街里走走，我发现一处地方，有个湖子，可以乘凉，很不错。"老汪道："那地方，我去过的，人声太乱了些。"又道："我也发现一件妙事，待天黑了，夜风起来了，可以找一领席头或带张报纸，上宾馆院里的草地上去坐睡，那可真风凉死了。"李中道："那我就还去逛逛。"老汪道："好。"

李中便又出了门，往湖那边逛去。不觉间就来到湖边护栏旁。广场上仍是一地人，有三三两两的，有独坐的，有一对人儿趴在护栏上喁喁私语的，有在人多处昂首信步的，嘈嘈杂杂。但人声却并不大，加在一起更像一种很丰富的背景声音。李中走到此处，短袖衫已被点点汗珠儿给洇得有湿有干了。天上还是一天好星，湖上有些小小的风儿拂来，也能显示出盛暑夏夜的一点柔情来。

李中在护栏上趴着，那背景声音在身后深远、丰厚却喁喁地绵绵响来，这时他心便静了，心间想，这倒真是一个好去处。正想着，那柔柔的丝乐声竟又在耳畔浅浅泛起，如泣如诉地来漫他的耳鼓。声音虽然不大，却点滴分明，处处清晰，情深意笃，叫人起抽泣倾诉的愿望，叫人想像小孩子那样毫无顾忌地委屈地号啕大哭一气。李中这会也不知自己是怎么了，心里有些抽抽的，好像自己受到了许多委屈、许多艰苦，现在突地遇见了一个知音，心弦叫她给拨动了，就想靠在她身上，依靠她，叫她给自己些安慰和支撑。李中想不出原委来，因为他一直还算顺利，没遇见什么大反复。或许是在城里过得长了，叫生活里的琐事给弄累了。

这样一直到深夜，李中才转返宾馆。洗了澡，身上清爽了，空调又清凉凉的，正好睡觉。一夜又无话。

李中来夏城的第三天上午，人到得差不多了，会议就按期举行。其实也不是什么很正式的会，主要是先介绍本市情况，这情况包括各个方面，经济、地理位置、特产土产、风景名胜、改革形势、企业状况、有突出表现之人物等。因来开会的都不是一般单位的一般人士，所以市委书记、市长等一干人都到了，以示重视。

按照惯例，有关人士都发了言，讲了话，作了表示。上午散会时，已在十一点半钟，散会后略坐一坐，几十个人便到餐厅就餐，到这时大家也真都饿了。

餐厅十分风光，宽宽敞敞典典雅雅的，跟大城市的中等宾馆并无二致。最受欢迎的当推餐厅里的四台立式大空调。虽然噪声有一些，但阵阵凉风袭来，使人神清气爽，全忘了天还在盛暑之中。大家都坐定了，李中身边正好坐着江部长。等着上菜的时候，江部长便跟李中说道："怎么老夏还没来？也没电话来，大家都在等他，他不来这会开着还真有点不安心。"李中道："可否打个电话去问问?"江部长说："电话已经打过了，那边说老夏来是一定要来的，但什么时候来却不能定，叫我们按计划先开着。"李中道："那暂时只好这样了。"停了几秒，李中找个话题问道："江部长是哪里人?"江部长说："我就是本地人，在这里生活了五十年。"李中道："那真是老夏城了。"江部长说："老夏城倒不敢说，对大街小巷、方言土产倒都了如指掌，这几十年也把全市四县的每个乡集都跑了一遍。"李中闻说，口里连声赞道："了不得，了不得!"

正说着，菜都上来了。江部长也忙起来，开了酒瓶，给桌上的每个人斟满。酒是古井贡酒，刚才李中从餐厅处的小卖部走过来，看到过这种酒的标价，每瓶是七十三块五毛，他自然是不会买的。酒斟好了，市委书记便跟各位碰杯。喝了一会，又上来几样炒菜，都是水里或天上的动物，大家便伸了筷子去夹。江部长说："这道菜有个名字，叫双凤戏鲤。"老汪道："怎么叫双凤戏鲤?"江部长说："这是两只幼鸽，就算凤了，做起来都有讲究。"老汪道："什么讲究?"江部长说："先把幼鸽的气道掐住喽，这气道就在翅上，外行人摸不准，自然做不成。掐住喽，幼鸽就昏睡过去，毛、翅都不乱，心血也不乱，鸽味就正。"李中道："这真不容易。"江部长说："那是。"又道："然后就将整鸽拿到笼里蒸，要烈柴猛火，过十多分钟就好，出笼后再去毛破膛，那鲜嫩味道已留在鸽肉里了。"

众人听了他的宣传，各自都跃跃欲试，撕夹了鸽、鲤肉放在嘴里吃。肉味果然鲜嫩，在嘴里咀嚼如同吃细水嫩豆腐，其味美妙无比，众人都赞不绝口。正吃着、说着、赞着，又上来一道菜，酱汁瞧上去挺浓，颜色却浅，呈淡蓝白色。服务员端它上来的时候，那一阵清淡香气便溢了满桌。老汪道："这又叫什么名字?"市委书记道："这叫金雀争春。"李中道："怎么叫金雀争春?"书记道："我们夏城市夏城县北部，有三种地貌，靠北是平原，那真是一马平川，没一点坑坑洼洼；往南走上几十里，地势渐高，平均高出平原区五到二十米，是老大的大草场子，那也望不见边，只是有少量的缓坡土岗，不如平原区平展；再往南走上几十里，就是丘陵岗地了，虽不算高，却也有险峻之处。夏城县的妙处就在这里。"

众人都咋舌。书记又道："在草场区就有一个集镇，叫金雀镇，也是个好地方。草场上生着一种叫雀，小巧玲珑，独独生在夏城县的草场上，就叫金雀，喜欢鸣叫，叫起来好听。这菜便是拿金雀制成的，在外地还吃不到。"众人都听得入迷，待书记讲完了，纷纷一饱口福。老汪边吃边说："难得难得，不知这种金雀可好喂养。"江部长说："不好家养，放在鸟笼子里半天，它就郁闷死了。"听了这话，大家都欷歔不已。一时间，只听得见酒具、餐具和牙齿响了。这顿饭也只吃了一个半小时。

当日的晚餐陪客就少些，因此减了两桌。因夏日里天黑得晚，所以天还大亮，众人便三三两两进入餐厅。江部长仍在李中旁边就座。李中随口问道："暑热盛夏之中，咱们这城里人晚上到哪里乘凉最好?"江部长想了想道："这个还真说不准。"李中道："市里有个小广场，广场边上有个湖，我昨天晚饭后逛了去，那地方还真凉快点。”江部长说：“凉快可能真凉快点，就是太嘈杂，吵人。我也是老长时间没在晚上到那里去了，太忙。”李中说：“就是，太忙就分不出时间来。”江部长说：“没有办法。”

菜都上来了，有个男服务员拎了一捆啤酒来，放在桌子边。江部长对桌子上的人讲：“天热，咱们就不喝白酒了，喝点啤酒，也能消消暑气。”众人都说“随便”，服务员便开了瓶口，给每个人都倒了一满杯。

啤酒难不倒人，因此在座各位都开怀畅饮。边吃边喝中，江部长说：“我们都想着老夏能来，他却不来，叫人想他。”大家听说，都笑起来。老汪道：“不要着急，不要着急，他会来的。”江部长说：“那是，只是迟早的问题。”李中说：“没错。”

转瞬间一天就过去了。虽说是坐在屋子里头听情况介绍，但那种盛夏酷暑的味道仍在许多地方乘隙而入，叫人过得艰难。这一天过去之后，到第二天上午，按照原定计划，就是集体行动，到附近的一些工厂、集市、单位等去参观，听介绍、听汇报。这不是件容易的事。老汪在晚上看电视时已经注意了天气预报，未来的几天仍是高温天气，最高气温可高达四十二度，这是个要命的数字，老汪连说：“没有办法，没有办法，谁叫咱们摊上这档子事的。”

第二天上午，吃过早饭，三部小面包已经来了。这次他们一行人由王市长和江部长等人陪同，市里有关部委办局也都来了负责人。李中他们上了车，车便相跟着驶出了宾馆，往街上去了。

街是新街，水泥路面，宽敞，有行车护栏。车开着，老汪问道："这是新街吧？"王市长说："这是新街，是前年才建成的。老街在里面，大大小小也有二三十条街巷，前几年北京来人拍外景，就选在老街上，都是石板路。"李中道："现在老街是越来越少了。我前些时候看到个资料，说我们国家有特点的老街，到下个世纪初，就要全部没有了，到那时候就看不到了。"王市长说："这问题确实有点麻烦。老街大都是私房，不好统一规划、统一安排，而房子、道路等，是迟早要坏的，不保护怎么行？但修缮、保护又需要资金，这笔钱从哪里来，又怎样分配，都是不好解决的问题。还有，老街的居民也要现代化、赶潮流，也要变着法子去发展经济，去挣钱，这都是正当想法，你总不能以保护老街的名义进行阻止吧，所以这里面还有个适度的问题。"李中说："确实不是件简单的事情。"

面包车在水泥路上开得很快，因为路上的车不算多。行人和自行车都靠路边有树荫的地方走。车外路面上的温度已经渐升起来了，车里还好，因为车窗都开着，风呼呼地往里头吹。

到了老街，一行人都下了车，散在车边，阵势好大，来来往往的人都看他们。李中跟江部长站在一起，便找话题道："江部长，王市长不是本地人吧？听口音不像。"江部长说："你看得很准噢，老王确实不是本地人，他是淮河边正阳关人，前年才调来夏城。"李中又道："那他是一家都来了，还是一个人来的？"江部长说："他是一个人来的，他老婆在正阳关街道上。按说他趁这个机会，把老婆转到城里来，转个干部身份，弄个机关工作干干，不是件太困难的事。"李中说："他不干？"江部长说："他不干。"又说："老王一个人在这里也真不容易，天天吃食堂，胃病也犯了。他干工作也没个时间，白天晚上闲不住，一日一夜能睡三五个小时就不错啦。”李中说：“王市长真不容易。”

上午由老街管理办公室接待，看市场、听介绍、听汇报，一直到中午才完。大家到厕所里轻松轻松之后，便由管理办公室的一位年轻人引路，往老街的深巷里拐弯抹角地走。大家一边走一边闲聊、闲看。太阳很毒，许多人都拿文件包或笔记本盖在头上，也无人问是往哪里去的。客随主便，主人自有安排，客人不可冒失，不可失礼。转了一气，也搞不清转到了哪里，忽然见到路边的一根水泥柱子上，挂着一面黄旗，上头有几个大红字，叫作巷子深酒馆。因为午时天热无风，所以那面旗纹丝儿不动，甚是显眼。带路的年轻人便无所指地向后头喊一句：“到了。”大家才知到了，便都仰面瞧那面旗，瞎议论道：“巷子深酒馆，这巷子也够深的，叫我自己走出去，怕得转一天。”另一个道：“巷子深是什么意思？讲不出来。哪位给解释解释？”带路的年轻人听见这句话，便大声道：“巷子深是这么来的，以前有句老话，叫‘好酒不怕巷子深’，就这么来的。说明这里有好酒好菜，叫大家都来吃，光临光临。”众人都参差不齐地“噢”了一声。讲完了，那带路的年轻人便领着大伙进去了。

酒馆里也深，有三四层。第一层是门面，煎炒烹炸都在这里，右手是个大通间，摆着三五张大方桌，供一般顾客猜拳吃饭喝酒。出了门面这一层，往后走，又是一层，有四五个房间。一行人迤逦而过，左右望去，见都是两桌一间的雅座，都有人占住了，或喝或吃，各呈姿态，吊扇都转得呼呼的。在座诸君大都赤膊上阵，吃喝得大汗淋漓，叫人好不羡慕。

出了这一层，再往后走，又是一层。人从过道里走，左右两边装着雕花门，门上门下大红大绿，虽有些土气在里头，但也反映出不少民间文化意趣，颇吸引人的眼目。各门的门楣上都挂着一块横匾。上头各书着：杏花厅、桃花厅、榴花厅、梨花厅、桂花厅、牡丹厅、鸳鸯厅、猛士厅等。众人都驻足观望，嗟叹不已。那带路的年轻人道："人各有喜好，新人结婚的爱挑鸳鸯厅，朋友聚会的爱挑牡丹厅，哥们义气的爱挑猛士厅，春暖花开时杏花厅、桃花厅日日都爆满，预订房间有时得提前三五天。"各位听了，更加叹息不止。看了一时，议了一时，便又往后一层去了。

后一层便是最后一层，原来是个偌大的院落，院落里头，错落有致地散建着一些仿古建筑和现代建筑，规模都不大。院中空地上挖了些小池，拿水泥抹上，各池间都有人工的弯曲小水道通连。池中大多植了荷，也有放了鱼的，并不是观赏鱼，都是些鲤、鲫之类，浮上游下，别有情趣。进来的人立时散到各处，去看新鲜，原来那些零散的建筑，也各有名堂。中国式的，叫北京厅；日本式的，叫东京厅；巴黎厅、香港厅和纽约厅倒分不出彼此来。这当然都只有大概的区别，不能严格对待。众人赞不绝口，纷纷落座四方乱看。院中还有些竹丛树影，甚是雅静。风扇也都开了，风来风去，也挺凉快。众人都道："好去处，好去处，想不到夏城这巷子深处还真有藏而不露的。"众人都拊掌大笑。

说笑间，有几个年轻的女孩子，便摆上香茶，端上脸盆毛巾。女孩子虽都不出众，却也干干净净，望见了叫人心里清爽。洗了脸，呷了茶，凉菜便上来了，这时大家才觉出肚里的饿来。

午间休息了两个小时，起床后他们便按照预定计划，驱车到离城二十华里左右的一个叫重镇的镇子去参观、听汇报和介绍。

天在这时已是极热，一行人分上了三辆面包，江部长仍和李中他们坐一车。坐好了，门关上了，空调已开起来，凉气渐出，感觉好多了。车在骄阳高照的柏油路面上滋滋地高速行驶。路两边先是楼房，后是平房，再后来就只有零零星星的房子了。路两边树木渐多，庄稼也渐多，红麻成林，黄豆绿秧铺成一片，真个是一派乡村景象。

路边田地里的沟沟塘塘，鹅鸭甚多，这里一片，那里一片，白云飘浮，甚是动人。满车人都不讲半句话，只是看窗外这种景象。如此这般的景象，若在大城市里，恐怕十年八载也难见一回。众人因此便噤了声，陷在窗外的境界中。

车到重镇，下了车，热浪扑面而来，大家这才又回到现实中来，便各自寻了树下凉阴处站定，等候组织者安排，在车上的那种心境自然就全没了。地原来是沙土地，老汪摇着折扇，喘着牛气道："也怪，这样的沙土，盖房子怎样能立得稳？"另一人接上道："怕是地基打得深。"老汪又道："地基打得深，不仍是打在沙土里么？"那人便语塞了，嗫嚅道："那可就讲不清啦。"正说着，镇上的干部都迎过来了。见大家都立在树荫下，满脸是汗，心里便不安起来，慌忙接着众人进了镇政府办公室，吃瓜喝茶洗脸消暑，慢慢地安顿了心绪。

这日下午安排甚紧，听完汇报，看完企业、镇容，已近日暮。镇上留住吃饭，市里的几位负责人考虑来考虑去还是谢绝了，一来宾馆那边已经安排了晚饭,讲好回去吃的;二来归途中还有个项目,就是去看一个村的植树,这都是事先安排好,列在日程里的,不能轻易漏了。李中他们倒无所谓,市里怎么安排他们就怎么动。大家就上了车,往来时的路上去了。

车在柏油路上开了一小会儿,便转到一条土公路上,路面也是沙土路面,倒平展得很。路两边的庄稼离路很近,在车上看,就觉得那些绿庄稼都正在涌过来,包围着车,叫人觉着轻松、凉爽些。

树也多起来,泡桐都植在庄稼地里,成行成排,很是可看。渐渐车头前又现出一道缓坡堤影。打稍远处看去,那堤影上树林极浓密,绿匝匝的,如大地的一道极浓黑的眉毛。这时天已近暮晚,只是夏日的暮晚夕晖绚烂,不会轻易褪去罢了。车到林边,大家下了车,便往堤上林里去。

将近林子,各位心情都莫名地有些兴奋,许是天近暮晚,暑气渐褪,气温较为宜人的缘故;又许是城里人难得上大自然里来走一遭的缘故;又许是出差开会,这就是工作,无其他牵挂的缘故。大家先先后后都入了林子。林子里果然厉害,群雀在这里那里地哄吵。不过因着地势广大,不似城市里那般狭小,所以雀子再叫也显不出烦人的味道来。

林子里稍暗些,却凉爽多了。人中有雀跃的,道:“不如晚上我们就在这里过一夜。”另一个道:“那你吃什么?”第一个道:“派两辆面包回宾馆,把那几桌晚餐拉来。”听者都开怀大笑,江部长道:“能在这里盖几间茅草房,开个避暑山庄,倒真是不错。”人家都点头称是。

村里的干部早已候在这里，此时便带着他们乱看。也有提些问题的，村干部便一一作答。双方都很轻松。

林子全是刺槐组成的，每棵都长有大碗口粗细，直上云天。在树下仰头往上看，枝枝丫丫交错，望不见梢头和太多的天空。众人在林子里，竟有些得意忘形，有昂头看树上的老鸦窝的，有站在树后开怀泄包袱的，有对着树上的雀子吁声大叫的，有倚在树干上抽烟喝茶的——茶杯自然举了一路，或装在包里，或捧在手上，这都叫习惯。

逛玩了一时，不知不觉间天色暗淡下来，江部长便招呼各位上车，说再晚回去吃饭就来不及了，宾馆不能老候着。大家依恋不舍地出了林子上了车。这时天竟要全黑了，一瞅表，已近八时半了。车便相跟着开足了马力往城里赶。

上了柏油路，黑影就上来了。车上的人兴奋过了，这时都哑着，盼望着到宾馆，好好吃一顿，洗个热水澡，躺在空调房间里看着电视睡个好觉。正走着，前头那辆车突地往左一拐，后面的两辆车也就跟上去，车上的人都摸不清头脑，车便在路畔的一排房子前停住。原来墙上有块牌子，上头写着几个字道：城郊乡乡政府。

李中他们摸不清头脑，日程上也没安排这个项目，所以都待在车上没下车，等着有人来打招呼，来安排。这时市里来的几位同志都在车下忙，这屋出那屋进。李中他们在车上，就觉着市里的几位同志真是辛苦，心里真过意不去，却又帮不上他们什么忙。

大约过了十分钟，乡政府的两位负责人来请大家下车，上会议室里休息、喝茶。大家就下了车，到会议室里，擦了脸，找了椅子坐下，喝茶、抽烟、吹风扇、休息。

大家都坐定了，江部长开口说道："刘乡长，这些同志都是领导机关来的，你汇报汇报乡里养鹅鸭的情况吧。"刘乡长就是刚才招呼大家下车的两个人中的一个。他长得较黑，却有精神。听了江部长的话，刘乡长说："好。"就开始介绍乡里的基本情况和养鹅鸭的情况，也不用笔记本，信手拈来，很是熟稔。李中他们便拿出笔记本来记，虽然心中还是摸不清多少头绪。

刘乡长介绍说，他们乡有养鹅鸭的传统，在明太祖时就有鹅鸭如云的记载。当地新产鹅鸭，绒厚、肉细嫩、个头大。其中鹅鸭绒是做羽绒服装的上等原料，现出口二十多个国家和地区，可换取大量外汇云云。大家开始还有些疲惫的感觉，听进去之后都深受鼓舞，会议室里也静下来，众人都听得万众一心。那刘乡长也是深明事理之人，既讲得抓人，又短小精悍，讲着讲着戛然而止，转脸对江部长说："俺们乡是小乡，也没有太多的东西汇报。各位领导忙了一天，也累得够呛，不如先去吃饭，吃了饭后各位领导也可早早休息。"江部长说："那也好，以后时间从容了，我们再来好好看，城郊乡可看的东西不少哩。"刘乡长说："还请各位领导批评、指导。"说着，便站起来，请大家跟他走，吃晚饭去。大家也说不出什么来，便站起来跟他走，上了车。车开到柏油路上，在一家饭馆前停住，大家便下车了。

公路边的饭馆自然有许多。李中他们下了车，便打量这个饭馆。这个饭馆也有名目，名字叫菜根香饭馆，是拿红颜色写在饭馆门楣上的白石灰墙上的，被一盏电灯照得清楚。这名字怕也有个讲究。众人便问刘乡长。刘乡长道:“菜根都能做出好饭菜来,可想这家饭馆的价廉物美了。”众人都说:“有道理,有道理。”其中一人又问道:“莫不是菜类全拿菜根之类的物件做成,那倒也有特色。”刘乡长沉吟了一下道:“有倒有菜根这道菜,却不能全拿菜根做成一桌酒宴,这到底也还是乡间的一个饭馆,比不得城里。”众人听说,又都连连点头说:“有道理,很有道理,很有道理。”一行人便鱼贯而入馆内,在方桌边坐定了等吃。

饭馆确如刘乡长所说,是乡间的饭馆,雅座也只是拿秫秸隔起来的,方桌上油油腻腻,要是习惯了或饿狠了,也就不觉着什么了。雅座四壁悬挂着些横匾,有上书开业志喜的,有上书感激热情服务的,花花绿绿,也能渲染起不少气氛。正看着,凉菜热炒轰轰隆隆地上来了,上了一桌子。刘乡长道:“招待不周,请各位随便吃点。”大家都饿了,客气一声,便纷纷猛扫。吃了几口,刘乡长又道:“各位随便吃点。江部长交代了,四菜一汤,不超过标准,我们自然不能突破。不过羽绒厂的沈厂长听讲了,就觉得过意不去,从自己的承包奖金里拿出几个钱来,给各位加几个菜。所以请大家放心吃饱,决不要有任何负担。”众人听罢都哈哈大笑,有的问:“沈厂长来了没有?”刘乡长说:“他事情多,托我给各位领导捎个话,带问个好、抱个歉,他来不了了。”众人里有七嘴八舌的声音说:“谢谢,我们也不客气了。”桌上有几个盘子很快就吃空了,大家确实是饿到劲了。

正说着,又上来一轮菜,有没有菜根谁也没顾上注意。残盘子撤了下去,新盘子端上来,大家都奋不顾身地吃,吃着吃着,速度便慢下来。李中腾出嘴来，问刘乡长道："刘乡长，你就是本地人吧？"刘乡长道："祖宗八代都吃这里的土。"李中道："现在乡镇企业怕也难。"刘乡长道："说句不中听的粗话，蛋都努掉了。"众人听见都开怀大笑，觉着刘乡长这人真不错，拿得起放得下，可以，可以。

这一天都累坏了，一夜无话。第二天上午大家起得都不早。起来后吃了早饭，江部长跟到李中房内，对李中和老汪说："按照日程安排，今天该分散到各区县去了，可老夏还没到，真叫人发急。"李中道："电话也没来吗？"江部长说："电话倒是来了，是他办公室的人打来的，讲老夏来是一定要来的，但什么时候来，现在还说不定。老夏确是太忙了。"老汪讲："老夏来了一切事情都好办了。"江部长说："一点不错。老夏来了我们能轻松很多。他动脑子、动口，我们动动手，就行了，一切事情都能办得有条有理，而且绝不会办错。"李中说："就像有了依靠一样。"江部长说："那可是。"

这样闲谈了一时，江部长被人喊走了，急急忙忙的。李中和老汪都替他急，天这样热，担子都压给他，也够他受的。李中、老汪两个在空调房里喝喝茶、抽抽烟，歇着息。快到十一点的时候，江部长急急忙忙又来了，进屋坐下，道："老汪，按照老夏原来的安排，请你和老张到河东县去，吃过午饭就走，车子都安排好了。你看这样可行？"老汪讲："行行，没问题，没问题。"江部长说："那就辛苦你了，天这么热。"老汪说："没什么，行。"江部长又说："李中同志，我们还想征求一下你的意见。按照老夏原先的安排，老夏和你两个应该到金雀镇去的，可老夏偏又日理万机到现在也没能抽身，所以我们想听听你的意见，怎么办？”李中想了想道：“老夏不去心中还真没有底，不过他是肯定要来的，不如先就我一个人去，你看怎样？”江部长说：“我们尊重你们的意见。你们都是领导机关来的，我们的任务就是安排好各位的生活，给大家的工作提供方便。那就辛苦你先去一趟，待老夏来了，就好办了。”李中说：“好的，我自己先去。”江部长说：“下午也有车送你，我再派办公室的小蔡陪你去，给你安排好了，再回来。”李中说：“这几日也把你们忙坏了。”江部长说：“我们没什么，能叫各位满意就好。”

午餐自然较丰盛，但也不是最丰盛，因为会议尚未结束。各位只是先到各区县去，三天后还要回来集中，才告结束。吃罢饭，各人都串着讲讲话，问问去向，打点打点行装。老汪望着窗外焦干的水泥路面，面带忧愁地说：“这样热的天，也真要命啦。”李中也很同情他，因为老汪太胖，在酷暑盛夏里工作，是真不容易。

下午一点半之后，小车陆续来了，把人接走。后来来了一辆上海——这种车在这里也是中等水平的车——车上下来一个年轻人，不到三十岁，胖乎乎的，戴着一副眼镜，进了宾馆把李中接出来。上了车，车就启动，往城外开去了。

上了车，李中就感觉到已经开始了另外一个档次的生活了。因为这辆上海轿车里，只有一台顶不管用的空调，且噪声又大，司机索性将它关上，而把车窗都摇下来，叫风吹着。自然的空气温热灼人，李中便觉着身上的衣服都受了感染，都温热灼人起来，脸上也叫那热风吹得发烫。但这样竟也很快适应了。小蔡便和李中讲着话，随口谈些事情。

小蔡道："草场区确也是个好去处，同高原没有多少两样，只是规模略小些。"李中道："既然那里的海拔较高，像这样的季节，气温怕也能低一些。"小蔡道："那可不。大约能低个两三度，况且晚上更凉快些。因为那里到处都是草，都是植物，又有一条河打镇子边上穿过去。"李中问："那条河叫什么河？"小蔡道："那条河叫金雀河，河滩老宽。你晚上在那里走走，真棒极啦。"李中说："那可太好了。"

小蔡又说："江部长老家就是金雀镇那附近的。"李中"噢"了一声，说："江部长这人干事情踏实，很难得，这样的年纪了。"小蔡说："那可是，江部长的爱人这段时间还生病住院，他忙得连去医院看看的工夫都没有。况且他自己的身体也不好，有好几样病，办公室的抽屉里摆了一抽屉药。"李中又"噢"了一声，有些感叹的意味。小蔡说："只可惜老夏没来，我们就跟没有主心骨似的。"李中说："就是。不过他肯定要来的，迟早的问题。"小蔡说："是的。"小蔡又说："我还没见过老夏，还不认识他。"李中"噢"了一声。

上海轿车驶在平原上，一眼望去青葱一片。车驶到田野里，风也软了许多，车上的人都觉得舒服些。车走得风快，在田野里有一种徜徉的味道——当然是远看的感觉——车就像是一种天蓝色的什么橇，滑得好开心、好潇洒，感觉好极了。到了一处地方，前不巴村，后不巴店，车便停住，车上的人都下车来撒尿。然后他们又上车，司机说："前面就快入草场区了。"

地势果然渐渐高了，公路是往上去的，虽然坡度很缓，但到底是慢慢往上头去了。庄子看上去逐渐减少了，树也减少了些，草地、田地却多起来,天地更其开阔。李中望着窗外,便有些感慨,道:“这真是一处好地方。”小蔡道:“也有些奇怪,在内陆还能有这样的地方,又不是在高原上。”李中道:“确是好地方,名不虚传。”

车越上越高,甩在车子后头的树啦什么的,逐渐就只剩着树梢了。再往车外头望,就觉着是到了圆球上,草场外头的东西,都慢慢地转到下头去了。果然也有些雀子,飞得甚是灵巧,一上一下的,忽上忽下的、忽高忽低的、忽左忽右的、忽快忽慢的,在草场子上头飞动。李中指点着道:“那怕就是叫金雀的雀子。”小蔡道:“就是金雀,叫起来好听。”李中道:“叫起来是什么样子?”小蔡撮着嘴学了一学,道:“学不好,不如我们停住车,站在车外头听听。”李中说:“好。”车就在路边停住,两个人下了车,往路边的草里走去,竖起耳朵听那雀子的叫声。

那雀子的叫声果然好听,如软金碎玉敲在一起,响得撩人春心。听了一阵,两人便感叹着上了车,车便直往金雀镇去了。

车在路上磨磨蹭蹭,这站站,那看看,到金雀镇时大约在五点。兴许市里和县里已经打电话来了,他们赶到镇委、镇政府时,镇委书记、镇长以及副书记、副镇长一干人,都已在镇政府办公室等他们了。

镇上自然热烈欢迎他们的来到,办公室里坐了一屋子人,先洗了脸,然后便开西瓜吃。镇委书记姓金,镇长姓马,因此闲话的时候,李中便说:“金书记怕是本地人吧,这姓就好。”金书记笑道:“错了,错了,我是淮河边上正阳关的。马镇长倒是本地人,在这里生活了四五十年。”李中也觉有趣,随口又问道:“那金书记跟王市长是老乡啦。”金书记道：“不错，我跟王市长是老乡，有一阵子打正阳关出来好些干部。”李中说：“是对调吧？”金书记说：“也有调配，也有提拔。”李中道：“好地方。”

说说讲讲便到了6点多钟，金书记出去一趟，回来便征求李中的意见道：“老李（其实李中并不老），我们是不是早些开饭？小车还要回去。”李中说：“请你安排吧。”金书记说：“我们想早点开了饭。小车走了，你也好早些休息，跑了老远的路，也该累了。”李中说：“还好。”

镇上把李中的房间安排在镇委、镇政府大院的后排，比较安静，人来人往也不少。后院还有个后门通外头。到吃晚饭的时候，天还大亮，大圆桌围坐了一桌人，很是热烈。书记和镇长都动手拎啤酒，开啤酒瓶盖、倒酒，摆菜盘子。菜肴虽都不雅，但却丰盛、实惠。转眼间一桌人就干掉了二十多瓶啤酒。

上海轿车走后，镇里安置了李中，便一一散去，不来打扰他。李中略躺一躺，并不想睡觉，便打水擦擦身子，换了干净衣服，锁了门，从大院的后门出去，往外头逛去了。

镇子到底是镇子，逛不出多少花样来。倒是镇子外头颇有些看头。李中是在城里住惯了的，于这闷热之中，乍一走到大草场上，眼前顿觉一亮。阵风不时袭来，便感到凉爽了许多，心里也放开了许多。眼望着前头不远处像有一道宽河，便信步走去，也不过五七十步，便到了河滩的边缘处。果然是一条好样的河。河滩老宽，中间淌着清凌凌的水，野草在河滩上这里一片、那里一片地往水边上延伸。艳阳高照，水流缓缓。李中站在河滩上，便觉出了这高高草场的韵味来，脚下一时半时也动不了。

太阳正往西天边上沉下去。河滩上有不少女人正洗衣裳。打李中站的地方望过去，那些女人的腰身都如韧草一般，苗条且有力，裸露的地方也都一律地发白、饱满。李中暗自惊奇，站了一时，便回房里睡觉去了。

第二天早上，李中刚洗漱完毕，昨天晚宴上在一块喝酒的马镇长就匆匆忙忙赶来了，见了李中道："金书记今天上县里开会，这几日怕回不来了，我就陪着你。"李中说："哎呀，太麻烦你了，我们今天就抓紧时间搞吧。"马镇长说："好。现在咱们先去吃个早饭，吃完早饭咱们就走。"李中说："行。"马镇长便领着李中往街里去了。

街里的早市正在兴隆之时，车来人往十分热闹。马镇长说："这金雀镇是草场区的交通要道，又是古集镇，每日人来人往，少说也在五六万人次之上。"李中道："这里怕也是物资集散地，不然哪来这样多人。"马镇长道："是物资集散地，主要经营山货、大米、牛羊之类。这里又是山区到平原、平原到山区的必经之路，所以就繁荣一些。"李中问说："镇南的那条河叫什么河？"马镇长说："叫金雀河。"李中说："是打哪流来，又流到哪里去的？"马镇长说："是打山上流下来，又流到淮河里去的。"李中说："有这条河，镇子就水灵了不少。我早上一路走来，望见这里的女的，皮肤都细嫩红白，怕就是得了这水的滋润。"马镇长说："那可是。传说明清之前这里都设过县，在这里的女人身上丢了官的，可不少。"两人说着听着都放声地笑起来。

这时到了一处地方，是一座古式砖木结构的茶楼。门楣上一块紫木横匾，题作“春水茶楼”的，字体甚是飘逸、飞腾、潦草，足见题者的艺术功底。李中便站住了问道：“马镇长，这字是什么人题的？很有功力的。”马镇长答道：“不可考了。有传说是明清年代一个贬官的学人，漂流到金雀镇，每日来这茶楼上吃茶解闷，久而久之便生了感情，露出一手的好字。茶楼老板见了，就请他随意题一块招牌，就是这几个字。当然这是传言，不一定可信。”李中说：“好字。”

说着，又端详了一时，又退到对面街边端详了一时——这街也是老街，青石条路，街宽不过五七米，所以从街这边到街那边，并不是遥不可及的——只望见整个茶楼的门面，都由黑漆漆成，三五个门柱子，是拿条棒制成的，看上去虽显苗条了些，却顶事，能吃住劲。望了一时，李中嘴里仍说着“好字”，二人便进去了。

才一进去，里面忙着的一干人，其中便有两个来跟马镇长打招呼道：“镇长来啦，楼上坐吧。”来打招呼的两个人，一个是年龄大些的长者，有五十来岁，腰前围着个白围裙，瘦精精的，上唇处有几根软须，口唇锋利，是个精明能干的人，看上去却又不给人多少奸刁的感觉。他一只手拎着个长嘴的铁皮壶，这样就显出了茶楼的味道来。另一个却是个二十三四岁的小女子，红唇皓齿，面皮细嫩，白里透着红晕，体态也姣好，不胖不瘦，不高不矮。那不长不短的乌发随便地束成一把，斜搭在脑后，竟也能看出存着信心的自然功夫。她张口说话时，做不快不慢、不大不小的发音，落落大方，又不轻浮。李中心里便“咯噔”一声，暗暗惊叹这金雀河水喂养出了这等佳人,实在叫人吃惊。马镇长便答道:“我陪上头来的这位李同志来吃早茶,我们就上楼啦。”

马镇长的这段话,也颇得体,既略作了介绍,又因为自个能陪着有大身份的人来吃茶,沾着点自豪,各家都高兴。讲完了,便引着李中往楼上去。那长者道:“小玲,你就陪马镇长他们上去,茶这边就到。”那叫小玲的姑娘便金雀一般地答应了一声,走到他们前头,引他们往楼上去了。

楼梯自然也是木板制成的,较陡立。打那前面的制作间里出来,走到天井里,便上这楼梯,一步一步地上,也能上出几颗汗珠来。那小玲便在前头道:“今个天怕还热。俺爸说了,说打老远之前到现在,也还没遇上这样的热天。”马镇长说:“那倒是。”李中说:“我昨天晚上睡得还好,想必是这大草场区天爽凉些。在夏城那里,天简直热得受不住。”马镇长说:“下边比这里要高三四度。不过夏城也有个乘凉的好地方。”李中说:“是不是那湖边上?”小玲接上说:“湖边也可以,但比不上金雀河边,金雀河边可是爽快多了。因水是打山里流出去的,路程又不是太远,凉气还没有散尽。”李中说:“难道这金雀河也从夏城里流过?”马镇长说:“那是,一直能流到淮河里。”

说着也就上了楼。楼上的茶座是围着天井形成的,打眼望去,总也有二三十张桌子,能容下一二百人,可以想见这里生意的兴隆了。楼上的窗户门极多,又全敞着,所以呼呼地有风吹来,叫人精神为之一振。方桌边零零星星坐了三五十人,三五十人在这样的地方也不显得多,倒有零零散散的感觉。小玲便引着他们挑了南墙一处近窗的方桌，三人走过去。李中这才发现茶楼外头不远，便是那金雀河。河面老宽，河水倒不甚深，却清凌凌的一片，在窗里望得甚是清亮。河滩水里，打眼望过去，竟有无数的女人在濯洗衣物，棒槌声嘭嘭地响成一连片，一时满眼都是绿水、花衣、白腿。李中望见了，禁不住叫出一声来。马镇长走过来望了一眼说："金雀镇也就这样，日日都如此。"李中摇头笑道："大开眼界，大开眼界。那明清时的传说，我真的信了。"马镇长说："信了吧？"两人相视而笑。三个人便落了座等茶来。

第二日早晨李中仍由马镇长陪着，来春水茶楼吃早茶。来到春水茶楼，小玲仍来陪他两个，仍坐在昨日的位子上。那小玲便说："昨日师傅有急事没到，今天到了，能吃上正宗的煎米饺了。"李中说："昨日就听你们说过，我还从没见过，更谈不上吃了，不知是什么样子呢。"小玲说："煎米饺是金雀镇的特产，不过后来分成了两支，一支在金雀镇，传着传着就失传了；另一支到了肥西县三河镇，却传了下来。我们现在请的师傅，就是从三河来的。"李中道："哟，这两支分得挺远的，一个在淮河这边，一个在淮河那边。想必是两兄弟分家吧？"马镇长说："虽都是这样传，却考不出个真假来。"李中说："遗憾了。"

他们才一坐下，便有个小伙计，二十多岁，也在腰间围了一块白围裙，一手拎着大铁皮壶，一手捧着几个粗瓷的盖碗，大着步子过来，把那几个盖碗在李中、马镇长、小玲的面前摆下，另一只手便提起来，要往盖碗里冲茶。

李中低眼望去，那盖碗中物件与昨日没有不同，仍是茶叶、榴叶、甘草等几样，都是提神醒脑败火的物件。看时开水便直冲入去，碗里霎时便腾起一股清甜的香气来，桌上、别处，却不洒着一星水滴。冲完了，那小伙计就离去，往别的方桌边去了。马镇长道："盛暑夏日来喝早茶，依我们这地方的习惯，得粗一些才好。"李中说："怎么叫粗一些?"马镇长说："清早起来了，脸也不洗，只刷刷牙，就上茶楼来喝早茶。因夏日天热，茶又是滚水冲泡，这时就尽兴去喝，喝出一身汗来，这就叫粗喝，和冬日全不一样。"李中说："夏天早上就喝出一身汗来，那不是浑身难受死了。"马镇长说："喝出一身汗来之后，就回家去冲个澡，把一夜里的脏物都冲得干干净净，身子在一天里都舒坦。"李中说："这真是好习惯，这就是养生之道吧。"小玲说："不然我们金雀镇的女子哪来这样好的颜色。"李中说："不过女的又不喝早茶。"小玲说："女人都在家里喝。早上起来，也不干别的事，先就冲了一碗茶喝，冲个澡，再干一天的活。"李中说："想不到，想不到，真是想不到。"

说着、讲着，煎米饺便上来了。原来是米面做成的饺皮，内里有虾仁、鸡蛋等物，在油锅里煎熟了的。喝了这一气早茶，肚里正喝空了，几个人便吃起来。抬头时，又恰恰能望见窗外的一河滩女子。茶楼的生意也正在旺时。

李中到金雀镇的第二天，喝过早茶，吃过早点之后，便由马镇长陪着，坐个体户的柴油三轮车上大门朝西去看张金河的综合企业体。

这是原来就安排好的项目。关于张金河的情况，李中在市里也看了一些材料，这次实地去看，就能多一层认识。

开三轮车的是个叫大三的小伙子，头发老长老乱，倒也显出了一些时髦来。初看他时，觉着这人靠不住，是个打家劫舍的角色，其实不然。对了几句话，便知道他仍是个本分农村青年的坯子，不大能干出什么坏事来。

马镇长解释了好几次，讲镇上的那辆吉普车，前些日子跟人家撞了架，现时还在大门朝西张金河的维修厂修理着，因而只好委屈李中坐“嘭嘭嘭”了。李中说：“没关系，没关系，怎么着都行，又不是来享受的。”三轮车摇起来，开到大公路上，便一直往南开去了。

三轮车的蓬都已扯了去，只留着顶上的一块，夏日里坐着凉快。李中就问：“为什么叫大门朝西？这地名倒挺怪的。”马镇长说：“也没多少讲究，开始在那块地方安家的一户人，因搞错了方向，把大门开在西边了，慢慢就这样叫着了。”李中说：“有意思。”

到了大门朝西，那张金河许是得了镇长的电话，已在公路边候着了。三轮远远地望见大门朝西的那块零散房屋，马镇长对李中说：“我对张金河帮助很大，所以他最听我的。”说着他在车上拿手指点点候在路边的张金河，又道：“他也不容易，遇到许多阻碍，差点搞得倾家荡产。要不是镇委、镇政府的支持，他早给人家打残了。”

下车后，由张金河接着，便往一家饭店的门里走。李中环顾四周，发现这大门朝西也就是公路上一个松松散散的聚住点，规格却不低，都是瓦房，也还有三五幢两层甚至三层的小楼在其中。马镇长见李中四处看，便也停了脚步，指点着对李中说：“这个大院子，上头挂牌子的，是他办的汽车、拖拉机维修厂；这幢三层的小楼，叫金河旅社，这五六间门面，是他的商场，叫金河综合商场；这一家饭店，也是他办的，叫金河饭店，在这附近，数他的规模最大了。”李中听了马镇长的介绍，总有些吃惊的感觉，便“啊”了一声，说：“这固定资产怕也有几十万。”马镇长便问张金河道：“五六十万总有吧？”张金河说：“哪有那么多，二三十万吧。”又说：“请领导到楼上坐。外头天也太热了。”李中说：“好。”他们便相跟着从金河饭店的店面进去，往后面的楼上去了。

到了三楼上，风扇和西瓜都准备好了。张金河打个招呼，便有个服务员模样的女孩子，面容姣好，走进来开了瓜。那瓜是黄沙瓤，鲜灵灵地撩人眼目。在座的几个人，擦了脸，便坐下来吃西瓜，其时李中瞟见墙角还放着三个大西瓜。吃了几口，张金河淡然地问了一句道：“听说老夏要跟老李一道来的，老夏怕不来了。”李中说：“老夏现在还没到。但他说过了，迟早要来的，也许就在这一两天。”马镇长说：“老李你看我们这里的西瓜甜吧。这瓜在我们当地，叫金瓜，颜色鲜黄，肉厚汁多，来草场区的人都喜欢吃。”李中说：“这是好瓜，要是搞到大城市，能卖到三毛钱一斤。”张金河说：“那倒是，只是产量高不起来，没有法子大量生产。”李中说：“可惜了。”

吃了一肚皮瓜，他们便洗了手、洗了脸，坐下来谈。从他们坐的地方，能瞅见老远的大草场子。李中便问道：“老张，你先前做什么工作？怎么想起来办这些企业的？”张金河四十五岁左右，面孔微黑，从表面上看不出他是个什么性格。听了李中的问话，张金河回道:“我以前在夏城县拖拉机修理厂工作。干到大前年,不想干了,人事关系复杂,还有人老卡着我,就留职停薪来家乡办个小维修部。办了一年,生意不错,我讲究的就是个信誉、质量,维修站就扩大成个小厂,又添了人。我自己带的几个徒弟也能顶简单的活了,就交给他们干去。”

“这年月干什么都不容易,不使出浑身的招数,那真对付不了。厂子扩大了之后,我又想干点别的。这公路上人来车往,车坏了,到咱这修,人住哪里?上哪吃去?四面八方来的人、公路上走的人、骑车的人、坐车的人,想买块肥皂,都得上金雀镇去。所以我就想再开个旅社、开个饭店、办个综合门市部,给大家点方便。这自然就有人从中使坏,这些情况马镇长都清楚。”

马镇长说:“到哪里都这样。开放改革的年代,免不了泥沙俱下。”

张金河说:“就是这个理。要不是镇委、镇政府支持,要不是马镇长给撑着,我哪能有这些玩意?”

马镇长说:“这都是你一滴汗一滴汗垒起来的。”

李中说:“你这确实不容易。”

张金河说:“那可真不容易。我跟马镇长倒是经常拉。有一段时间,我左想右想,我就悟出来一个道理,你想干点小事情,就得有一帮朋友;你想干点大事情,就得有一帮敌人,我咋想也是这个道理。”

李中听说很感兴趣,接问道:“这话有些什么理呢?”

张金河说:“你想吧,你干的事越多、越大,叫你损害了的人就越多,眼红的人也越多。话又反过来讲啦,敌人多了动力也就大了,这就逼着你把事情给办大了。”

李中说:“有点道理,有点道理。”又问道:“这些企业是合资的呢,是集体的呢,还是你个人的?”张金河说:“也合过股,进来的人开始都带了钱进来的。”马镇长接上说:“后来企业生利了,他又把钱还给人家了,所以这些企业基本上就是他独资的企业。”张金河补充说:“不过我也跟大家一样,每月拿工资,只是工资比他们高些。”李中问:“大约在多少上?”张金河说:“我给自己定的是二百四,职工最低的也能拿到一百块钱。”

李中想,既然整个企业都是他的,他拿多少工资也就无关紧要了。又问道:“大约有多少职工?”张金河答道:“总共五十七个半。”李中笑问道:“怎么五十七个半?那半个怎么算的?”张金河也咧开嘴笑道:“我老婆半天上班,半天在家里。家里碎事也多,实在忙不过来。所以叫五十七个半。”在座的人便一齐都笑了。

谈谈看看到中午,张金河便设了午宴来招待李中和马镇长。张金河道:“吃个便饭,也不讲排场了。”马镇长说:“大家都不是外人,随便吃点。”张金河便打招呼,叫人把酒菜端到三楼办公室来吃。从桌面上看,花样确实不多,却都是特色好货。其中一大盘子,叫金雀争春,李中在市里吃过的,不过在这里吃起来更泼辣。因为这一大盘子数量多,少说也得四五十只金雀才能制成。另有一大盘子,叫乳龙的,马镇长介绍说,是拿当地草场上一种草蛇制成。草蛇破壳后五七天,捉了来,掐头去皮,再配上作料淡烹而成,都是难得的佳肴,在夏城里都难以吃到。李中问:“假如在饭馆里出售,大约能卖到多少钱一盘子?”张金河说:“有一回我在夏城请人,寻到一家卖乳龙的。那一盘子稀松,也不过两三条小龙,配着平常的香菇、木耳之类,也开价到五十元一盘子,就那还抢手。”李中说:“真不得了。”

吃到大出汗时,又上来一大花瓷盆稠汤。马镇长说:“这叫龙雀和春,是拿乳龙跟金雀制成的,壮阳大补。来,老李,吃,吃。”李中答应着,未及伸手,张金河已抄起一把大汤勺,从盆里舀了一大汤勺倒在李中面前的碗里。李中谦让着,嘴里吃着,心里想,这一盘没有一二十条乳龙,没有二三十只雀脯,怕做不成。

结果他们怎么也没能吃完,张金河便打招呼叫人端下去了。

午饭过后,马镇长对李中说:“大三已在下头吃过饭了,我叫他开上车到岗子地去找周文虎,你就洗了澡睡个午觉。”李中说:“我们是不是去实地看看?”马镇长说:“先找他来这里谈谈,再叫他带我们去看,更保险些。他在岗子上到处跑,一时半会能不能找到,还真说不准。”李中说:“那好。”

洗了澡,张金河就安排他们两个午睡,又喊人抱来两架台扇,给他们一人一台。安排完了,他就出去忙了。

一觉睡醒,马镇长出去一趟,回来说:“老李,周文虎来了,在下边等着。”李中说:“这么快。”忙就起来,洗了脸,跟马镇长一块到了张金河的办公室。这会周文虎也被张金河引到上面来了。原来是个老实巴交的农民,大约五十岁,脸上皱纹甚多,是风吹雨打熬出来的样子。见过面之后,服务员又已经把西瓜切开了,几个人便推推让让地吃起来。吃完第二块，周文虎再也不愿意吃，自顾自吸着烟袋去了。张金河递给他一支带哨的好烟，他就接过来夹在耳朵根子上，仍吃自个的烟袋。

这时大家都抹了嘴，马镇长便说："老周，这位老李同志是上级领导机关来的，想会会你，你给介绍点子情况。"周文虎有些拘谨，说："没啥好讲的哩。"马镇长对李中说："那些岗子地，已接近南边的丘陵区了，在草场区的最南头，有一部分也属金雀镇管，老周就在那里。"又对周文虎说："就讲讲你承包岗子地的事。"周文虎仍说："俺比老张可差远啦，真没啥好讲的。"李中说："老周，你承包了多少岗子地？"周文虎说："二三百亩吧。"李中说："种树？"周文虎说："种了些松、杉、栗、桐。"李中说："你一个怕也忙不过来。"周文虎说："请了十来个帮手干，技术活还是俺的。"李中说："几年了？"周文虎说："四五年了吧。"

马镇长接上来说："老周还是党员。前些年那些岗子地撂荒，他就想承包下来，都植上树。跟村上说了，又跟镇上说了，都同意了，签了合同，他就没日没夜地扑在岗子上。老周原来有些文化，念到高小，也算是有学问的人了，五十年代还到县里学过园艺。后来入了党，又在县里的农科所干过一段，时间不长，大约有半年吧，就回来了。回来后在公社团委干过些时候，也不长，年把时间，就回了村里。听人家讲，老周在县里的时候，每日扑在园林上，跟书呆子没有两样。他一个亲戚看他老大不小啦，就张罗着给他说亲，带了个大姑娘上县城里看他，说是要给了他的。他就堵在门口，问：可识字？说不会。那时候的大姑娘，有几个念过书的？又问：

可知道啥叫灌木，啥叫乔木，啥叫草本，啥叫木本？人家自然没听说过。老周道：那我跟她怎样在一块过？就给回绝了。”

李中望望周文虎，发现他咧着嘴，歪着头，傻傻地笑，跟听人家的故事一样。马镇长说：“这自然是传说，不过老周也没否认过。再后来，遇上‘文化大革命’，老周有劲也使不出来，干望着荒草土岗发愣。党的十一届三中全会以后，他才如虎添翼，焕发出青春来。”

李中笑问道：“老周后来结婚了吧？”周文虎笑眯眯地说：“两个儿子都竖起来啦，都跟俺在地里干。”李中说：“那我们不如上老周的地里去看看，不太远吧？”马镇长说：“好，我们去看看。远倒不远，十七八里地，三轮也快。”李中说：“那我们就去看看。”

告别张金河，三轮车沿着公路往南开去。开了不到十分钟，往左手现出一条土大路，一直伸到草场的深里去。三轮车偏了头，上了土大路，颠颠簸簸地往西南开。这时一眼望过去，到处都是庄稼、草地，绵绵无边。雀鸟在草丛里起伏上下，大地浑厚诚恳，风也略显旷荡一些，吹在人身上很是利索。

车走了一时，地势的起伏更大了，岗子开始形成了，长着树的土包子也多起来。过了一个庄子，车就开到一个小山沟里停住，沟边的坡坡上有两间土房。马镇长说：“到了，咱们下去吧。”

果然四处都是树。树都还不算大，周文虎说：“先上房里坐一时，喝口水。”马镇长说：“好。”他们三个便有前有后地往坡坡上的土房里走。土房门前有一块空地，门半敞着，听见里面有个收音机正哇哇乱唱。三个人走进去，却没碰见一个人。周文虎说：“这是俺儿开的，他走不远。”便拿了板凳，让李中和马镇长两个坐下。

李中环顾四周，发现这是两大间房子，面积虽很大，却是旧土墙，里面也没什么东西，有三张用木棍搭起来的床，上面胡乱地扔着些脏被单。地上有几个小板凳。靠左手墙边砌着一个灶。一张小方桌上放着些碗筷和半小袋粮食。李中说：“老周，你在庄子里还有家吧？”周文虎说：“还有个家，那也就两间土房，比这小点子。”李中说：“你栽这些树、管这些树，花去不少钱吧？”周文虎说：“确数也算不出来，总得花去个一万两万吧。”李中说：“那你从哪里去搞这万把两万块钱？你以前有存款吧？”周文虎说：“哪有什么存款，都是从农行里贷的款，是马镇长他们的支持，才干起来的。”马镇长说：“各方面都支持他一些。”李中又说：“这树要成商品材，得多长时间？”周文虎说：“打第十年开始吧。”李中说：“那这还有五六年，怕还得不少钱花。”周文虎说：“怕还得万儿八千的。”李中说：“林子成材之后，你能收回来多少钱？”周文虎说：“陆陆续续，怕能收回来十几万。”李中说：“一二十年也过去了。”周文虎说：“十年造林，百年育人，要想钱就干不下去了。”李中说：“那可真是。”

他们又在岗地上转了转，到六点来钟，谢绝了周文虎的挽留，三轮车又顺原路开回去，一路奔了金雀镇。车过大门朝西的时候，他们没在路边见着张金河，车也就没停，“嘭嘭嘭”地一直开到金雀镇。

到金雀镇时间也还早，不过七点来钟。下了车，李中回镇政府里洗了把脸，马镇长就从外边进来了，说：“老李，咱们吃晚饭去吧，今天一天也够你辛苦的了，早吃了饭你好早休息。”李中说：“还好，还好。”便跟着马镇长往街上去了。

街上这时人不算太多。夕阳正在往树梢的方向坠去，雀鸟们感觉到了暑气的消退，便这里那里地唱起来。他们走到一家饭馆前，李中抬头一看，见有块招牌，写作“小月楼饭庄”的；门上还有块横匾，道：民以食为天。马镇长说：“这也是一家老饭馆，明清时就有了店号。”李中说：“那些丢官的人，怕不是在这里吃喝取乐中惹下祸根的吧？”马镇长说：“也有在这里丢官的，不过那时店铺多，又都干那种买卖，丢官的到底是少数。”李中说：“店面倒真是老店面了，也有特色菜吧？”马镇长说：“就是清炖鳖爪。”李中说：“怎么叫清炖鳖爪？”马镇长说：“把五七只马蹄鳖杀了，只取鳖爪，加了中药、作料，配少许牛鞭、狗鞭和红枣银耳，微火细炖，味道非常好，也是壮阳大补之物。”李中说：“金雀镇对吃、喝还真有讲究，这也是学问。”马镇长说：“平时也是稀松家常，只是来了客人，才讲究一些。”

说着上了二楼雅座。凭窗望去，外头还是那条金雀河，河滩上洗衣濯菜的女人又渐多起来。两人坐下之后，又从外头进来几个人，是昨天见过的镇上的几位副职领导。见了面，略一寒暄，各自入座，菜就上来了。

两杯啤酒下去，李中说：“金雀镇这老街，能留着就好了。我走过一些地方，那里的老街慢慢都搞掉了，很可惜。”马镇长说：“镇里开过几次会，也做了决定，以后要发展，就往西发展，不动老街。”李中说：“老街搞掉就再也搞不起来了。”座中一人道：“那可是。再过些年，老街就成文物了。”说着，便站起来举杯要敬李中。李中说：

“不行了，我酒量不行。”那人道：“没有事的，啤酒，没有度数。”李中讲不出有力的托词，只好与他干了一杯。满桌喝遍，马镇长出面说：“大家都不要再敬了，今天老李也真辛苦了。我们就吃饭，吃了饭老李也好早早休息。”众人都响应，便解了李中的围。吃过饭，送李中回住处，镇上的人便都散去了。

众人都走了之后，李中拿热水洗了澡，换了衣服，却不想就睡，便打后门出去，仍到金雀河边走走。这时夕阳已隐去，只留着半天的红锦儿，把大草场子烧得通红，煞是好看。河水里和河水边的女人，有直立的，有弯腰的，有蹲着的，各取姿态，并不单调划一，都在捶捶打打、搓搓揉揉，无有定形。金雀河的对岸，现着一群羊，那群羊大半数是纯白，小半数是纯黑，黑白相杂，格外醒目。有两个半大的牧童，跟着羊逛，一边飘然地逛，一边看河里濯洗的女人，半天才拖长了腔嚎一声道：“嗬——嗬嗬——嗬——”也不知是喝羊呢，还是自娱。

那两个伢子乱喝着的时候，西天上也就起了一阵骚动。原来是一群金雀，如弹丸样小，在天空里都是黑点子，扑扑噜噜地打草从里升到半天云里去了。不知是有人惊着它们了，还是有动物惊着它们了，还是它们自个的游戏。扑噜噜的一大群，怕有好几百只，都胡乱地升在半天云里之后，便慢慢地飞升，见不着半点浮躁。这时西天的红云锦儿，把些金红色映在雀子面西的那半边翅上，映得甚亮，发着金红色；另半边面着东的，就显暗些，是傍晚时分的那种宁静颜色。那群金雀便驮着这样两种东西，慢慢地飞升，又慢慢地落入草的原野上去了。

水边的女子便有立起身来看雀子的，看了一时，又弯下腰去了。想必这是司空见惯的物件，对她们来说都不是新鲜玩意，因此她们才显得更淑静。李中踩着沙滩上的卵石，缓缓地走了一段，看了一时。西天的红锦儿快收尽的时候，他才回去睡觉。

第二天吃过早茶后，李中对马镇长说："马镇长，我来金雀镇已是第三天了，老夏还没有消息，事情也差不多办完了。是否请你打个电话，跟江部长他们联系联系？如果老夏一时来不了，我也该回市里集中了。"马镇长说："好，我马上就去打电话，请你随便走走吧。"李中说："好的。"

跟马镇长分手之后，李中便沿街漫步而去。出了老街，便是新街。新街就是路宽些、硬些，两边的新房、楼房较多些。老街并不长，半分钟也就走尽了。出了新街，便是田地跟草野。

这一日太阳虽也厉害，却有风。风一阵阵地扑在身上，自然去了不少暑气。野地里有一条路，不甚宽，土路。路两边植着两行大白杨。大白杨都有小盆口粗细，直钻入天上。李中便走在树影子里头，一路往野地的深里走。

愈走得离了镇子，愈觉得野地里的那种安静，只除了呼呼的风吹在叶子和枝丫上的声音，旁的就听不见太多的东西了。李中信步走去，也没多想着点什么。走着走着，便觉着自个入了另一种境界，身子里松快了许多。走了一气，便找了一处树影，在地上坐下来，望着无边无际的草场子发愣呆。

李中赶回到镇上的时候，马镇长已派了几个人四处去找他了。见他回来，马镇长忙迎上前去说："老李，电话已经打通了。江部长接了电话，指示我们，一定要安排好你的工作和生活，天热，要注意防暑降温。”李中说：“镇上安排得很周到，很周到。”马镇长说：“江部长还说，老夏大概不能上金雀镇来了，但是很可能参加会议的闭幕式。”李中说：“太可惜了，老夏没来太可惜了。江部长可说我什么时间回去?”马镇长说：“江部长说请你自己定，最好在明天以前，后天会就结束了。”李中说：“我在这里的事情也大致办完了，就今天下午回去吧。”马镇长说：“不能再住一晚上吗?”李中说：“给你们添了不少麻烦了。”马镇长说：“我们这小地方，条件太差，还请你多包涵着点。”李中说：“你们很辛苦了，以后有机会再来。”马镇长说：“有机会请老李一定再来走走。”李中说：“一定来。”

午宴自然又是丰盛。李中与各位陪客一一对干，也算道了别。饭后，镇上的那辆吉普恰巧也修好开回来了，便送李中回夏城去。吉普边上围了一窝子人，都与李中握手话别。纠缠了一时，李中关了车门，吉普叫了一声，便起步直往公路上去了。两边风光不断，到夏城时间还早，只三点多钟。吉普车把李中送到宾馆，掉头回去了，李中这边自然有人接着。住下之后洗了个澡，便上床去睡个好觉。

到傍晚的时候，在下面的各路人马，已经回来了三分之二。老汪也回来了，仍和李中睡一个房间。李中说：“老汪，你这几日晒黑啦。”老汪拍拍肚子说：“也健康不少吧。”李中说：“结实不少。”

晚上吃饭时，江部长等人都来陪，十分热闹。席间，大家一边喝着啤酒，一边吃菜，一边闲谈，气氛显然比离开夏城前要热烈得多。其中一人说：“十几年没到乡下来了，这次到乡下一看，跟脑袋里的印象完全不同。我这一身可是显得土气多了,老掉牙的货啦。”另一个道:“我也是十多年以前到这里来过的。那时到湖上,还在人家渔船上过了一夜,忘都忘不掉。”老汪说:“我去的那个县、区,大家对江部长的看法都挺好,提起来就讲江部长办事公道,没有私心,都还惦记着江部长。”江部长说:“我以前在那里干过,也没干出多少名堂来。可说句心里话,也没干过几件对不住人民的事。”老汪问:“江部长以前在那里干过几年?”江部长说:“干过八年。先在区里干,后来又换了个区,又换了个区,又到县里,主持工作。”老汪说:“全省第一个大型养鹅场就是江部长在那里搞起来的,后来就在全市推广了。”江部长说:“那时候水面比现在多,现在有许多水面被淤塞、填平了。但那时候的水面浪费也很大,基本上利用不起来。那时候人也穷些,脑袋瓜子跟现在比,就是灵不起来。当时县里的一班子人,团结好,就想着法子怎么能叫县里的人民富裕一些,能多挣点钱,一方面国家收入多了,一方面群众收入也多了。后来我出差上江西的一个地方去,从报纸上看到关于养鹅的一则报道,脑袋里一亮。回来跟大家一讲,就通过了。咬咬牙,县财政拿出七八万,办了良种鹅场,推广到全县去,当年就见效。鹅一身都是宝,浪费不了一点,又能出口换取外汇。人工催生的肥鹅肝,在外国人眼里是上等佳品。光养鹅这一项,当年全县国民经济总产值就增加九十多万,民间还有许多统计不上来的数字呢。还有一个镇因此成了全国最大的鹅市场,在旺季,一天里进入市场交易的生鹅可达三十万只,那真是盛况空前,难以想象。”江部长说得感染人,听者也都听得起劲,不觉间饭就吃完了。

晚饭后,李中和老汪才回到房间没几分钟,江部长就兴冲冲地来了,对他们说:“刚才部里接到老夏办公室的电话,讲老夏明天中午前后能到,来参加会议的闭幕式。”李中和老汪听了都很高兴。江部长又说:“那明天上午的会就推迟到明天下午开吧,明天上午还请各位好好休息休息,随便转转。”老汪说:“这城里还有什么好去处?”李中说:“听讲金雀河从市里流过去,不知是在哪个地方。”江部长说:“那倒真是个好去处,就在老街的西边,现在也热闹起来了,新建了一些商场什么的,值得一看。”李中说:“我们明天上午不如到金雀河边去走走。”老汪说:“行,我随便的。”话这样说着,江部长又到别的房间去,把老夏会来的好消息告诉给其他人。

江部长走了以后,李中道:“老汪,我下午睡了一觉,现在也不太累了,想出去散散步。你怕走不动了。”老汪说:“还真累了。不过一回到宾馆来,就不想出去了,你说奇怪不奇怪。在下面区里的时候,在屋里也坐不住,不如出去走走,找人谈谈,了解点情况;现在有空调了,就真觉着外头的热浪受不了。你自个去吧。”李中说:“那好,我就在近处走走,散散步。明天下午开了会,也就该回去了。”老汪说:“回去没有空调,还不如在这里住着,住过了盛夏,再回家。”李中说:“不过还是家好,虽说家里边没有空调,但到底也是家。老婆孩子在一块过惯了,办什么事都顺,都习惯。”老汪说:“你家庭观念倒挺重的,你这样一说,我还真有点想家了。”李中说:“民以家为乐嘛。”老汪说:“这话没听讲过,没听讲过。”两人一阵笑。笑过了,李中便出去散步了。

李中自然是记着那湖畔夜曲的余韵。出了宾馆大门,顺着路上了大街，便径自往湖的方向去了。

盛暑酷热，仍没有半丝的消退。街边树下的一些人，要么是坐在门外的小凳上拿扇子扑扑扇的，要么是漫无目的地四处晃荡，寻找可避暑气的地方的，要么是在冷饮摊边上灌冷饮的。李中缓缓而行，全无半点急躁。因事情差不多要完了，会差不离要散了，也无须急躁了。李中慢慢走着，到了十字街口，便往右手去。走了五七十步，那湖边的护栏便出来了，乘凉的人也渐多了。李中在人留出的路上慢慢往深里去，眼里、耳边渐就涌来那些烟头光亮、路灯光亮和讲话声、耳语声、咳嗽声、扑扇声、收音机的音乐声等，一片嘈杂。

李中也不计较，寻了一处护栏，过去靠在上头，叫心静下来。那些嘈杂声果然渐就退去，渐就打耳膜里退远去，愈退愈远。终于就有那丝弦决然一响，在心里响得好清亮，跟空谷足音样的。李中眼前便现出一个女子来。这女子水色绝好，容貌清秀，一眼望去就知道定是吃金雀河水长大的。她的纤手拨动那铮铮透明的丝弦，小嘴红唇，眉眼含情，望去又似是那金雀镇春水茶楼的小玲。此刻李中眼里并无半丝杂念，倒觉着这世界有情留他，他也不能负了这世界。

这样磕磕绊绊地想了一气，李中便回宾馆睡觉去了。洗了澡躺在床上，李中想，这暑气一时半会怕还退不掉。想着，就睡去了。一夜无话。

写于1989年11月17日至12月12日

美丽的村庄(节选)　潘小平　曹多勇

一

这是好多好多年以前发生的事情了。

说不好是啥时候,也说不好是道光爷还是咸丰爷做皇帝,百姓的日子很苦,淮河两岸十年九荒,不是涝就是旱。盗贼蜂起,记鼻子、老坟堆、陈郢子小五,今天来明天走,世道乱哄哄的。记鼻子、老坟堆和陈郢子小五,都是这一带有名的土匪。河上更不清静,正阳关下来卡子林立,平均三二十里就设一道关卡。卡子上收税的关爷,个个阎王似的,连两江过来的大队商船,过一道卡子都扒一层皮,更别说走私的船只了。

一小队官兵,正沿着淮河追赶一条走私的船只,已经追了很长时间。船不大,也不算小,是俗称“三节杆”的双桅船,比“官驳”小点,比“对脸划子”大点。说是从上游桐柏山里运竹木下来,实际一根根竹筒子都掏空了,里头藏了私盐。是淮盐,从板浦盐场辗转而来。那年头,贩私盐是砍头的罪,所以从陆上转手的时候,特地选了从上水到下水逆反方向的路线。正阳关的关爷,是把船放走了才想起来的，当时看船上女人的一双眼睛，躲躲闪闪就不大对劲，男人又看着眼熟，等醒过困来，报告给官家，船已经顺水顺风而下，走出去有百十里路程了。正阳关是淮河上游至中游一段的咽喉，淠河、颍河等众多支流在此汇集入淮，自古有“七十二水汇正阳”之说。官兵们一阵狂追猛赶，追了一天一夜零小半天，快到硖石口，这才慢慢撵上来了。淮河出正阳关至硖石口一段，地势最为复杂，南岸山冈连绵，北岸一马平川，河道以S形的走向蜿蜒曲折，到了硖石口，陡然变得险峻起来。硖石口东西两岸，相距不到五百米，壁如剑削，惊涛裂岸。这时离硖石口就很近了，一二十里地，官兵们不敢怠慢，想在口子这边追上，这边追不上就没法再追了，太危险。天光慢慢暗下去了，离天黑已经不远。他们恨不得像一群饿狼似的扑上船去，把船上那对男女赶尽杀绝，不留一点儿后患。船上的男女也不敢怠慢，拼了命地扳桨，还盼着天快点儿黑下来，万一逃不过去，有黑天做掩护，他们就能躲过官兵的眼睛，把一男一女两个孩子丢下小划子，逃出命去。这船上一共就四口人，两个大人带两个孩子，男人姓严，因一条好嗓子，河上人称严老喊；女人姓周，夫家姓殷，人称殷周氏，和这男人本不是夫妻。两个孩子，男孩子名叫龙龙，是严老喊的儿子；女孩子名叫凤凤，是殷周氏的闺女。四口人原本是两家人，两条船做营生。做的都是走私夹带，主要是贩私盐，常常是结伴而行。两个月前，遭到一场劫难，死的死，伤的伤，两家人这才合拢成一家人。贫贱夫妻，也没什么讲究，只想着合到一处，有男有女，有冷有热，不想今日劫难又至，看来能保住两个孩子的性命，就已经是万幸了。

这是农历五月里的一天，淮河水面暴涨，水流湍急，河上浑浑浊浊，像是能吞噬一切，又像能掩盖一切。严老喊与儿子龙龙轮番掌舵，轮番扳桨，约莫一刻钟的样子换一回手，每回换手都先隐蔽进船舱，换上不同颜色的衣服，装扮成不同人的样子走出来，造成船上有很多男人的假象。这样岸上撵着的官兵才不敢轻举妄动，才好把时辰一点一点往后拖延，一点一点往黑夜里拖延。殷周氏和闺女凤凤，始终待在船舱里没出来，长时间的漂泊和惊恐不定之后，现在反倒平静了，不怕了。殷周氏不慌不忙地准备着两个孩子逃生的东西，也无非是一点细碎的银两，几件春秋天的单衣、寒冬天的棉衣。就这么点儿物件，裹进一个包袱足够了。另外一个包袱里，包裹着麦子、黄豆、玉米、秫秫、芝麻等庄稼种子，留给两个孩子将来安身立命。性命要紧，其他东西想带也不能带，何况这船上也没什么值钱的东西。逃生的小划子就靠在大船的外侧，一根索拖着，岸边追赶的官兵看不见。外侧船帮上早已经砸开一个瓦盆般大小的洞口，两个孩子从洞口爬出去，就能落进小划子里。小划子不过两庹多长，在白天无遮无拦的河面上不好躲藏，只有借黑夜的掩护，才能够逃出去。

说起来，两家人在淮河上使船，冒死做走私的买卖，也就是上辈人的事情。老话说“走千走万，不如淮河两岸”，那是黄河没有夺淮以前，那时的淮河只有今日上游的一段，从桐柏山畅流而下，在淮滨县三河尖一带注入大海。后来就不行了，黄河不断地泛滥，不断地侵夺淮河的水道，淮河的入海口从三河尖、正阳关、盱眙、淮阴，不断地推移，直推到云梯关。淮河两岸连年水灾，颗粒无收是常有的年景，逼迫得很多庄稼人卖房子卖地，到河上行船。吃不上土里的饭，就吃水上的饭。两家人，一家姓严，一家姓殷，原是同一个庄子，算是交情很厚的老亲了，吃水上饭以后，两家往上游一块行船，往下游也一块行船，遇上麻烦，也好彼此有一个照应。只是陆上的人家纷纷到水上讨生活，水上的生意就不好做，没有办法，这才贩起了私盐。也出过事，也翻过船，也让官家逮住过，下过大狱，不过灾难过后，只要不死，两家人还是得刀口舔血，吃这口饭。一来二去，两家手里就都攒下点银子，就又把卖出去的房屋赎回来，把卖出去的土地买回来。河上好走，就做几担生意；不好走，就上岸种庄稼，午秋两季，一茬子小麦，一茬子秫秫，再插花种些红芋和大豆。比单单使船的人家，手上宽泛些。本来日子就这么过，也能过得去，不想两个月前，往年道上一个贩私盐的朋友，突然犯了事，熬不过刑，把两家供了出来。顷刻之间，两户人家十八颗人头滚落在地，只他们四人幸免于难。那是因为这一天，殷周氏带着闺女回了娘家；严老喊带着儿子赶了一趟集，破例在集上吃了一顿中晌饭。多亏了这一顿饭，才没让官兵赶尽杀绝。家是不能回了，地也不能再种，所幸的是船还在，两家人就合成了一家人，继续做这砍头的买卖。不是不怕死，是被逼无奈。反正做是死不做也是死，不如索性就重操旧业。

天是“嚓啦”一声黑下来的，官兵们再也忍耐不住，猛地扑向河岸，朝着严老喊他们包抄过来。严老喊坐在后舱尾上，紧紧地把着舵，冲着船舱轻轻说了一声，凤她娘，俺看是时辰了。船舱里一片黯黑，严老喊看不清殷周氏和两个孩子的脸。殷周氏和两个孩子，从后舱门看见的严老喊也是模糊不清，黑糊糊一团。殷周氏颤颤巍巍地小声说，老喊哥，俺听你的。严老喊说，把蜡烛点亮。殷周氏“哎”了一声，照办了。一粒豆大的光亮，水汽一般慢慢散播开来。船舱里的殷周氏渐渐清亮起来，殷周氏身边的两个孩子也渐渐清亮起来。船舱里的光亮是一种诱惑，引得岸上的官兵疯了一般，一次次往船帮子上甩滚钩，想扣住正在行驶的船。这就到了万分紧急的时刻了，必须马上把两个孩子放下去，让他们逃命，但两家大人，都还有几句话要交代。

殷周氏交代闺女说，你跟龙龙现在是兄妹，这一刻过去，就是夫妻了。

凤凤低着头，红着脸，回话说，娘，俺知道。

严老喊交代儿子说，别再干这个了，上岸去，种庄稼。

龙龙抬头看着后船舱上面的父亲，回话说，大，俺知道。

这一带，把父亲叫作“大”。

殷周氏说，一个女人有了男人，就得一颗心扑在男人身上，你的眼里，你的手上，你的心里，只有男人的吃穿冷热。

凤凤慢慢地抬起头说，娘，你放心，俺会跟着俺龙龙哥好好过日子的。

严老喊低头看着船舱说，水上的这碗饭不好吃，也不能吃，担惊受怕不说，到头来还是一个家破人亡。

龙龙说，大，你放心，俺一辈子种庄稼，俺日后有了儿，也一辈子种庄稼。

殷周氏把闺女凤凤的一只手递给龙龙，龙龙双手接过来，紧紧地握住了。

严老喊还想说什么，只听“叭”的一声，一副十六爪滚钩拖着长长的绳索甩上来，一下子扣住了船。

官兵齐刷刷地站在河岸边，开始喊话了。

船家——船家！快一点儿靠岸，我们要上船检查。

严老喊答话说：官爷别急，俺这就靠过去。

说着，严老喊把舵杆往河心轻轻地一推，船头斜斜地撇往河岸边。河岸处有一片芦苇丛，河水淹没一小半，留下一多半，正好能够遮住小划子。严老喊命令儿子说，你两孩子快上小划子，先藏在这片芦苇里边，千万别出声！说着话，龙龙、凤凤已经从船帮子的豁口里滚落小划子中。殷周氏把两个包袱递到凤凤手里，把一条缆绳解开来，把小划子放下去。

这一年，龙龙十六岁，凤凤十五岁。

龙龙把缆绳系在一根竹竿上，使劲往水底下一插，小划子就潜伏在芦苇丛中不动了。严老喊一见，猛地从船尾跃起，一斧子砍断了滚钩上的绳索，将岸上的官兵带倒了一片。接着他猛劲把舵杆往河岸边一撑，船头打了个转，远离开河岸。

官兵们一边追一边大声喊话：大胆严老喊！官府正画影图形捉拿于你，你还敢顶风作案！想逃是逃不脱的，不如乖乖束手就擒，或可免你一死。

严老喊不听，继续飞快地扳桨，船快速地向下游驶去。

官兵开始放冷箭，“嗖、嗖、嗖、嗖”，冷箭撕裂空气，一支支落在船上，落在河面。隐藏小划子的芦苇丛渐渐远去，模糊成黯黑一团。严老喊跟殷周氏说，你把船底的舱板砸开吧。殷周氏说，哎。殷周氏举起一把铁锤，“咚、咚、咚”，三下两下就砸开了一块船舱底板，一股水柱“哗啦”一声冲进船舱，把殷周氏打了一个踉跄。殷周氏跑出船舱，与严老喊一起站在后船头上。严老喊拿出一根绳子说，俺先把你捆在舵杆子上，再捆俺自己。殷周氏说，俺连水都不会凫，你怕俺不跟你走吗？严老喊就笑了。严老喊坐在船后舱上，两手死死地抱住舵杆子。殷周氏笑笑，就也学着严老喊的样子，坐下身子，两手死死地抱住舵杆子。

船舱里的水越灌越多，很快船头就湮到了水里边。

官兵们不追了，看出船上的异样来。

船屁股高高地撅起来了，像是自己拼命地往水底下拱，又过了片刻，就听见“扑通”一声，整条船闷进了水里，桅杆像是一条小尾巴，在水面上摇了几摇，瞬间就不见了。官兵们一溜排站在河边上，呆呆地看着船只一点点沉没，直到河面恢复平静。

星星出来了，河面上亮闪闪的，龙龙、凤凤隐藏在芦苇丛中，把这一切看得清清楚楚。

凤凤轻声喊了一声，娘。

龙龙轻声喊了一声，大。

凤凤轻声说，公公，你老人家一路走好。

龙龙轻声说，丈母，你老人家一路走好。

河面一片死寂。

二

淮河两岸的土地分为两种。一种岗地，一种湾地。岗地，地势高，远离淮河，河里涨水轻易淹不着。湾地，地势洼，靠近淮河，河水涨水容易淹着。岗地多是在一溜土岗子上，黄土里包着砂礓，土质薄，夏天长麦子长不出好麦子，秋天长黄豆长不出好黄豆。砂礓是土里长出的半生不熟的石头蛋子，生姜般大小。岗地怕旱，夏天长麦子，秋天一般是种耐旱的高秆农作物，也就秫秫和玉秫秫两样子。玉秫秫是此地的方言，官话叫玉米。湾地沙性，是淮河的冲积扇，土质肥沃，夏天长麦子能长出一地的好麦子，秋天长黄豆能长出一地的好黄豆。但湾地容易涝，夏季老天要是给脸，淮河不发水，或是水发迟了，能好好地收一季麦子；秋天种黄豆，十有八九收不到手。要是哪一年，夏天淮河发水早，湾地里的麦子还没成熟就被水淹掉，这样的年景叫荒年，湾地里一粒庄稼没得收。

龙龙和凤凤两个人，花去整整五年时间，开垦出一片岗地、一片湾地。

那年，龙龙和凤凤躲过官兵的捕杀，上岸之后，就手在躲藏的地方落下脚。这里人烟稀少，遍地蒿草，一人多高。远处山峦起伏，后来知道，山叫八公山。这一片的庄子，都是沿着淮河两边分布开来，龙龙往东走，来回得一个时辰，也就是说距离东边最近的庄子，有头十里地；西边的庄子距离更远，龙龙步行来回要走上一个半时辰，那么少说也有十五里。龙龙把这么两条路线走下来，觉得在这里安家很安全。虽说还是孩子，但他们是一对遭官兵追杀的漏网之人，不能靠村庄太近，更不能靠近集镇。

龙龙问凤凤说，就把家安这里？

凤凤说，你是这个家的男人，俺听你的。

最当紧的是要搭一处藏身藏体的草庵。两个孩子从近旁砍来五根粗细合适的野柳，两根两根捆绑在一起，成一个“人”字形，分别往地里一插，余下的一根柳树往两边的“人”头上一担，一间草庵的骨架就出来了。从四周割芦苇做房笆，割茅草做房顶，一间能够躲风避雨的草庵子，就出现在了淮河岸边。最后两个人合力把小划子拉上岸，塞进草庵子里——往后再不会在水上使小划子，更不会吃一口水上饭，这是父母的遗言。水上不能用了，岸上能用，拖进草庵子里，就做了他俩的婚床。这是一个产生梦和爱的地方，恰好这一夜月朗星稀，月光从草庵子的柴门流泻进来，照着小划子里的两个人，凤凤的尖尖小脸上一片光亮。龙龙紧紧地搂着凤凤，凤凤紧紧地依偎着龙龙，能听见彼此的喘息声。

凤凤问龙龙，这就是家？

龙龙点头说，这就是家。

你是俺男人啦？

俺是你男人啦。

第二日，龙龙赶了一趟集。叫花家集，坐落在一溜山根底下，去得一个多时辰，回得一个多时辰。紧赶慢赶，来回就是多半天。龙龙去这一趟，是去添置一些必需的农具。爹娘留下的零碎银子，这时候就能派上用场了。他要带着凤凤开荒种地，他准备着先开出一块岗地。岗地地薄，却是旱能收涝也能收。有这一块岗地做底子，收多收少，一日三餐就有了保证了。岗地上长满荒草，有蒿子，有茅草，有荭草，遇见荭草就捆成草个子，单堆在一边，留着将来正式起房屋。荭草苫顶的房子，三十年不塌不漏，抵得上大瓦房。他俩蹲下身子，一寸一寸把荒草割尽，放火烧上一遍，把生土烧成熟土。当然，一块生地要变成熟地，至少得几秋几夏，几茬子庄稼，但是不着急，日子长着呢，这不才开始嘛。岗地不平整，他俩你一锹，我一锹，把高处的土往洼处填；岗地含砂礓，他俩一粒一粒把大砂礓粒子拣出来，使粪箕子背到一旁。粪箕子是龙龙到河边现砍了荆条子，连夜现编出来的，居家过日子，哪能没个粪箕子呢。开这一片一亩多岗地，花去了他俩两年的时间，使坏了三把镰刀、九把铁锹。一亩岗地割出来的荒草，当柴火烧，烧了两年还没烧完。一亩岗地拣出来的砂礓，堆在旁边垒出了一座砂礓山。后三年，他俩的主要力气，花在一亩湾地的开垦上。湾地水草丰茂，苇根子扎进去二尺深，很难清除。一片芦苇割掉了，相隔三五日，新一茬芦苇又发出来了。芭根草也是，根不仅深，而且长，麻线似的，一胤一大片。对付湾地苇草的最好办法，是斩草除根。对付湾地芭根草的最好办法，也是斩草除根。清除这些芦苇杂草，可是比拣岗地里的砂礓难得多了。天天半夜里凤凤先起身，添上水，烧上锅，然后叫起男人，这时候，鸡叫二遍了。不等鸡叫三遍，两个人就揣上干粮下了地，晌午是不回家的，饿了，啃两口高粱"呵饼子"；渴了，走下河沿，喝两口淮河水。把锅烧热了，把死面饼子"哧啦"一声贴到铁锅上，这地方叫做"呵"。"呵饼子"熬小鱼，就是俩人最好的饭食了。干累了，俩人坐在地头，你瞅我一眼，我瞅你一眼；想睡就找一处柳树荫躺下来,你给我掏掏耳眼,我给你掏掏耳眼。草庵子就在五十步以外的地方,一天一天的,俩人也不回去。傍晚,暮色从远处的荒草丛间漫出来,流水一般朝着眼前漫过来,不一会儿,就漫得一天一地的了。

凤凤问,该收工回家了吧?

龙龙答,回,不回家回哪儿?!

一年四季,春里忙,夏里忙,秋里忙,冬里也忙。春里忙,多是忙锄麦子,这时候,岗地里的麦子要锄了,湾地里的麦子也要锄了。岗地里的麦子长得孬,麦地里的杂草也长得孬。湾地里的麦子长得好,麦地里的杂草也长得好。锄得晚一时,或是锄慢了,湾地里的杂草就盖住麦子去了。湾地里的麦子锄过一遍,俩人曳着锄头去岗地,岗地一遍麦子没锄过来,湾地里的杂草又长出来了。每年春季,一过了二月二,俩人就扛着锄头下地锄麦子,一锄锄到麦子拔节、扬花、抽穗,锄到伸不进去锄头,这才罢手。紧接着是磨镰、做场,为麦收做准备。就觉得一块麦场还没压实在,地里的麦子就黄灿灿一片,等着收割了。岗地的麦子早熟,湾地里的麦子晚熟,两者相差三四天,正好能把一亩岗地的麦子收到麦场上,打出来。四天时间是这么分配的,收麦子花去一天时间,往麦场上运麦子花去一天半时间,打麦子扬场花去一天半时间。相比较,两把镰刀收麦子算是轻巧活。往麦场上运麦子,全靠俩人肩膀担,一挑一挑的磨脱一层皮,磨出一层血,磨成一层茧。打麦子也是手工打,没有打场的磙子,没有拉磙子的牛,只能一捆一捆地抓在手上,使劲往场上摔。或者干脆铺开在场上,正午时分,大太阳底下,手握一根棍子使劲往下捶。一亩湾地的收成,比岗地上多一半。这一上一下,一前一后,俩人少说也要忙上十天半月。临到扫尾,要是遇上一场透雨,俩人就会停下手里的活,抢到岗地上点种大秫秫,或是小秫秫。常常是一亩岗地分开点种,半亩大秫秫,半亩小秫秫。湾地呢,麦茬子留得高,一把火烧过,先空在那里。接下来,忙着锄岗地上的秫秫和玉蜀黍。接下来,忙着收岗地里的大秫秫和小秫秫。俩人忙着这些农活,季节就一步一步地走进深秋,走进冬季。冬里农活最清闲,一亩岗地上长着麦子,不用经管;一亩湾地上长着麦子,不用经管。俩人就一人一把铁锨,把岗地的地墒沟清出来,再把湾地的地墒沟清出来。俩人挖着地墒沟,精神是松懈的,手脚是懒散的,像是干着一件可做可不做的事情。俩人低头干一会活,抬头看一会天。天阴沉沉地捂着一场雪,一连好多天了,却迟迟不愿落下来。俩人一边干活,一边在心里问老天爷,你什么时候下雪呢。从初春天一直忙到初冬天,到这时候,俩人就需要在一场雪的遮掩下,像地里的麦子一样,好好地歇一歇。

雪是在后半夜,趁着俩人的梦境悄悄地落下来的。天亮醒来,把俩人吓了一跳,草庵子外头亮得晃眼,鸟雀子唧唧喳喳,已经唱成一片。

凤凤一个翻身,爬起来。

龙龙问,你做啥?

凤凤说,烧锅呀。

龙龙问,烧锅做啥?

凤凤说,吃了饭,下地干活呀。

龙龙说，干了一年的活，还没干够呀？说着一把揽住了凤凤的腰。

凤凤身子一软，缩进了男人的胳肢窝。

不吃不喝，俩人睡了三天三夜。

这一觉也睡得真够长的，一年的光景，“嚓啦”一声就过去了。

这年的年成不好，是一个荒年。节令快接近芒种了，一亩湾地里的麦子眼见就能收割了，俩人正忙着做麦场，磨镰刀，说是明天一早就下岗地收麦子，当天夜里却下起雨来。雨点一时大一时小，雨势一时强一时弱，淅淅沥沥，一下就下了小半个月。一亩岗地上的麦子，穗子腐朽在地，抽出嫩绿的新芽。湾地里的麦子晚熟几天，倒地倒是没有倒地，只是淮河里的水一天一天往上涨，眼见着就漫进了麦棵子里，把俩人心疼死了。俩人背着麻袋，拿着镰刀，趟着水走进湾地，一把一把，将水淋淋的麦穗子拦头割下来。潮麦穗子背回家后，放在铁锅里炒，炒干水汽，再搭手搓出麦仁。麦仁都熟了，散发着涩涩的青蒡气，半天炒一锅，两天炒四锅。

龙龙说，凤，今年的日子，怕是难过了。

凤凤说，哥，这不还收着了吗？

雨过天晴，点火烧去岗地里的朽麦子，俩人直接点上了秋茬庄稼——半亩小秫秫，半亩大秫秫。淮河水涨得快，落得也快。俩人望着退水后的一亩湾地，不知该不该下种。

龙龙说，今年的水涨得早，兴许在湾地种上黄豆，能收呢。

凤凤说，那就点上半亩黄豆。

正是种黄豆的好时节，俩人埋下头，真的在半亩湾地里点上了黄豆。黄豆出苗快，前后十来天，湾地的黄豆就长出了两寸来高，能伸进锄头去了。这是俩人头一次在湾地里种黄豆。黄豆苗与小秫秫苗不一样，与大秫秫苗也不一样。俩人看着黄豆苗新鲜，都没见过。俩人丢松一亩岗地里的农活，天天去湾地里锄黄豆。锄一遍，锄两遍，锄三遍，准备锄四遍的时候，黄豆一棵一棵，眼见着茁壮起来了，茂密起来了，锄头伸不进去了。

俩人把锄杆子担在地头，坐上去，看着黄豆。

龙龙说，再过个一半天，黄豆就能开花了。

凤凤说，你咋知道？你又没见过！

龙龙说，嘁！没吃过猪肉还没见过猪走？你看黄豆叶底下，都藏着呢，马上就都开出来了。

凤凤就蹲过身去，看豆叶下芝麻般大小的花粒子，看着看着，满地的花粒子一下子就炸开了。

黄豆开的是蓝花，碎碎的，一片喧闹。

龙龙说，过个三天五日，就能结豆角了。

凤凤说，你咋知道？你又没见过！

龙龙说，嘁！没吃过猪肉还没见过猪走？你看黄豆花落了，不就出来豆角了？

一眨眼，落了一地的黄豆花，蓝蓝的，碎碎的。嫩嫩的黄豆角子，就冒出来了。

像一窝刚出月子的、半睡不醒的婴儿。

湾地长着这么排场的黄豆秧苗，两人的脸上，一半是喜，一半是忧。两人抬头看天，害怕天会突然下一场没完没了的雨。俩人低头看河,害怕河会突然涨起大水。

天没下雨,淮河水却涨起来。淮河上游通连很远的地方,淮河下游也通连很远的地方。淮河上游雨水充足,往下游灌过来,那还能不涨大水? 一天一夜,半亩黄豆就淹进了河水里。开初,还能看见黄豆苗使劲往上探头,后来,就眼看着它们一点一点地枯蔫下去。

黄豆不耐水。

这一年,俩人像是跟天赌气似的,非要在湾地里种出一点什么,收上一点什么。这一场大水退去以后,俩人补点上了绿豆。按照节令,这个时候点绿豆只能长秧子,不能结豆角,更长不成豆粒子。但是俩人一赶气,种上了两茬绿豆。头一茬绿豆长出半尺高,河水涨上来,淹去了。第二茬绿豆刚长出两片叶子,河水又涨上来,又淹去了。人不能跟天斗。淮河水最后一次退去,就到了种麦子的时节了。这一年俩人在湾地里,先后种了三季子庄稼,颗粒无收。

凤凤问,秋天湾地里,是不是就收不成啊?

龙龙说,谁说收不成? 能收。

凤凤问,怎么收?

龙龙说,沿着淮河打坝子,把河水拦住。

凤凤说,那得打多长的一道坝子啊?!

龙龙说,再长也得打,不打就不能收。

凤凤问,就咱俩?

龙龙说,就咱俩,一辈辈人,慢慢打。

凤凤说,要是真把坝子打起来,种湾地就不怕发大水了。

龙龙说,那是！河水涨多高,坝子就打多高,水再大都不怕。

凤凤说,那咱的大瓦屋,不就能盖在坝子上了?

龙龙说,那可不！淮河水再大,都在咱脚底下。

皖南事变(节选)　黎汝清

一　叶挺巡视营地

十二日凌晨的曙光,落到叶挺的变得苍老了的脸上,他巡视着自己的营地。石井坑的局面是十分混乱的,要想整顿已经极为困难。

石井坑是个十来户人家的小山村,坐落在东流山北侧的山沟里。在这条大山沟的北侧,有一排起伏的山岭,这就是石山、北山、馒头山、长垄山、虎云垄山。这片地形,站在北山山顶向里看,正像一个葫芦瓢的剖面:大冲沟是它的柄,石井坑是它的勺子头。现在,被围的部队就在这勺子头里面。勺子头的四面都是高高低低的山,如果周围山头被敌占领,那么步枪、机枪、手榴弹、大炮的火雨,就会居高临下地倾泻到被围者的头上。

如果站在东流山上,按着山棱线俯瞰石井坑,那就像一个平放的大铁钩。石井坑就在这个钩头上,自西向东,石山就像这个钩的柄,北山、馒头山、长垄山,是铁钩的大弧圈。

勺子头也罢,大铁钩也罢,这个大问号式的地形太不利了,太不吉了!

难怪上官云相一边看着地图,一边在电话筒里向顾祝同喊道:“墨公放心,叶挺落在绞索套子里了!”

顾祝同长吁了一口气,既像宽慰又像叹息。叶挺,在他们三同学中,是最具勇敢精神的人,今天,虎落平阳,难道这不是命运使然吗?对于“敌人”落入绝境,他是高兴的;对于“同学”遭此厄运,他心情怅然。

叶挺把目光从东流山主峰收回来,他不能想象那里苦战的情景,他想到了林志超的安全。但他不能肯定派他去是不是必须的。

他把目光投向北方,正北长垄山上双峰突立,直插云霄,当地称作火云尖。这是极为传神的形容,因为早升的朝阳,总是最先照耀着它,而迟归的落日,总是在山谷已经昏黑的时候,仍然不愿从它的峰尖上收回最后的霞光。那景色是壮丽的!现在,它在敌人手里。

火云尖双峰,东边曰朝霞峰,西边曰明霞峰。当地有位教师说应为晚霞峰,方为对称。但有人不以为然。

虎云垄北端,一个平行的山顶称和尚梁,圆心的大山坑称桃泥坑,这里,是一支队的守备线。司令员傅秋涛和政治部主任江渭清带了少数人从榔桥河突围而出,大部分部队受阻,又返回来。但叶挺一直没有听到去寻找一支队的赵令波的消息。

叶挺望着周围的群峰,心情是复杂的。这些树林茂密、巨石嵯峨的山岭,既是防守的屏障,也是突围的障碍。

他找不到比较理想的突破口!

从地形上看,应该往西北茂林、凤村、溪里凤、檀树岗方向突围,因为那个方向通向云岭。上官云相给一四四师、新七师和东南方向的七十九师,下了死命令,他在电话里对新七师师长说:“你们打得好(上官云相对非嫡系部队下这样的评语是难得的)!记住,你们方向至关重要,不要放虎归山!”

叶挺环顾着大山坑,长约九里,宽约四里,这里积聚着他的四千人。这些人,大部分是后勤人员、地方工作人员、机关人员、医护人员、伤员、工厂的职工……

石井坑的所有粮食以及牛、羊、猪、狗全买来了,但它不够全军半天的食粮。少得可怜的食品,还要保障前线作战部队和伤病员的供应。

值得庆幸的是在山坑中间有一道清澈冰凉的溪水,它把这个葫芦瓢式的谷地劈成两半。它的两岸既有荒芜的沙滩,也有不太丰饶的农田。它弯曲地穿过狮形山和象形山,向着西北方向缓缓流去。

前几天,这条小溪还泡沫飞溅,奔腾喧嚣,像一条腾跃欲飞的巨龙。而这几天却变成潺潺细流了。

这条溪水,对被围者非常有利。叶挺凝视着那闪亮的波纹,思想一下子飞得非常遥远,“如果无水,那就更困难了……马谡街亭之失,不就是让司马懿断了水道吗?”

晨雾在山谷中翻滚。叶挺知道,就在这些山谷的树丛中、山石间,躺着三三两两的伤员。昨天晚上,他接到各线的报告,有的连编为四个班,有的干脆把连改成排,通宵赶修工事,准备抗击今晨敌人的攻击。但是,守卫在山顶上的部队,面临着饥渴和寒冷的威胁。

有的连队报告，他们在山林里找到了一个烧炭棚子，里面有烧炭人存放的半袋米。

似乎成了什么新的发现，参谋部竟然通知各部队，注意寻找山林中的烧炭棚，还没有忘记嘱咐遵守群众纪律——留下足够的钱。

此外，还推广了一个经验，在暗夜里摸下山去，从敌人遗弃的尸体上搜寻子弹……

昨天夜里，叶挺已经命令机关人员充实到连队，抽调一些参谋、干事到战斗部队，代替伤亡了的军政指挥员。石井坑的勤杂人员，都投入伤员的救护工作。但是，大部分伤员不愿撤下火线，宁愿拼死沙场。

东汉名将伏波将军马援的"马革裹尸"与石井坑守备战相比，根本算不上什么了。叶挺想到此处，心中漾起一种欣慰之情。

房屋大部分已被炸塌，冒着火苗；同时，四处缭绕着烧饭煮水的篝火的轻烟。在冷炮轰击下，人们东一团西一撮，早已失去建制的人员，自由地组合，干着自己认为必须干的事情——睡觉、沉思、等待救护……在这种情况下，没法建立有效的工作秩序。

郑冬生在十步距离之内，跟随着军长。他的思想，简单而又专注：如果有炮弹落在附近，他便一跃而上，为军长挡住横飞的弹片。

这种想法，带有孩子的稚气，到时候，未必有效，也未必来得及。

机枪速射的嗒嗒声，就像几架急踏的缝纫机声似的不绝于耳，炮弹不时地在坑里落下，又有几处民房起火了，浓烟滚滚。许多在民房中救治的重伤员，被倒塌的房屋砸在下面！

叶挺深深感到，指挥系统已经失灵。四面守备的情况，不能真实的掌握，同样，军部的指示，也不能有效地下达。用这种半瘫痪的失控的指挥机构，去应付危急的瞬息万变的战场，那是无能为力的！

整个司令部的人员，几乎都不能把握战场的全部真相，仅靠落后的联络方法和望远镜，是没法调动全局的。参谋处标定的守备战形势图，根本无用，它和战场实际情况相去甚远，根据此图下达指令，差不多都是错的。错误的情况，不可能得出正确的判断。当某个山头告急，派人来军部请求救兵时，很难确定从哪个阵地上抽调多余的兵力为好；当抽出兵力驰援时，那个山头已落入敌手，而被抽调兵力的阵地，却又告急。

二　山洼里的歌声

"军长！军长！"

叶挺听到有人喊他，这时，他才注意到在狮形山的一个极小的山坳里，聚集了一伙人。一堆忽明忽灭的篝火冒着轻烟。

叶挺向他们走过去。

如果处在平时，人们都会站起来，向军长敬礼，请他指示。现在，只有少数人站起来。因为多数人躺在篝火边扯着床单或是油布睡觉，有的仅仅来得及坐起来。

由于轻装，大家把棉衣的棉絮抽掉了，成了夹衣。一个个蓬头垢面，为了抵御凌晨的严寒，大家紧紧偎在一起，病黄色的瘦削的脸上、手臂上布满石棱和树枝的划痕，凝结着血迹。有的腰里束着草绳，有的脚上包着破布和棉絮，有的缠着失去了本色的绷带。

这个小山坳，很像飞机场上那种机窝。周围丛生着杂树棵子。流弹只能从上空飞过，冷炮如果不直接命中，就不会带来任何危险。

这里集聚着报社和修械所的男女职工、地方干部和其他失去原单位的勤杂人员。报社记者白沙在这里，任光夫妇和毛中玉也在这里。这里还有四名伤员，由郑芳雪护理着他们。

叶挺非常惊讶的是，当职工编成战斗预备队时，竟然无人发现他们。

在石井坑中，这里可以称得上是世外桃源。

“军长！等会儿尝尝我们的人参汤吧！……”白沙欢快地说，“马上就熟了！”

“你们哪里来的山药蛋？”叶挺向面盆里望了一眼，走进人群，撑开手杖的握把，坐在上面。他被这里的安静的气氛感染了。

郑芳雪开心地笑了。叶挺吃惊地发现，她那漂亮光洁的脸上竟然有了皱纹：

“军长！判断失误！这是我们挖的葛藤根！”

“能吃吗？”叶挺表示怀疑，并告诫说，“你们可不要中毒啊！”

许多人都笑了。

“这是经历过三年游击战争的同志教给我们的，能吃……”

“可好吃呢！我们昨天就吃过啦！”有人插嘴，“只是再也挖不到了！”大家在军长面前都想振作起来。

叶挺心头袭来一阵凄楚，即使上官云相不再下令总攻，仅仅围困,恐怕也很难坚持一个星期了。

“军长！你一定得尝尝。不然,到了江北,可就吃不到了!”

“那好！我和大家一齐聚餐吧!”叶挺说,“冬生,把你挎包里的东西也拿出来。这里有多少人呀?”

“连伤员在内,十九个!”

“加上我们两个,二十一份！芳雪,你是个细心的人,我推举你来平分！有福同享,有难同当啊!”

郑冬生不太情愿地从挎包里向外掏,这里面有两块拳头大的骡肉,还有五块油炸糍粑。

这是欢乐的聚餐,枪炮声成了和谐的伴奏。

大家真像吃人参似的吃着骡肉、糍粑和葛根。一点一点地咬着,品着滋味,遗憾的是太少了。“你们刚才在干什么了?”叶挺吃着葛根,边吃边问,然后品出味道来了,“好吃好吃,有点像番薯嘛！……我要下令给部队,要他们挖葛根吃!”

“军长,不是所有山上都有……”有人发现这个令人失望的提醒很不得当,立即收住了口。

任光把话题拉到军长的询问上来,他说:“刚才听白沙讲故事,把大家肚子都笑破了!”

“哟！那么,再讲一个听听吧!”叶挺兴致很高地说。

“不,我的故事太长了,好笑的也都说完了。”白沙推托着。

“那你就把刚才那个讲了一半的讲完吧!”任光提议着,“违抗军长的命令可不好!”

“不！还是唱个歌吧!”白沙说,“守着音乐家不听歌,简直是最大的浪费！”

“好吧！我收回命令，”叶挺说，“还是唱歌！”

此时，太阳已经升起，几道强烈的金光，射进凹地上边的树丛，在林梢上燃起了橙红色的淡淡的火焰。空气清冷而甜蜜，那篝火的轻烟像晨雾似的在山坳里浮动着，在刚才的和谐的气氛中，使人感到一种安谧的倦意。似乎忘记了重围之下的困境，杂林丛在晨风中摇曳，发出飒飒的声响。

那流弹，那冷炮，似乎慢慢地消失了！

只有号声悠扬，此起彼伏，像给一九四一年一月十二日——风和日丽的这一天，吹起的晨曲。是敌军开早饭了吧？

几乎所有人都关心着：何时突围？如何突围？突向何方？但没有一个人敢问军长一声，生怕一声回答，会击碎希望的梦幻。

大家只顾说笑，谁也没有注意到郑芳雪把郑冬生拉到山坳外面的树丛边：

“冬生！林科长在哪里？我怎么老碰不到他？”

“他在东流山上！”郑冬生指了指那落满霞光的高峰。

“很危险吗？”

“姐姐！你也真是，”郑冬生觉得此问简直是对战争的无知，“现在哪儿不危险？……东流山打得最凶……”郑冬生用战争行家的姿态和堂姐讲话。他只知道姐姐与林科长的关系甚好，却还不谙其中的奥秘。他这种年龄，对于爱情，还是个傻瓜。“你知道吗？在火线上，首长平时最喜欢谁，在紧急的时候，就先想到谁，就先分配谁去完成最艰巨的任务！……”

“所以就派他到了东流山！”郑芳雪把冬生要说的话抢先说了，心中荡起一股自豪之情。但是，她的心蓦然一沉，那种自豪感被汹涌而至的恐惧湮没了。在昨天夜间，她看到东流山那闪烁的炮火，还处之泰然，而现在，她却以为东流山每一发炮弹都落在林志超的近旁。

“姐姐，若不是我警卫军长，我早要求上东流山了！”

“那怎么可以？也许，我应该去……”

郑芳雪久久地凝望着炮火闪闪的高峰。郑冬生迟疑了一下，还是拉着堂姐回到山坳里。

坑里，所有人的心事，都融化在歌声里了。任光拉着心爱的小提琴，毛中玉用口琴与他相配。凡是能唱的，都跟着任光、徐韧和白沙轻唱起来：

铁蹄踏不碎我们的心，
海水洗不清我们的怨恨；
按着遍体的鳞伤，
挺起钢铁的胸膛，
走向祖国大地的黎明。
……

这歌声时而低沉，时而昂扬，像一只温暖的轻柔的手，抚摸着山洼里的人们，没有歌唱的人，发出悲叹声，每个音符轻叩着重围中的人们的心弦。

过去，许多人都唱过这支《黎明曲》，那时，并没有体验到这歌词的真正的含意。只有现在，才懂得它的庄严，才懂得它的深沉有力。在这歌声中，祖国山川之美和他们当前的苦难，全都展现在他们面前。

郑芳雪掩面而泣。一阵阵感情的激流，冲激着叶挺和其他人的心。只有为祖国的自由解放而殊死搏斗的人，只有行进在枪林弹雨茫茫征途上的人，才能体会到这种感情。在这种时候，每个人的心都紧紧地贴着祖国的大地。

别为猩红的血迹而震惊，
别为遍野的横尸而伤情，
我们既为反抗而来到人间，
还怕什么流血牺牲?!

叶挺眼睛湿润了，他的感情是复杂的。他的面前仿佛出现了一幅地形图：云岭、四顾山、承流峰、舒溪、青弋江、茂林、章家渡、高坦……他仿佛又听到战士们冲锋时的呼喊声。

“任光！唱个轻松些的吧！”

但是，作为音乐家的心灵，正和诗人一样，在沉重的时刻，就很难违拗自己的感情而倾吐出轻快的旋律。不过，他终于缓声地唱了起来：

度过这寒冷的冬天，

春天就要来到人间；
不要有一点失望，
春花就要开放。

山洼里的人们都随声附和起来。人人心里都有一种激动的哀伤！徐韧望着崖上那些杜鹃花的干枝，眼前幻化出一个山花烂漫的春天来。她尽情地高唱：

不要有一点哀凄，
春天是我们的……

歌声被机要秘书的报告声打断了，他给叶挺送来了中央的稍稍迟到的电报。

叶挺收起手杖，带有几分依恋之情，走出山坳。此时，朝霞如血，喷洒在东流山上，叶挺读完来电，便和谷学清一同回司令部去。

八月桂花遍地开(节选)　徐贵祥

这一夜王凌霄的心情也很不平静。

对于陆安州这块土地,王凌霄并不陌生。过了金刚山,从豫南一路东进,陆安州迎面逼近,埋藏在王凌霄心底的隐痛也就一点一点地被激活了。

天还是那片天,水还是那片水,人却不是那个不知愁滋味的少女了。一晃将近十年过去了。

十年前她是一个养尊处优的小姐,是一个生活在书香门第的千金。父亲从英国留学归来,是苏州城内首屈一指的外科医生,不仅民众拥戴,当地的官僚阶层也非常尊重他。但那时候王凌霄不知道,父亲已经是一名共产主义的信仰者了。

有一年春天,家里来了一位年轻人,一口皖西话,常常跟父亲早出晚归。那个年轻人给十七岁的王凌霄留下了很深的印象,因为在此之前她被礼教约束,除了在省城的女子学校读书,很少有同外人,尤其是异性接触的机会。皖西来的年轻人身着那个时代城里流行的无领学生装,仪表堂堂,不苟言笑,多数时候都在紧抿着嘴唇,配着丰满而前翘的下巴,给人一种坚强和自信的感觉。但是不久王凌霄发现，这个年轻人并不是一味地沉默寡言。那时候已经有消息不断传来，日军觊觎中国的东三省，要在那里建立所谓的满洲国。有一次几个同学约王凌霄一起到城外去，说是踏青。王凌霄信以为真，就跟着去了。没想到在一个小镇上与他邂逅，这才知道，这个经常出入自己家的年轻人，竟然是一个“赤匪”。

那天在苏州城外的一个小镇上，秘密集结着从上海、南京和庐州来的学生，有二百多人的样子。王凌霄和同学们簇拥着挤进人群，起先她还没有认出来那个穿着红军军装的年轻人，远远看去，那人也就二十三四岁的样子，中等身材，脸上略有点络腮胡子，肤色微黑，这就把双眼衬托得非常明亮。那人站在凳子上演讲，操着带有江淮口音的京腔，声调缓慢而凝重，儒雅中暗含着粗犷，激昂中渗透着悲壮。他的手掌是张开的，说话的时候，手心向外推动、向上举动，拳头一攥一攥的。

他最初引起王凌霄注意的，就是这个奇特的手势。他打着这样的手势，晃动着拳头，一遍一遍地说：“国家者人民的国家，天下者人民的天下。皮之不存，毛将焉附；国将不国，何以为家！中华民族到了最危险的时候，热血青年们，让我们起来，起来，去战斗！为了我们民族的复兴，为了几千年文明的承接延续，让我们这一代人挺身而出，勇敢战斗！我们保卫我们的国家，不等于是保卫朝廷，也不是保卫军阀专制政府，我们是保卫我们自己的国土，保卫我们自己的家园！朝廷是靠不住的，军阀也是靠不住的，只有靠我们自己筑起血肉长城，抵御外侮，洗刷内政，才能使我们的国家发展、进步、强大！”

王凌霄后来终于认出来了，她看清了他的严峻的下巴，尽管那上面已经蒙上了一层胡须。这个人就是经常跟她的父亲早出晚归四处奔波的皖西客人沈先生，动态的他和静态的他几乎判若两人。王凌霄这时候也就似乎明白了，为什么专学西医的父亲，让人采购了那么多中草药；也难怪有人传说，医院的中西药材、药品和器械，不断地流向西部地区。

那一次，进入王凌霄的耳朵里，最多的那句话便是“中华民族到了最危险的时候”，沈先生一遍一遍地说：“中华民族到了最危险的时候，我们要用自己的热血医治民族的痼疾。中华民族到了最危险的时候，我们要用自己的肩膀负起民族责任。中华民族到了最危险的时候，难道我们能眼看着国土沦丧、宝藏流失、人民受辱？不能！中华民族到了最危险的时候，也就是我们热血春秋慷慨赴死的时候。青年同胞们，中华民族到了最危险的时候，让我们起来，起来，起来，迎着敌人的炮火，前进，前进，前进……”

他的拳头高举，在空中像一个榔头。

那是在一座教堂的院子里，上午的阳光从梧桐叶的缝隙中落在人群里，他的脸就晃动在斑驳的光影里，有些亦真亦幻的神秘。

站在教堂的院子里，王凌霄的心里有点惊恐，她不知道这个沈先生的真实身份父亲是否知晓，沈先生在这里演讲是不是得到了父亲的允许。虽然那时候王凌霄对于政治斗争的残酷性还知之甚少，但是，凭直觉，她知道这个沈先生所做的事情是冒着风险的。

演讲结束了，沈先生也看见了王凌霄，有点意外，走过来问：“红豆你怎么也来了？”

那声询问让王凌霄差点儿热泪盈眶，她没想到这个沈先生居然还记住了她的乳名。她说："沈先生，我父亲知道你是做什么的吗？"

沈先生怔了一下，笑道："傻丫头，回家问问你父亲，不就什么都清楚了？"

后来同学李艾莫说，此人是皖西陆安州一个酒业大亨的少爷，同时也是红军游击队的一个领导。既有学问，又会打仗，常年往返于上海、南京、苏州等地，以经销为名，为红军游击队筹集物资。这次来是招兵买马的。

果然，集会结束后就有很多人到报名处去报名。堂姐和李艾莫动员王凌霄报名，王凌霄就踌躇了。她本来没有任何思想准备投军，那时候她压根儿不知道李艾莫和堂姐都是地下组织的外围进步青年。堂姐是瞒着伯父伯母把她带出来的，而且堂姐和李艾莫是谋划好了要参加红军的。

就在这个时候，她看见了他，那个在上午的阳光下像圣徒一般虔诚、像骑士一样热烈的"沈先生"。沈先生向她笑笑，他虽然年轻，却显得睿智和成熟，他的不经意的一笑，显示出自信、坚定和宽广的气魄。在那一瞬间，王凌霄就没了主张，稀里糊涂地对李艾莫说："我这个样子，参加队伍行吗？"

负责登记的红军干部任广琇说："参加革命，首先要自己拿主意。"

王凌霄还没有回答，一边的沈先生慢腾腾地发话了，说："红豆，你先不要报名，到需要你参加的时候，我自然会带你走。"

王凌霄愣住了，任广琇也愣住了。大家这才知道，王凌霄早就认识他们的首长。

以后王凌霄才弄明白，沈先生当时之所以没有让她马上进入根据地，是因为她的父亲同沈先生有言在先，可以让女儿参加革命，但必须满十八岁之后。

十八岁那年，沈先生和父亲都没有食言，同意王凌霄进入红军根据地。由于红军战略转移，沈先生结束了在城市筹集物资的任务，即将回到根据地工作。就是那一次，他带着王凌霄在转道川陕的途中，进入了天茱山。

王凌霄至今也没有搞明白，云舒庄园究竟在陆安州的哪个地方，印象是在天茱山腹地，一个几乎与世隔绝的地方，一个类似世外桃源的地方。有一段路，形同天堑，王凌霄是坐在滑竿上被人抬着进去的。由于道路受阻，他们在云舒庄园滞留了九天。庄园里只有沈先生的祖父和祖母，一对慈眉善目念经信佛的老人。院子里到处都是桂花和栀子花，天空中飘扬的全是清香。

王凌霄永远不会忘记那段阳光明媚的日子。云舒庄园坐落在四周环山的盆地，庄园外面阡陌无垠，稻浪起伏涌向远处的山根。王凌霄感到奇怪，她不知道世道演变到今天，怎么还会有这样一个原始农耕的地方。沈先生解释说，这块地方是他们家的私产，自从明朝万历年间就由祖上收购开发，周边农人都是他家的雇农。此地产出的粮食含油量、含糖量均高于他处，杂粮酿酒也是上品。

王凌霄说："那你们家是彻头彻尾的剥削阶级了。"

沈先生说："是剥削阶级，但是并没有阶级剥削。我们家是不主张剥削的，所有的庄园雇农和城里的雇工，都是拥护我们家的。我的祖上善于经营，坚持薄利多销，也坚持雇主和雇户利益均沾，因此我们家的产业几百年来一直立于不败之地。”

王凌霄说：“有这样富足的日子，你为什么还要冒着风险去当红军呢？”

沈先生的表情凝重起来，突出的下巴仰起来，似乎询问苍天——“为什么呢？也许是因为我们追求的不是富足。也许，对于人来说，仅仅个人富足是远远不够的。我给你讲一个故事。在清朝道光年间，云舒庄园办的私塾超过了陆安州任何一家官办的学堂或者私塾，一户农家的孩子考中了举人，被授予候补县令。但是，这个举人辞去了一切荣华富贵，又回到云舒庄园当了一名私塾先生，而且在光绪登基那年，从他的私塾里出现了两个进士和三个举人。我跟你说，这里的山好水好，人更好。这里的雇农，人在深山中，心装天下事，你可不要小看他们。讲人类发展，讲革命道理，你不一定能讲得过他们。”

王凌霄惊讶得半天做声不得，良久才叹道：“有这么一块地方，简直就是世外桃源啊！”

沈先生笑笑说：“是啊，是有点像。记得我们来的路上，有一段极其险峻，可以说一夫当关，万夫莫开。我没有把这个地方当作世外桃源，而是想把它建成独立王国。万一我们的事业失败了，也许有一天我会带着队伍回到这里，在这里建设一个红色的独立王国。”

王凌霄被沈先生描述的远景感染了，说：“那该多么浪漫啊，在这样一片纯净的土地上，没有苛捐杂税，没有军阀混战，没有帝国主义的掠夺，人们自食其力，老人们安度晚年，大人们男耕女织，孩子们书声琅琅，年轻人相亲相爱……哎呀，这就是你们说的共产主义?”

沈先生笑笑说:“恐怕还不全是，共产主义是一种理想，是谁也没有经历过的事情，所以谁也说不好共产主义到底应该是什么样的。但是，肯定不仅仅是生活富足。”

云舒庄园的九天，是王凌霄青春岁月最难释怀的九天。沈先生常常是早出晚归，据说他的家业主要在陆安州城里，为了方便工作，他要经常在那里露面。中间有两天，沈先生进城未归，把王凌霄急坏了。尽管庄园里有纯真可爱的农家少女给她充当丫环，有半武半农的家丁保护，但她还是感到孤独。沈先生离开的第一天的夜晚，她就辗转难以入睡，她不清楚沈先生究竟在城里做什么。那时候她不知道，沈先生的身份是多重的，只要有机会，他就要以家族成员的身份出现在陆安州。

第二天从早上开始，梳洗完毕，王凌霄就在那个名叫乔乔的丫头的陪伴下，在庄园南边的独秀峰下踯躅，等待沈先生归来。在等待的时刻，她的心里有很多想法，有时候甚至产生了隐隐约约的慌乱，她怕沈先生离她而去，也怕沈先生遇到意外。

倒是那个快人快语的乔乔，像是看透了她的心思，嘻嘻哈哈地说:“小姐不要担心，我们家沈先生能得很，是沈家的顶梁柱，城里的事情、这里的事情都要靠他打点，他是被事情耽搁了，不会丢下小姐不管的。”

乔乔是一个很伶俐的村姑，健康、淳朴，但是乔乔似乎又不完全是一个村姑，举手投足，也像个读过书的女子。乔乔还会唱一首很好听的歌子——“八月桂花遍地开，鲜红的旗帜竖呀竖起来，张灯又结彩，光华灿烂闹出新世界……”乔乔干活的时候就唱着这个歌子，脸蛋儿红扑扑的，乔乔的脸蛋儿和云舒庄园的桂花，和晴朗的天空，让她感觉是置身在一个明媚的世界里。她很想跟乔乔学唱那首歌子，但是太长了。乔乔说，那是皖西民歌《八段锦》，八段，每段八句，一共六十四句，连她都记不住，只会哼哼前头的几句。乔乔说：“你要学歌子呀，以后就跟沈先生学好了。沈先生可以一句不落地唱。这歌子还是他的同学填的词，他的那个同学也跟他一样，到了红军那边，没准你还能见到他呢。”

两个人在独秀峰下漫步的时候，她问乔乔：“是谁给你取了这么好的名字，乔乔是什么意思？”

乔乔说：“是沈先生。我姓乔，很小的时候父母得病死了，我就在沈先生家里当丫头，那时候我的名字叫乔丫。沈先生在城里念书，假期回来，听人喊我乔丫，沈先生说，什么乔丫乔丫的，哪里像个人的名字啊？北有乔松，南有乔木，以后就叫乔乔吧。”

王凌霄说：“这名字真好，很有诗情画意。”

跟乔乔在一起，王凌霄觉得时间过得快了些。但是沈先生一整天没回来，她还是坐卧不安。

第二天傍晚，眼看太阳已经偏西了，王凌霄就沉不住气了，她感到了巨大的孤独。尽管云舒庄园有很多对她非常亲热的人，有很温暖的气氛，但她还是感到孤独。她觉得在芸芸众生里，只有那个她并不熟悉的沈先生才是她的伙伴，沈先生那宽阔的肩膀才会使她感到安全。随着太阳越来越靠近西边的山脊，血红的残阳余晖向这片山坳平原弥漫开来，她的内心充满了惆怅。这时候她开始困惑和惶恐，不知道她跟随他将要到达一个什么样的境地，不知道她追求的到底是什么，不知道这个人为何让她如此牵肠挂肚。

就在她心慌意乱的时候，她听见乔乔惊呼一声："小姐，沈先生回来了。"她定睛望去，就在南边那座山峰的下面，出现了几个身影，不久她就看见了一匹高大的雪青马，似乎从遥远的天穹下面腾空而起，在夕阳的照射下像一道银色的闪电，流金溢彩，穿越了遍地桂花金黄色的海洋，穿越了微风中起伏的稻浪，向她站立的方向驰骋而来。

霎时，她的眼泪就溢满了眼窝……

屈指算来，已经过去八九个年头了。如今王凌霄仍然没有弄清云舒庄园的具体位置。此后由于一连串人为的和非人的意志所能转移的原因，在他和她之间上演了数次生离死别的悲剧，那个让她情窦初开的沈先生，已经成了她心中难以消除的疼痛。

这次重返陆安州，会遇到什么呢？也许，也许……王凌霄简直不敢再想下去。但是，冥冥之中她又有一种期盼，尽管是那样的渺茫。

画魂（节选） 石 楠

一、“莲花女”

太阳慢慢坠落西山，金色的夕照逐渐转成玫瑰色。玉良坐在黄包车里，看到它把最后一缕余晖投抹在前面监督大人的车篷上。

今天，她奉命陪潘大人出游，竟像个木头人一样，一点也不知道这些名胜故事，也讲不出它们的好处。然而潘大人没有因此轻看她，也没有只把她当作一个伴游的烟花女子，而是很耐心地给她讲述这些风景名胜的历史和典故。她在芜湖住了三年，从来就不知道有个“荆山寒壁”的所在和卞和得玉的典故，也不知兀立在对江的巨石就是孙夫人祭江殉节的地方，更不晓得江边唐太史李淳风墓的神奇传说。潘大人讲时她只好“哦！哦”地应着，一切忧愁痛苦都在这不无惊讶的“哦！哦”声中消失了。她忘了自己的处境，忘了自己身份的卑微，也忘了世人的歧视和冷眼，她仿佛是遨游在知识的宫阙和传奇的雾霭中。她感到潘大人不同于别的男人，他有学识，懂得很多，她又觉得他待她似老师待学生、似兄长待妹妹那样真挚。他还不厌其烦地教她念彭玉麟为殉节祠书写的那副楹联，她现在还能背出："思亲泪落吴江冷，望帝魂归蜀道难。"她虽然不懂潘大人讲的什么"中国历史上政治婚姻的又一悲剧"的内涵，但她仿佛能品出这副对联的文意针对的是她，想到这，她一阵痉挛，有些害怕。

随着夕阳余晖的收起，白天荡漾在心头的愉悦都消退了，空虚、胆怯，一起向她袭来，使她感到一股沁骨的寒意。今晚，她是留在潘大人处，还是回去？一想到这个问题，后背不由得冒出冷汗。天哪，不能回去！昨晚干妈和马会长的话又萦绕在脑际。回去，将意味着什么呢？但是，留下，又是怎样的下场呢？她是回也不能回，留也不能留，天地无边，宇宙无垠，却没有她的栖身之地！她闭上了眼睛，陷入了痛苦绝望之中。

"送张姑娘回去！"

潘大人吩咐车夫的声音把她惊醒了，这时她才发现车已停在监督宅邸门前。这句话，使她吓得跳了起来，与这一条件反射动作的同时，不自觉地叫出了声："回去？"这句脱口而出的两个字，不知是机械的重复还是反诘，她自己也说不清。她马上又在心底否定了，昨晚小兰房里的那幕又回映在脑际。不，不能回去！突然间她拿定了主意，不管今天的命运如何，她也不愿去给禽兽们糟蹋。她跳下车，几乎是踉跄着来到潘大人跟前，双膝跪下："大人，求求您，留下……"

潘赞化没有想到这一招，慌忙伸出双手要扶她起来："不要这样，还是回去吧！"

玉良泪水盈盈，死死跪着不起来，赞化弯腰去牵她的双手，她就势匍匐在他手臂上，泣不成声断断续续地说：“大人……留下我吧！”

这一幕，吸引了路过的人们，有人停步翘首，有人探问原因，潘监督有些着慌了，只得连声说：“先起来，进去再说吧！”

玉良低着头，跟随着赞化走进了监督宅邸。他把她带进客室，让她在椅子上坐下，她仍在垂泪。家人送来了洗脸水，叫她擦泪，她也不动，只顾抽泣。潘赞化不知说什么好，在室内来回踱着。从昨天宴会上认识这个姑娘以来，她给他留下了可爱的印象。他同情她，怜惜她，从她们弹唱的那首词中，可以听到她们的痛苦心声和对自由的渴望，说心里话，他喜欢上了她，他还在心里悄悄把她比作一枝才出水的荷莲。是自己太善良，见了弱者就同情？还是错把鱼目当作珍珠？刚才的这幕表演，击碎了他心中的美好形象，莫非她的本性就是这样？一种受骗受辱的愤懑充塞了心胸，他突然在她的面前站住了，不客气地问：“我问你，留下来做什么？”

一天多来，玉良还未见过潘大人动气，突然见他发怒，吓得双膝一跪，“哇”的一声哭了起来。这叫她怎么回答呢？她有口难开，有苦难吐，只有以哭泣代替回答。她一点不怨潘大人生气，他越动气，她越觉得他是个好人，还对他产生了由衷的崇敬，也越不敢倾吐实情，也就越抽泣不止。可是潘大人却没有被她的哭声打动，她越哭，他越气，他认为这是她使出的伎俩，大凡这等女人都有这一招，小小的年纪，就会这一套，他恨恨地对她说：“我原是很同情你，可怜你，你却太不自重！”

这句话，说得玉良停止了哭泣，她霍地站了起来，毫不示弱地回答:“大人,算我有眼无珠,看错了人。我原以为大人是天下最好的人,认为只有大人能救我,所以求大人留下我！谁知我错了,天下是没有好人的！你也一样,今天,我纵一死,也不留恋世上什么了!”说完,噔噔就往外走。

这几句话,像钉子一样,钉在赞化的心上,他感到一阵隐痛。难道她有难言之隐？如果是这样,刚才那句话是过重了,伤了她的自尊心,她若由此走上绝路……赞化追了上来,急切地喊:“张姑娘,你回来!”

玉良像没有听到那样,大步往外走。他见她没理睬,几步就跨到她的前头拦住了她,和善地说:“张姑娘！你为什么不回答我的问话呢？来,回屋里坐下,如果相信我,就对我说真话,讲清你的难处。我潘某绝不是只讲好听话的伪君子。”

玉良原地未动,也毫无回转之意,只是身子有些摇摆,似有要倒之势。赞化见此,双手扶住玉良的两肩,强行扭转玉良身子说:“刚才我的话如果伤了你,请你原谅。”

玉良听此,泪泉又溢出了眼眶,低首慢步由赞化牵扶着往回走,刚迈进客室,玉良突然站住了,转过身面向着赞化,惊恐的眼睛射出乞怜的目光,呜咽着说:“大人,如果今天再被你赶回去,他们就要对我下毒手了!”

“哦！为什么?”赞化暗暗吃惊,没想到问题还这样复杂。

玉良犹疑了一会儿,望了潘大人一眼,才鼓足勇气说:“他们把我当鱼食,想钓您潘大人上钩。一旦你喜欢上我,就来找你讨价还价,给他们货物过关行方便,否则就会以你狎妓不务关务来败坏你的名声。若是你不能迷上我，又把我赶回去，他们会怪我无能，不卖力，有意和他们作难，他们就要找流氓来糟蹋我。我知道，大人是正派人，留下我对您不利，还会玷污您的名声，我也不愿这样做，可是……也只有大人能救我呀！”玉良说到这里抑制不住地放声哭了。

“他们是谁？”赞化沉默了一会儿问道。

“马会长、李老板和干妈他们呀！”

“那……”赞化看到玉良痛苦的目光，心里很不是滋味，他在低头思考着，他想帮助她，但也有许多难处，不管怎样，他不能眼看着一个苦命的可爱姑娘因没能让他迷上而受迫害。向她伸出救助的手，决心留下她，但必须有个防备小人的妥善对策。他来回踱着步子。

玉良见赞化迟迟没有做声，又忙起身说：“大人不必为我作难了，我相信您是好人，我也不怪您，我只恨我自己的命苦！”说着低头流泪往外跑。

赞化急忙叫住她：“站住！我潘赞化也绝不是见死不救的懦夫！”他又叫来了老仆人，吩咐他在书房里开个铺，他在书房住，把卧室让给玉良。老实的家人就去执行主人的命令去了。

他们一道用过晚饭，赞化送玉良进了他的卧室，他告诉她：“你不用担心，就住在这里，饭有得吃，我还可以教你读书。他们不来催你回去，你就不要走。”

玉良睁着充满了深情的大眼睛望着他，不无感激地回答：“大人，您真好，若是有一天我能报答您的恩德，那就是我一生最快乐的事了。看来,今生今世我是享受不到这种幸福。不过,我可以伺候您,扫地、抹灰、做杂事……”

“不要讲远了,你看怎么过得不拘束就怎么过。不过,人总是需要有些知识的,有了知识,可以变得聪明,心胸开阔,还会给生活带来力量和勇气。从今天开始,我教你读书识字,头天上的课,第二天要背出,写出来。今天暂且教你这篇短文《爱莲说》吧!就怕深了点。”他随手拿过《周元公集》,翻到这一篇,逐字逐句教起来,直到玉良能读通他才离去。

他回到书房没有马上脱衣就寝,这一天发生的事情像藤萝样纠缠着他的心。他深深地叹了口气,感到人生道路的艰难,还没到任,这里就给他设下了圈套,想用一个无辜的姑娘来收买他。他想,如果揭穿这些嗜利成性的商贾的阴谋,那就无异于置可怜的姑娘于死地;留下了这个姑娘,明早消息就要在整个芜湖商界传开。他不如将计就计,既让这些人以为他上了钩,又暂时庇护了玉良。他为他的决定感到满意,心里也坦然得多了,便解衣躺到床上,不知不觉就睡着了。

这一夜,玉良却是如卧针毡。潘大人冒着牺牲自己名誉的危险收下了她,又让出了卧房,她感到不安;潘大人教她读书识字,鼓励她学知识、明事理,这犹如在她空漠暗淡的心里点起了一盏灯。她觉得眼前有条模糊的路径,她决定向那里走去。一时睡意全消,她又默默地背起那篇文章,越背越觉得其味隽永,她真的爱上了这高风亮节的荷莲了。爱,使她振奋。她一骨碌坐起来,悄悄披上了衣,坐到案前,捻亮了灯,随手拿过一张纸,在上面画起莲来。她虽然是第一次执笔绘画，但她母亲的艺术细胞遗传给了她。她很小的时候，就曾用小指甲在粉墙上刻画过家门后的溪流和浮游在上面的小鸭；怡春院后花园荷池内的莲花，即使闭上眼睛也能清晰地在脑际里再现它那种绰约风姿。她按记忆中莲的形象再加上她心中的节操，就在纸上勾勒起来。画完后，还在右上边抄上了今晚学的一句："出淤泥而不染，濯清涟而不妖。"做好这一切，她吹灭了灯，摸上床，安然进入梦乡。

第二天一早，监督大人就出门了，出门时说话的声音，玉良也听到了。其实，她早就起来了，只是不敢造次开门罢了。她把卧室整理得有条不紊，擦拭得窗明几净，直到初夏的阳光上了花窗，在卧室的粉墙上绘出了金色的壁画，她才意识到腹中有些不受用。她想出去找好心的老伯，刚把门拉开条缝，善良的老家人恰巧端来了饭菜。玉良慌忙打开门，双手接过托盘，歉疚地对老人笑着说："大伯，难为您了，我自己来，你有什么事要我做的，就叫我一声。"说完又对老人感激地一笑。老人笑成一朵金菊样的脸上，漾出了慈祥的光。

这一天，玉良没有迈出卧室一步，老人按照他家主人的吩咐，给她送了三顿饭。她将昨晚学的那篇文章背得滚瓜烂熟，抄过几遍后，又默写了几遍。当夕阳从西窗上消失的时候，她有些不安了，她的听觉神经绷得像琵琶上的弦。大门口一点响动，她都以为是潘大人回来了。几次跑到窗前顾盼、凝望，几次失望。潘大人出现在她的生活里，好像给她晦暗的生活带来一股新鲜色彩、一缕明霞，她第一次感到世界上有色彩，有善美，有像莲样品格的人。她过早枯竭的心田感受到蒙蒙细雨的滋润,尝到了一丝淡淡的甜味。同时,又感到有所渴求。大人还没回来。她有些惆怅,心里有种说不出的滋味。她盼他早点回来,再给她讲篇文章,给她带来知识。即使她在他面前感到拘谨,有些不自在,但她又希望能在他身边多待会儿。这种心情随着夕阳微光的收起,越来越强烈。她有些心神不宁,坐立不安,一会儿伫立窗前掀开窗帘的一角,屏息倾听大门口的动静;一会儿又回到桌前,拾掇那已很整齐的文房四宝。直到天完全黑下来了,她也没点灯,索然无味地坐在床沿,摸着琵琶,轻轻抚动琴弦,小声地唱起了小兰教给她的那首舞曲:

溪中春水清,
岸与春花明。
……

一曲结束,她长叹一声,就斜倚在床上。突然,"嘶"的一声,有人点亮了灯。她吓了一跳,嘭地坐起来,站在灯前的,就是她所期待的人。她姗姗地向他走过去,叫了声:"大人,什么时候回来的?"

"啊,听你弹曲子,好半天了!"赞化淡淡一笑,"你看,给你带回了什么?"他扬起手,是套新编的高级小学课本。"我看你没念过多少书,一开始就学古文有困难,还是按部就班地先易后难吧!现在先上课。"

玉良温顺地在他对面坐下。

新课上完后,赞化又给她布置了第二天的练习,就起身准备回去。这时，玉良也跟着站起来，怯生生地望着他说："大人，给我多讲点儿吧！"

赞化回头惊疑地看了她一眼，问道："你能接受得了？也能写出？"

"能。大人，你看。"她把白天默写的《爱莲说》递到赞化手里。

他一翻，是整整十张小楷，字写得不算好，倒是工工整整。赞化看到她学习这样勤谨，高兴地问道："是抄的？还是默写的？"

"默写的。"玉良轻声地回答。

"你能讲讲这篇文章的意思吗？"他想测试一下她理解的程度。

玉良想了一会儿，那修长的眉眼向上挑了挑，不无羞怯地答道："大人对我讲解过这篇文章的意思，我心里是记着的，我讲讲看，不知对不对。世上有百种百样的花，也有各种各样的人。不同的人喜欢不同的花。有人喜欢菊花，不怕严寒，傲霜开放；有人喜欢牡丹的艳丽华贵。这个写文章的人，特别喜欢莲花，喜欢它生长在污泥中不被烂泥污染，还能挺出水面，开出清新美丽的花朵。大人，我看您也是特别喜欢莲花的。"

"噢！怎见得？"赞化惊奇地问。

"我看大人的为人品格就像莲花。"

"哈哈……你把我看得太高了。"赞化听了玉良对他的评价感到高兴，但又忙谦虚地说。

玉良低下头，无限感慨地说："唉！怎么古代人写文章就像是看见今天这个世道一样，爱牡丹的人多，爱莲的人太少了。"

赞化非常吃惊地感到玉良的接受能力这样强，理解得这样深刻透彻，有这等天资，他有些激动，宛如在一片沙漠中突然发现了一颗闪光的钻石那样惊喜！但他尽量抑制住这种喜悦，没有让它形于色，而是重又坐了下来，继续教她另一课。他坐在一旁，一面倾听她诵读课文，一面信手翻着书案桌上的报纸。无意间，他的目光落在玉良画的那张荷花上。他拿过来，左右前后端详着，画虽然没有功力，既不像写意，也不似工笔，却画出了荷莲的风姿和情韵。不用问，就知道是玉良的作品，这又是他不曾料到的。他轻轻地叹了口气，在心里赞叹着："过人的天资，天生的艺术素质，如果好好培植，倒是个有用之才！可惜呀，可惜！"接着他又长叹一声。

这一声叹息，使玉良感到有些惊讶，她停止了诵读，迷惘地看了他一眼。当她发现他在端详她的画时，羞怯使她本能地伸出手想将画抢过来。赞化眼疾，将画移开了。"画着玩儿的，大人见笑。"玉良羞答答地说。

"画得不错，这个就送给我吧！你写个名字在上边。"玉良拿起笔在左上角写上了"张玉良"三个字。赞化一边看她题名，一边对她说："你喜欢莲花，等它们到了开放的时候，我带你去陶塘观赏吧！"说完，拿着画就回书房去了。

玉良目送着他，一丝无形的寂寞向她袭来。

还魂草(节选)　江　流

一

一九三一年元宵节。江南,榛岭脚下,白练江旁的犟村。

清晨。春寒料峭,岚气袭人。

高氏宗祠门口,那口古色斑驳的大钟,发出了一阵惊心动魄的响声,枯树枝上一群乌鸦立即拍着翅膀落荒飞去。霎时,全庄高氏家族中的五房四十一户七十三口男女老少,响应这庄严的钟声的召唤,一起涌向祠堂这边来。

那两扇黑漆大门上,左有"神荼",右有"郁垒",两尊门神,威风凛凛。忽然,两只苍黄的铜环,在冰冷的兽头上震颤着,两尊门神也闪身后退,祠堂的大门被缓缓地打开了。

族中负责修谱的高韵章和负责祭祀的高韵柏,两个老头,一左一右,簇拥着年近八旬的族长高七太爷,阖族人众鸦雀无声地跟随在后面,一步步踏上布满苔藓的台阶。

族长被簇拥着走进正厅,面南而立。他那一把齐胸的胡须,在暗淡的晨光里,和那积满尘灰的粉壁,色调完全一致。他的面色也是如此。那修谱和祭祀的两位执事,面色亦复如此。

不像普通人的咳嗽,而是像一撮枯叶落在腐草上那样,族长的喉咙里轻轻响了一声,抖动着惨白的胡子,开言说道:

"阖族大小!今天开祠堂议事,议的是一件关乎全族兴亡盛衰的大事:我们罕村高氏一脉,往后去,怎样接续香烟后代?"族长说了这几句,用迟钝的眼光,向鹄立着的族人们觑一下,耳朵中隐隐听到了人丛里的一丝啜泣声。再仔细听时,泣声却又咽抑下去了。族长便慢慢地转动着头,向左右簇拥着他的两个男人微微颔首,以向大家示意,叹口气,继续说道:"今天,我们高家全族五房四十一户,除了我们这三个,成年人当中,再没有一个男子汉了。想我本人,当你们的族长,已将近三十年的光景。三十年前,众人口碑,都说:'汪庄府,李庄县,罕村赛似金銮殿。'我们罕村五房头,大小男妇共有三百多口。如今,四停人丁,剩下的都不到一停了。也不知是我这个当族长的德薄,也不知是祖茔风水取得不好,总而言之,男丁一个一个都得了大肚病,罕村在人们的口碑上,成为'寡妇村'了。"

族长把话停下来,定一定神。人丛中尽力抑制着的啜泣声,顿时变成了一片呜咽。他把头微微转侧着,朝神龛中列祖列宗的牌位一瞥,但见那里尘封寂寂,一片死气。老族长的心里稍觉坦荡,便摇晃着向前走了小半步,用手抚了抚胡须,人们才又复归于肃静。只听他说:"我们高家的族规,从来是妇女不可以再嫁,杂姓之人不准进庄。历代相传,皆是如此。可是现在,再守这个家风,眼看不出三二十年,我们罕村这宗支一脉几十口子,不单要绝代,而且要灭族了！全族十数顷膏腴之地，也要变为荒山，或是归异姓去执业了。所以，依我之见，要能通达时务，权衡利害，方为善策。一句话：如今守不得古风了！哪家愿意抱螟蛉子[①]的，这种荒年，伢子们有的是，到村外去领吧！可有一条，必须谨守：领进来的人口，必须立刻改成高姓，按我们高家的辈数、排行、名分，切切不可紊乱……”

族长的这番话刚一松口，犹如一道纶音佛旨，深深地震动了人心。古老的祠堂里，立即哄起了一片呜呜咽咽的痛哭之声。这是一种很别致的方式，它表达了大家最热烈的感激和衷心的拥护。只有簇拥着族长的那两个男人，犹如泥塑木雕，声色未动。

一听到哭声隆隆，族长只觉得眼前一阵金蝇乱飞，隐约之中，似乎从那些尘封寂寂的神龛之中，列祖列宗们的幽灵纷纷向他伸出了指责的手指，并且还发出一阵森厉的呵斥之声，于是他那迟滞的目光立刻灰暗下去，仰身往后面供桌上一倒，顿时浑身冰冷，鼻孔里气息全无。大约他是忙于到列祖列宗那里，去交卸他的差事和听候发落去了。

高韵章和高韵柏两个蜡像一般的人，这时也一反常态，大动感情，他俩俯身在族长的遗体上，像女人似的大放悲声。不过，他们的哀哭，和其他族人的哀哭，意义并不相同。他俩之所以哀哭，首先是因为：在犁村阖族之中，即使连他们两人自己也算上，已经凑不全四个（更不用说八个或者十六个了）成年男子，所以，眼前对于族长的殡殓事宜，就成为他们十分棘手的难题了。

---

① 即义子。

二

在哄乱中抹掉眼泪，第一个飞跑出祠堂大门的，是年轻夭亡的高韵声的孀妻杨丽鹃。

杨丽鹃在十五岁上，嫁给已经得了大肚子病的高韵声。那样年轻就过门，完全是为了给丈夫“冲喜”。婚后还不到半年，她就成了寡妇。如今她已是三十五岁的人了。

唐代诗人白居易，在《思妇眉》那首诗中，曾经写道：“春风摇荡自东来，折尽樱桃绽尽梅。唯余思妇愁眉结，无限春风吹不开。”这是多么刻骨镂心，令人击节赞叹的描绘。然而，一般“思妇”的凄楚哀愁尚且如此，那么，在江南的这一带地区，丈夫被大肚子病夺去了生命的无数寡妇，终身还要谨守着“不可再嫁”的族规，其况味又当如何？

青年守寡的杨丽鹃，五更长夜，二十载寒窗的孀居生活，又是怎样煎熬过来的呢？

谁也没有注意她右手掌心，有一道那么深痛切骨的伤痕。世界上没有第二个人，能了解和这一道伤痕联系着的她内心的那种隐痛。那是她孀居的第二年，一个异常静寂的夜，她在梳桌边木然地凭窗伫立着，目送冷冰冰的月亮从东山慢慢地爬过西山，当埘中鸡声乱唱时，她的心中突然涌起了一阵狂乱的风暴，最后不得不摸索起一把切菜的厨刀，左手把稳着刀柄，让刀背贴在桌上，刀口向上，她把右手往锋快的刀口上狠命地一按……

笼罩在人们头上的不治之症的黑色恐怖，茕茕一身的孤寂生活，神圣不可侵犯的“族规”和“门风”，这些东西占据着她，日复一日地咬嚼着她的心。青春的生命的火焰在她的身上日渐熄灭了。她差不多已经变成了槁木死灰。

族长遗留下的最后一席话，无疑是一道大赦令，给残存的阖族人众，开拓出一线新的生机。

杨丽鹃抢出了祠堂门，仓促地奔跑着，巷道、树木、水口①、石桥，一切好像旋风似的从身旁掠过。

村口，水碓旁边的凉亭里外，席地憩歇着一群来自江北以及淮北各地的无家可归的灾民，七老八幼，就像一窝没脚螃蟹似的。他们看见从村子里走出人来，一个个都投出一副乞怜的目光，有的并且在哀求声中伸出手来。杨丽鹃留心看去，只见凉亭角落里，有个三岁光景的男孩，虽然浑身披一片挂一片，穿得褴褛不堪，脸上也饿得一片菜色，可是一副眉清目秀的相貌，仍然依稀可辨。这孩子头上戴着一个用干稻草做成的圈圈，那明明是所谓“插草标”，即在当时颇为流行的卖人的标记。可是在这孩子的一团天真稚气中，却把它当作一顶皇冠似的，喜气洋洋地顶戴着，正在和另外一个年龄跟他仿佛的女孩子玩耍。那女孩两眼乌溜溜的，鼻子圆兜兜，头上同样也插着草标。

杨丽鹃把男孩的肩膀扳转过来，向小脸上仔细端详了一阵，觉得合意，便问：“这孩子是？……”

没等她把一句话说完，墙边早站起一个中年男子来，他那苦菜

---

① 山区居民依山傍水建立村落，在村前或村后傍水处，选一形胜之地，植大树，设神祠，称为“水口”。其作用有三：作防风障，美化风景，风水迷信。

色的脸上，有气无力地勉强做出一个似笑还似哭的样子，赶忙抢着说道：“三吊[①]！”又把那小女孩向前一推：“这是同他双胞生的姊妹，只要八百文！”

杨丽鹃沉思起来。因为她本来是只打算买个男孩回家传代的，女孩的事根本没在心里酝酿过，可是看来这个女孩的长相也还不错，而且和男孩又是双胞生，所以心里一时也拿不定主意。那个中年男子，似乎早就看破了这寡妇的心思，便又说道：“总共这几文钱，值个啥呢？就是买这么重的毛猪，也还要几倍的价钱呢。不过是遭逢这荒年大劫，度命度不过来，可怜他们的娘又死在路上……你奶奶家行行善，只当多收养一条小狗吧！救人一命，强似造十三层宝塔呀！”说着，早滚下两行泪来，给他那风尘仆仆的脸上，立刻划出两道显眼的长沟。

杨丽鹃听了，也觉一阵心酸，止不住两只眼睛里水雾蒙蒙的。便伸出手，把两个孩子一齐揽到胳膊肘里来，默默地给他俩都摘去了头上的草束。中年男子在一旁看了，微微弯着腰，说了声“多谢”，哽咽着，又默默地涌流出几股热泪。他伸出手，想抚摸一下孩子，以示告别，可是这时两个孩子都睁着好奇的眼睛，缠在妇人的手里，他便像面对着一件已被人家买去的珍贵物品一样，又畏缩地把手缩了回来，脸上尴尬着，轻松的喜悦和深沉的悲哀交织在

---

① 或称三千文，即三百个铜元。古时铜钱是当中有一方孔的，后改用铜元，一枚铜元相当于十文铜钱（故亦称当十铜元），十枚铜元即为一百文，百枚铜元即为一千文，一千文与一吊钱意义相同。银元流通时，大约三百个铜元合一个银元。

一起。

杨丽鹃摸了摸棉袄口袋,露出了为难的神色,原来仓促出庄时,并未曾带钱出来。她便向中年男子挥手示意,叫跟她一阵回庄去拿钱。大家一路走着,男子汉惨惨地,对两个孩子说些勖勉的话,无非是“跟着这位善心的奶奶回去,有福享了! 要听话,比在你们苦命的死鬼妈妈跟前更乖才好。将来长大了,好好报这位善心奶奶的恩德……”之类的话。说着,偷偷地用袖子去擦眼角。妇人匆匆地走着,随口也问了问孩子的家世,男子汉只是摇头,说了句:“命苦!”接着又嘀咕说:“这下他们飞往亮处了,俺胡家可也就绝种了!”话刚出口,一想这话说得恐怕不得体,连忙便又住了嘴。

杨丽鹃把左手搭在女孩的头上,右手则在男孩的头上不住地爱抚着。孩子柔软的头发,触着她手心里那条伤疤,她只觉得心头泛起了一股强烈的滋味,是悲哀、感伤,还是欣喜和庆幸,连自己也辨别不清。“儿女! 这就是儿女!”总之,自己忽然间从此有了儿女了! 二十年漫长的守寡生活中,忽然间增加一些意想不到的、自己从来不熟悉的新内容了! 她的心剧烈地惊悸着。对于这个从天而降的新的变化,究竟应该作什么样的感受,她一下子还难于捉摸。

男子汉隐忍着无限的悲哀,顺从地,同时畏畏缩缩地在一旁跟随着,两眼恋恋不舍地不住盯着孩子,有时也偷偷地看看妇人——这位自己亲生孩子们未来的“娘”,而和自己却毫无瓜葛的陌生人。妇人的两只脚,不觉也放慢了步子,偶尔也暗暗地向男子汉打量一眼,只见他的身架倒也强壮,年龄也跟自己仿佛,也许还要小一两岁哩。这时在她的心中,那一片犹如古井之水的心中,不禁一阵微波荡漾。她猛然想起，族长的遗言中曾说：“我们高家的族规，从来是妇女不可以再嫁，杂姓之人不准进庄。”但是，明明又说：“依我之见……如今守不得古风了！”他曾经明确地指示，可以出庄去领伢子，这是杂姓之人可以进庄了；可是另外一条呢？难道“妇女不可以再嫁”那个“古风”，也不用守了？族长并未明言呀！……想着想着，她猛然感到好像自己犯了十恶不赦的大罪似的，脸上热辣起来，连忙用指甲狠狠地掐了一下右手心的伤痕，心里连说了几句“该死，该死”。

一行大小四人，继续往前走着。不知不觉之间，杨丽鹃把自己的步子放得更慢了。她有意无意地，指点着那沿村一带的断壁圯墙，以及衰草离离的村道，对男子诉说道：“二十年前，我才过门到这块来的时候，这个犁村还比现在兴旺多哩。那时候，村子是条五里长街，从南头到北头，一路廊檐接廊檐，下雨天，连伞也用不着打。现在你看，多少人家屋里、锅台上都长青草了！唉，老天爷降下的这种大肚子病，就像摄魂幡一样，把男子汉一个一个都召到阴间去了。往年还光是男子汉得这种病，近年来，连妇女也沾上了。好好的人，哪怕是铁打的强壮汉子（说这话时，她的眼睛无意间又向男子身上一扫），一顿能吃二升粮食干饭的人，只要得了这个冤孽病，就日渐黄瘦……”说到这里，止不住泪下如雨，同时她的心里，突然又是一阵波动，涌起一种莫名其妙的忌讳的感觉，于是便只管哽咽着，却缄口不言了。至于为什么会产生这种感觉，忌讳的是什么，这种感情的波动又意味着什么，连她自己也还没有来得及充分理解。

他们还没有走到杨丽鹃的家,却先经过祠堂的门口。这时,祠堂的大门早又紧闭起来了,那两只兽头嘴里的铜环上,早又上了双簧大锁。刚才那一阵哄乱早已过去,一切仍复归于无限的庄严肃穆。她忽然伫立下来,问男子汉:

“什么名字?”

男人听问,冲口而出地答道:“胡仁德。”说过这话之后,再望望杨丽鹃,只见她那蓄满母性之爱的双眼,正在一往情深地凝视着两个孩子,继而又微微地侧转头来,凛若冰霜地白了他一眼。胡仁德这才会过意来,知道原来并非问的自己,于是便连忙改口说:“这男孩叫胡子君,丫头还没起名字。”

杨丽鹃注目凝望着“高氏宗祠”那几个板板正正的大字,不觉双膝跪倒在冰冷的石坪上,并且向两个孩子示意,叫他俩也跪在她的身旁。她抚摸着男孩的头说:“乖孩子,往后你到我们高家来,跟着我——我就是你们的妈妈——过日子,你就叫高子君了!”又对女孩说:“妈妈也给你起个名字。我们这里叫羣村,你的名字就叫高羣花吧!”说罢,就领带着两个孩子,朝那高氏宗祠的黑漆大门,恭恭敬敬地磕了三个头。

当妇人用极其虔敬的神情,带着孩子们朝那庄严的建筑物跌跪下去时,胡仁德身不由己,也悄悄地跟着跪在后面。当杨丽鹃给孩子们更换了姓名,正在起身时,一转眼看着这个雄健的男子汉——孩子们的爸爸——跪在身旁,不觉一愣,双膝便停留在地上没有挪动起来。默然有顷,犹如一阵电光流火,一股突然爆发的非人力所能控制的力量,从她的直觉中突然喷涌起来,她连自己也没意识到自己要说的是什么话，却竟然对男子汉这样说出："你还是做孩子们的爸爸吧！从今以后，你也莫再叫胡仁德，就叫高仁德吧！"说着，攥紧右手，猛地旋转过身子，把那古老森严的祠堂门撇在背后，却对着那寒云幂幂的天空，又深深地磕下头去。

三

高（胡）仁德随着他意外获得的妻子，和同样是意外获得的一双儿女（因为在一小时前，儿女虽然还是属于他的，可是从杨丽鹃给孩子们摘掉头上的草标之后，儿女便已是属于别人私有的了），走近那陌生的富有山区特色的高大宅第时，心中不禁暗暗感叹："这一下，困在干滩上的几条枯鱼，可遇到活水了！好险哪，要是我在凉亭中收到那三千八百文卖儿钱……眼前这一切，都当真的吗？还是莫非在做梦？"他把手背悄悄地捂在嘴上，狠命地咬了一口，痛得好凶。他这才放了心，心里不住声地欢呼：不是梦！不是梦！！

这一天，犁村高姓的各房各户，从灾民手中，一共买回男女四十五口。族长的丧事，和这种添人进口的喜事，混合在一起，使这一年的元宵节，过得十分异样。

二十年来，一直昏暗无光、死气沉沉的杨丽鹃家的大门口，这天晚上，突然出现了一对耀眼的大红灯笼，蜡烛的光焰在里面轻盈地摇曳着，喜滋滋的红晕笼罩着古老的门庭，显示了它生命力的复活。

四

老族长逝世后的第四天，继任高家族长的高韵章，在草草料理了老族长的丧事之后，独坐在前厅，手里捧着一把一尺来高的白铜水烟袋呼噜呼噜地正在消遣养神。这时，一位和杨丽鹃是叔伯妯娌、也是高韵章堂嫂的老寡妇高四婶子，受杨丽鹃之托，特来谒见新族长。她从袖笼里拿出了一个红纸包儿（虽说是包儿，可是却并没有包严，一眼便可看出里面明摆着的几样东西），其中是杨丽鹃出嫁时的一副包金耳环、一对四两重的银镯，还有压箱子的四块袁大头。族长身子右侧有一只红木茶几，茶几上有一个簇花的细瓷茶盘，高四婶子恭而敬之地把那几样东西轻轻搁在茶盘里，却又故意让它发出微微的“呛啷”一声。她绝口不提这几样东西，也竭力做出遮遮掩掩，好像并没有眼前这么一回事的表情。高韵章也低着头，正襟危坐，不住地吹着纸媒子，吸着水烟，好似高四婶子是故意瞒着他干鬼鬼祟祟的事情，而他却根本没有看见这么一回事。不过他趁四婶子不注意，却早就从老光眼镜的右上方，悄悄地迅速向茶几一瞅，把一切内容都看得清清楚楚，随即便皱起眉头，继续呼噜呼噜地吸烟，显得无限地清高雅逸与庄严。这时，高四婶子也早退到族长的正对面，在一张椅子上坐了下来，开口把胡仁德请求入族的事委婉地说了出来。族长在那呼呼噜噜的吸烟声中，早把杨丽鹃的家境默度了一番，这才半闭着眼睛，微微叹了口气，语意双关地说道：“也只好如此吧！”说着，睁开另一半眼睛，把右手极其自然地搁到茶几上，又好像是极其无意地用大袖管遮掩了茶几上的红纸包儿，这才正式传谕说：

“胡仁德虽说改名为高仁德，这还是不伦不类。按照我们高家的辈数和名分，他还应该把名字改为高韵德。如此，他就可以作为丽鹃亡夫韵声的‘庶出’之弟，等到将来再修高氏家谱时，我行个方便，替他合理地补上个名字就是。”

约莫过了半个月的光景，守寡二十年的杨丽鹃家，里里外外都已经焕然一新，另换了一个世界。

往日在她家，连堂屋的神柜上，厨房的灶台上，卧室的梳桌上，经常都是一钱来厚的灰尘！屋角上的蜘蛛网，左一面右一面，层层叠叠，犹如魔窟中的鬼幡一般；院子里外，甚至在大门前的甬道上，也是终年荒草离离；灶上经常是冰冷的，一口馊粥冷饭胡乱度命，有时甚至一天也不冒一次炊烟。二十年来，每天晚上，只有星星和月亮，从天际冷冷地注视着这守寡的宅第，只有苦雨凄风在窗外无情地叩击这寡妇的心弦，房间里很少有过灯亮，即使偶尔亮起一星微火，那也是绿幽幽的一灯如豆，就像偶尔闪烁在古墓中的磷火一般，分外加重那令人窒息的死寂气氛。二十年来，七千多个夜晚，除了孤独的哀叹声、如痴如痫的梦呓声和泪水倾滴在脚面或枕上的“啪嗒”声而外，在这一宅空空洞洞的房子中，几乎从来没有过任何人与人之间的对话声。尽管这里还住着一个青年（以至中年）的女子，尽管她的血管中还涌流着温热的血液，但是如果说，她这个人从外形以至内心，至多只有三分生命的余烬，而至少有七分已经像僵尸一样，那是并不过分的。如果说，这座古旧的房子，事实上无疑是一座古墓，也未尝不可吧。

但是，现在的一切，完全大变了。柴房里，整整齐齐的劈柴垛子，堆积得像小山一样。不论屋上屋下，院里院外，都打扫得干干净净，洁无纤尘。在那上过油漆的神柜和梳桌上，那用油盏子磨过的灶台上，都光亮得和镜面一般。这些闪光发亮的台面，以及那满贮清泉的水缸，现在都是这个家庭中历史演变的最客观的见证者，它们起着和镜子同样的功用，照见了杨丽鹃以前那灰滞枯槁的脸庞，现在忽然容光焕发了；照见她那深锁二十年的愁眉，现在忽地完全舒展开来了；照见她那二十年来早已完全忘却了的笑意，现在又突然成天浮现在嘴角上了。夜晚，早春的夜晚，现在给这古旧的住宅中带来特别浓郁的生气。从厨房到堂屋，每晚都是灯火辉煌，大人小孩笑语声喧，一个美满幸福的新家庭中，充满了融融的天伦之乐。在这种融融之乐中，不仅有劫后余生的苦尽甘来，而且还有一个中年妇人的迟来的爱情的喜焰，有人们意外获得第二次生命、第二次青春时的无限欣悦。

只不过仅仅半月左右的时光，但是江南的甘泉白米，以及这温暖安宁的生活，已经使得子君、翚花小兄妹俩那菜色的面孔，显出油红脂白的娇嫩颜色来。就连高韵德(胡仁德)那饱经风霜的黑瘦脸孔，也显出异常的精神。父子三人，初进庄时，浑身都是叮叮当当的，披一片挂一片，都好像是从狗嘴里拖出来似的；现在，虽然还免不了补补连连，但是全都穿得干干净净、暖暖和和的，不再有逃荒灾民那种落魄形象了。

现在的杨丽鹃，已经从那僵尸似的漫长生活中苏醒过来，她浑身就像雨后的飞瀑一样，迸发出无限的青春活力。过去的二十年，恍如一梦，现在一梦过来，她似乎依然只是一个十五六岁的少女。生命在向她含着微笑，光彩夺目的生活图景呈现在她的眼前。她心里的伤痕愈合了，痛楚和麻木状态消失了，而在新生的心肌上，则有一种痒丝丝的异样感觉。她从清晨一直到深夜，忙忙碌碌地操持着家务，一双女性的勤俭的手，一针一线，一碗一勺，不停地在为从天外飞来的丈夫、孩子们，创造生活的幸福。她也把这种热气腾腾的忙碌生活，当作自己无限幸福的源泉。她再不是蓬头垢面，自己糟蹋自己，而是每天很当一回事地梳头洗脸穿衣服，一如那些对生活满怀乐趣的年轻妇女。她深锁箱中二十年之久的浸透了樟木气味的嫁时衣裳，也被翻腾出来，替换了原来身上那些缟素而褴褛的寡妇装束。

半个月来，杨丽鹃对于新添的三个亲人，在情感的发展方面也起了一种变化。元宵节那天，当她在村外刚把两个孩子领进庄时，是把这小兄妹俩作为她今后生活中独一无二的至亲，是完全指靠他俩的小生命来丰富和延续自己枯萎了的生命，是把他俩的骨肉当作自己身上新生的骨肉的。现在，一对孩子虽然依然是她心头的骨肉，但是，他俩已逐渐地退居一般亲人的地位。现在杨丽鹃生命的最坚强的唯一支柱，她的至亲，她的一切美好希望的象征，她的全部欢乐的源泉，都集中在新婚丈夫高韵德的身上。孩子们在她夫妇俩这种亲人关系上，只是锦上添花而已。她正是由于对丈夫的极深的爱，才派生出对于孩子们的同样深的爱。她虽然用深厚的母爱全心全意地抚育着孩子，把他俩当作自己掌上的明珠，但她同时也怀着一个最高最美的理想：从她自己身上，来给丈夫留下一点骨血,由她自己的肉体来使自己生命真正无限地延长……

这些天来,她也曾反反复复地费力地思索过:在十五岁上,自己不也曾一度结过婚吗?自己不也曾一度有过一个丈夫吗?然而那种所谓婚后生活,究竟有什么值得纪念的内容?和那个所谓的丈夫,究竟有什么血肉联系?那个所谓的丈夫,除了给她留下一个垂死的人以及死了的人的可怕的印象之外,究竟还有什么其他的印象?在这个问题上,杨丽鹃越想,越觉得印象淡薄,淡薄到无从捉摸,淡薄到一片虚无缥缈。不错,二十年来,晨昏对着"亡夫高韵声之神位"的那个木头牌位,不知呕过多少心血,倾流过多少伤心的眼泪,但是,如今认真一想,为谁流泪?为谁伤心?难道是为那夭亡的几乎只是名义上的丈夫吗?并不是,并不是!对那个肚大脸黄重病如鬼的丈夫,真正有情还是有义?啊!没有,原来丝毫也没有!她现在恍然大悟了:过去之所以成天对着亡夫的牌位伤心,只不过是触景生情,为自己不幸的悲苦命运伤心而已。悟到了这一层,于是她就愈加深刻地体会到目前这种新婚生活的真正意义,就愈加体验到现在自己生命每一瞬间的真正价值。她想:老话说"人生七十古来稀",这在这一带地方还是要再大大打个折扣的,譬如说"人生五十古来稀"吧,恐怕也是很实在的。但是,就算一生活七十岁吧,那么自己现在三十五岁,也是整整生活过半辈子来了,可是天呀,那三十五年时光,虽然包括整个的青少年时代在内,然而活得有多亏心,究竟有过什么情趣?现在她所成日成天——不,现在她所每时每刻都体验到的那种生活的乐趣,哪怕只是在一眨眼中所体验到的那么一小点点,恐怕也比过去整个三十五年要胜过万倍了。生活，这才是真正的生活，这种生活多么令人心醉呀！

这天，高韵德被村外水碓上请去，打了一天短工，傍黑回来，只见杨丽鹃一手牵一个孩子，正在大门口守望着他。等丈夫一跨进门栏，她立即返身闩起了大门。夫妇俩一人手里抱起一个孩子，走回堂屋里，给孩子们脱去了衣裳，放到床里边，掖好了被子，杨丽鹃又抓了一把山核桃和一包芦花子，放在孩子们的枕边，夫妇俩俯身在床上，左一声“宝宝好”，右一声“伢子乖”，隔着棉被轻轻地拍打着孩子，并在小脸蛋上亲个不住。孩子们嘴里，也含含糊糊亲亲热热地叫着“爸爸”“妈妈”，不一会便都被哄睡着了。这时杨丽鹃便对丈夫高韵德说：“今天下午，到榛岭挖了几棵笋子，给你做了两碗汤，在外边锅里，饭留在里边锅里。灶底下有火脚子，都还热呢。累了一天，你趁早去吃一口吧！”

高韵德说：“晚饭是在碓房里吃过了的，不饿，留着明天再吃吧！”

她坐在丈夫身旁，侧转头来望他微笑着说：“人是铁，饭是钢，茶饭是万万不可省的。你还不知道，现在挖出的这种笋子，叫做冬笋，是比较贵重的，你们北方的人不一定尝过吧？快去，趁热吃点啦！”说着，便轻轻地推挽着他，夫妇俩双双走到厨房里，她把热汤热饭盛好了端到桌子上，站在旁边脉脉含情地望着丈夫吃喝了两口，听到“这汤好鲜呀”的赞语，才返回堂屋来照看孩子。

当她跨进堂屋门时，想起今天是二月初一，而每逢初一和十五，照例都是应该向神像和祖先敬香的日子。于是她便到房里洗了手，习惯地在神柜上的观音菩萨、祖先龛子及“亡夫高韵声之神位”前，各烧三支线香。等那香约莫燃了半寸的时候，她走近“亡夫”的牌位前，两手扶着神柜，俯身站了一会，并没有像往日那样苦泪倾流，但她慢慢地跪到拜垫上，叩了三个头，站起身来，紧握右手，让那伤痕的隐痛一直钻进心里，这才最后下了决心，闩起门，伸手一把拿起牌位，从煤油壶里倒出一些煤油浇在上面，拿了一叠敬神的“钱粮纸”把牌位包起来，又拿了一炷香压在上面，开了门，飞也似的直向祠堂门口跑去。祠堂的门这天照例是开着的，她走近那七尺来高的铁香炉前，但见里面架着许多檀香（其实大部分是松柏假冒的），正在刮刮杂杂地冒着烟火，发出异常浓郁的香味。杨丽鹃不让自己再有犹豫的余地，把双手捧着的东西一下投进香炉的烈火中，但见一阵火苗起处，浇了煤油的木头牌位“呼哧”一声便燃着了，和那些檀香一起，迅速地被烧成了面目全非的一块焦黑的木炭。这时，杨丽鹃长长地叹了一口气，心头一块大石头才算落了地。只有这样，她才觉得自己终于摆脱了一种沉痛的压抑，和过去二十年那种昏昏惨惨的黑暗生活举行了最后的告别式；也只有这样，她才觉得自己身心清净，能够全心全意地来迎接现在的新生活，和一家亲人真正地水乳交融；也只有这样，她才觉得能使丈夫高韵德毫不委屈地安居下来。

她大跪在石坪上叩了三个头，对那位“亡夫”，也对祠堂里供奉的列祖列宗，表达了自己的善良祝愿，也呈献了自己的坦白真诚。

当她站起身时，天空中忽然穿过一颗彗星，那扫帚似的尾巴，披披撒撒，掠空而过，杨丽鹃的心猛然往下一沉，哧楞打了个寒噤，嘴里“嘘”了一声，又喃喃地祈祷了几句……她匆匆地离开祠堂，头也没回地直往家跑，急急忙忙想摆脱掉刚才那个“祸殃”的阴影。

才跑了没几步，看见前面一盏灯笼越来越近，走近跟前一看，两人对面一齐“哎”了一声，原来正是她的丈夫高韵德。她连忙问道：“这样晚了，你还往哪去？”高韵德遇见了妻子，十分高兴，转过身来，提着灯笼走在前面，一边引着她往回走，一边说：“吃了饭，我一看你不在家，揣想你大约是到小店去了。正当月黑夜，怕你在路上不好走，就点个灯笼接你来了。”

听了丈夫口里这几句话，一股巨大的暖流，从杨丽鹃的心里腾地升起，冲激到周身的每一条脉络。刹那之间，三十五年的生活，就像闪电一样，一齐从脑子里一闪而过。她自己自小就父母双亡，无兄无妹，孑然一身，在婶母家养到十五岁，然后就像一头幼畜被牵往市场找主顾一样，被嫁到高家来给病危的丈夫“冲喜”，接着就是整整二十年孤鬼似的守寡生活。这一生当中，像丈夫刚才这几句虽然平淡，但是知情贴意的话，难道有其他任何的人，曾经对自己说过哪怕只是一句吗？没有，甚至在梦中也未曾有过。一经触动这个念头，两行热泪不禁又夺眶而出，但她连忙偷偷地用袖子擦了去，轻声笑着对丈夫说：“我又不是小孩子家，门栏跟前几步路，还会走迷了？来，我来掌灯笼吧！”当她走近身边去拿灯笼，触着了丈夫那强健的手背时，一种在这十五天前从未有过，而在这十五天中无数次感受过的青春的欢乐，使她几乎要展开心灵上的翅膀，凌空飞向这春宵深处去。

回到家里，男的揭开水缸盖子一看，才想起来：今天因为在水碓上打短工，还有两担水没挑呢。于是便摸起扁担水桶，准备出门。杨丽鹃连忙拦阻说：“缸里的水两天还用不完呢，天这样黑，你忙什么？明早再挑不迟！”高韵德说：“挑担把水，又费什么力的？我一去就来。把一天的事情做个干净利索，睡觉也好把腿伸直啦！”她忙说：“那我掌灯笼，跟你一阵吧！”他笑着说：“唏，算了，不要把我折煞了！你还是在家，照看着孩子吧。”说着，挑起水桶，迈开大步走了出去。

杨丽鹃望着丈夫的背影，心里不免有些后悔：自己真也是懒惯了，为什么今晚不早早地把缸水挑满呢？累得他现在还要摸黑到河边去。今后一定要多替他分分心，这个家，一副担子应该夫妇两人伙挑呀！

她到灶前一看，只见他在吃过饭之后，已经把锅碗勺盆统统都收拾停当了，厨房里再也没什么事了，只得回到堂屋里来。看那两个小宝贝，都已经呼呼地睡得烂熟。她于是想：“我还是现在就睡，先替他把被子焐热吧！”正要脱衣裳，转而一想，还是把铜烘炉放进被筒里去暖着，自己拿起一件针线活，坐在灯前静静地守着。等到男人挑水回来，又从汤罐里舀了热水，让他洗了脚。

他在床沿上坐了一会，目不转睛地凝视着她做针线，忽然轻声说：“不要熬油着火了吧！”

妻子听了，会意地一笑，立即放下针线，收拾一下，“噗”一口把灯吹灭了。

五更天气，杨丽鹃熨帖在丈夫温暖有力的胳膊弯里，听着他的鼾声正浓，但是她却一夜没曾入睡。可怜她的整个身心，是被幸福浸透了。这个命途坎坷的女人，就像这一带山岩上到处丛生着的那种“还魂草”①一样，你把它连根拔起来，放在干燥的地方，久而久之，它的枝叶完全枯萎了，卷曲了，变黄了，看起来早已完全丧失了生机；但是，尽管到了这种地步，只要你给它洒上一些水，它马上便又枝叶舒展，显示出它那顽强的无穷无尽的生命力，而且可以一直这样循环往复下去。

她躺在温暖幸福的怀抱里，哪怕就这样持续一整天，一个月，一千年，一万载，她也绝不会嫌长。但是，她又觉得绝不能这样贪睡，她要用自己的一份劳动，来使得这个家庭生活更加充实，更加美满。她想着，丈夫和孩子们都缺鞋子穿，必须在最近几天内为他们把鞋子做好。于是她用自己的脸颊，轻轻地在丈夫的肩上亲热一下，便悄悄地爬出滚热的被窝，怀着万分的谨慎小心，不把丈夫惊醒。下得床来，返身又给丈夫和孩子们把被子掖一掖，这才摸起鞋底，走到厨房里，坐到灶后生火做早饭。同时，她借着那灶火的微光，利用添柴的空隙时间，嗤嗤喇喇地迅速纳起鞋底来。刚才纳了几针，只见高韵德也已穿好了衣裳，轻轻走进厨房来。她笑着责备说：“昨个累了一整天，现在才麻花亮，你怎么不多睡一会，早早起来干什么？”他默默地凑在她身旁坐下，伸手去向锅膛里添柴火，反问她说：“你怎么不多睡一会的呢？好，你坐在一旁烤火吧，让我来烧锅。”

一会儿，锅烧得圆气了，天也亮了。他自己洗了一把脸之后，

---

① 学名卷柏，属羊齿植物卷柏科，又名长生草、还阳草、万岁、豹足等。这种植物系多年生，长于山岩阴湿之外，逢干燥则枝叶向内卷曲，逢潮湿则伸展。虽干燥多时，枝叶干枯，但遇水则复伸张，常绿不死。

又舀了一盆热水,送到堂屋房里的梳桌上,叫妻子去洗脸。杨丽鹃无限感动地走到梳桌跟前,用手巾在脸上抹了一把,把脸凑近镜子跟前一照,十分显眼地看到了鬓角上的那几根白发。她下意识地举起手,正要去拔掉那几根白发,但立即又缩回手来,照例没有去触动它们,而是听其自然。这在过去,她完全是抱着破釜沉舟的心情,莫说几根白发,就是整个头发都白了,她想,又去管它干什么!反正,活着一天到晚也是无情无绪。可是现在呢,她却是信心十足地在想:"今年自己不过才三十五岁,离老还早得很哩,眼前的日子又过得这样甜,所以,莫说过去的生活留下了这几根白发,哪怕就是一头的头发都白如霜雪了吧,在这样幸福的生活中,难道它还不是很容易就会变乌的吗!"

碑　许　辉

罗永才被第一声鸡叫叫醒。他知道时间还早,春天的鸡都叫得早。翻身靠起来,他看见了手腕上的表——春夜总是半昏半明的,窗外总有些微散光——才凌晨两点半钟。他感觉自己醒得那么彻底,几乎一点睡意都没有了,索性穿了上衣,在半昏半暗里点了根烟吸着。就在这时,外面的世界里像是有了点扰动。好在春夜总是这样的,春夜里总是有一些惊动,惊乍乍的,有一些梦呓的声音,其实完全不成一回事的。但罗永才还是下了床,开门出去看看,听听。

也就在去年,季候比现在略早一些,自然界也已走在春气里了,张立光跟林秀芳夫妻来看他。张立光讲:“永才,快到清明了,你不是想洗一块碑吗?要洗就上山王洗去。俺听讲那里的石头好,又有个叫王麻子的匠人,手艺好,就是价钱贵一些。”罗永才讲:“贵不贵也就是那么回事了。”临走,林秀芳掏出二百元钱给他,罗永才不要。林秀芳讲:“这又不是你一个人的事。”讲着,眼泪就要下来了。罗永才才接了钱。他第二天就请了假,去了山王。

山王在青谷镇东北的山脚下边,再往右手走,走不到三十里地，就是高滩。罗永才早上出门，先坐车到青谷镇——这也就二十来华里——再搭小三轮，走四五里地就到山王了。但真正的山王那个村，是在山脚下边，离了公路，还得步行一两里地，才得到。

那会儿春气已盛，艳阳高照。人在这时候，满眼望出去，都觉舒坦。罗永才在公路边下了三轮，往山王村步行而去。这一带是平原上突兀耸立起来的一片小山头，但毕竟是山。因此下了公路，脚下的碎石山土便多了起来，愈走愈多，山的气氛也渐浓了，地势也有点往高里去了。路两边的一些大树，都叫不出名字来。但那些树恐怕是适合在山土里生、山地里长的，都拔地而起，枝干粗壮，有一种强悍奔放的气势，各个据守一方。

罗永才左右看着，一路往山村那里去。

山村也有些稀零，左三间右五室的，前后散乱，都趴在山脚下边。那些房子大都是些砖瓦房，墙基一律拿石头垒的。山上有的是石头，院墙埂界也都由片石蜿蜒而上，甚有特色。

快入庄的时候，罗永才望见路畔有个中年人，四十来岁，正蜷了腿，坐在路边打石头，便近前去问："这位师傅，你可知道王麻子家住在哪里?"那个中年人停了手里的家伙，开口道："王麻子今儿个不在家。""上哪里去了?""上青谷他表姨家送喜碑去了。""什么时候才能回来?""既是送喜碑，那还不得小傍晚回来?"罗永才一愣，一时没有话讲。那中年汉子望望他，起手打了两锤，又止了锤，道："这位同志是买碑来的呗?"罗永才讲："想洗一块碑，不知他这里价钱咋样。"那汉子道："王麻子他是挣个名气钱。他那石头倒也真好，手艺倒也真好，他也是挣个名气钱。"罗永才讲："他名气钱值多少？”“值多少？你觉得他值多少，他就值多少。上这块来洗碑的，都是讲个心情，不讲究钱多钱少的。多了，是个心情；少了，也是个心情。这个就讲不准了。”罗永才听他讲得在理，又不知回他什么话好，半晌才讲：“那是的。”又讲：“那也得有个价钱。”“有，两米的，八九百块；半米的，两三百块。”罗永才点点头，问明了王麻子的住处，就往庄里去了。

王麻子的家靠在庄头边上，房子也不是什么很好的房子，倒显得有点破破烂烂的，一个破院框子，里头乱放着各种大小石料。那时庄里没有什么人影，想再找个人打听打听也找不到。罗永才兀自进了那个破院框子，见那正房的两扇门紧锁着。锁也是老式铜锁了，将军牌的，铜面叫手磨得光滑。打门缝往里头瞅瞅，那房大概是个没开窗户的，里头半星光亮都没有。罗永才退到一块石料上，点了根烟吸，心想：今儿个白跑一趟了。却也不觉着损失什么。他吸着烟，呆眼望那破院框子外头的野坡杂树，心间真是各样感觉都没有，只觉着春阳渐暖，寒气消散，万物都在顶撞、爬升。坐了一气，便起身回蒿沟县城了。

第二日罗永才又来，到山王时已经是上午十点多钟了。春阳更暖，鸟雀啾啾，身上的呢子衣都得解开扣子了。快进庄时，罗永才又遇见那个中年汉子。望见罗永才，他一眼就认出来，搭腔道：“王麻子今儿个在家，你去呗。”罗永才莫名其妙地谢了他一声，想讲一句闲话，一时却找不出合适的话题来，便摸出一根烟给他，辞了他往庄里进。

进了庄，往庄头走，老远就听见当当的，是不急不慢的打石头声。脚下也就到了，见王麻子家破院框子里，盘腿坐了一个人，五十来岁，浑身精瘦，半脸麻子坑，两个烂桃眼；头上戴一顶又破又脏的蓝布帽，帽檐都折了；上身只穿了件蓝布的单小褂，下身却捆着个灰黑的大棉裤，裤腰间绑了一盘黑布带子，相貌打扮都很是不起眼。那人坐在院里洗碑，碑形已经看出来了，下方上圆。他洗的时候，左手是錾子，右手是锤。也不急，也不躁；也不热，也不冷；也不快，也不慢。一锤一锤，如泣如诉。罗永才看得呆了，立在墙外进不去，心里只是有一种感觉：春阳日暖，万象更新，雀鸟苏醒、飞翔、游戏、鸣叫、盘绕，像是一刻都止不住。人在此时此刻能想些什么，该想些什么，各人都是不一样的，各人也都是只按着自个的路子走的。唯这破院里的这一个麻脸匠人，像是不知，也像是不觉，木呆呆地坐在亘古的石头旁边，一锤一錾。洗了几十年，也还是不急不躁，不去赶那些过场，凑那些热闹，真叫人觉得不容易！

罗永才呆望了一时，才醒过来，抬腿进了院子，口里道："请问王师傅是住这里呗？"

那个麻脸的匠人，听见了人语，怕也是习惯了，手并不停，脸却抬起来了，口里道："你找俺呗？"罗永才递了一根烟过去，半蹲下，低着腔说："想麻烦王师傅，给洗块碑。"麻脸的匠人道："洗块什么样的？""洗块大点的，好料的。""洗多大的？好到什么样的？""王师傅这儿有什么样的？"

讲着时，罗永才已经把火摁着了，送到那个匠人跟前。那麻脸匠人住了手，点上火吸了一口，说："有两米的、一米半的、一米的、半米的，不知你要什么样的。"罗永才说："要两米的。是什么样的料子?”“是青白石的,第一好的。”“是哪里的青白石?”“是北山的青白石。西汉那个淮南王刘安,也是选的这样料子。”“两米的,青白石的料子,那得多少钱?”“得九百块钱。”“什么时候能成?”“打今儿个算起,十日以后你来拉。”“咋样拉?”“你自个带车拉也行,你从青谷包个三轮来拉也行,随你。”“可有个什么手续?”“俺留个字条给你,你给俺二百块钱押钱。”罗永才说:“行。”打口袋里掏了二百块钱给那个匠人。麻脸匠人接了,也不装起来,也不掖起来,只往地上一放,随手拾块碎石压住,又打单褂的兜里,掏出个纸片递给罗永才。那纸片上什么也没有,只有一个红指头印子。

罗永才收住了。麻脸匠人低了头,吸着烟,头也不抬地问:“那你要写什么字?”罗永才略一沉吟,其实早是想好的,只是再在心里重想一遍,说:“我写给你。”随即从口袋里掏出纸和笔,一笔一画写道:

<table>
<tr><td>爱妻</td><td>林雅芳</td><td rowspan="2">之墓</td><td>夫</td><td rowspan="2">罗永才</td><td rowspan="2">敬奠</td></tr>
<tr><td>爱女</td><td>罗文文</td><td>父</td></tr>
</table>

写完了,又仔细看一遍,才抬手递给麻脸匠人。匠人接了,也一字一顿看了一遍,然后折叠成一个小块,装进兜里,讲:“十日后你来拉呗。”讲完,就不再理罗永才,低下头,又一锤一锤,洗手下的那块石碑去了。

第三回罗永才去山王。还不够十天,才五六天,他不放心,就又去了一回。

那又是个好天，响响晴。快进庄子时，又见了那个中年人，坐在路边打石头。望见罗永才，又认出来了，点头招呼道："来啦？""来啦。"罗永才敬了他一根烟，两人抽着。那中年汉子讲："前两回你来，都匆匆的，咋不上山望望哩？"罗永才讲："望什么？""望奶奶庙。虽讲现时庙都散了，倒也能去望望，烧一根两根香，点一片两片纸，心里头多少就好受些。"罗永才望望他，点点头，辞了他，又进了庄。

进了庄往庄头去，老远就听见了打石的声音，知道那是王麻子打的石头响，便一直往他家里去。进了院子，果然又见那王麻子坐在石料边，一手握錾子，一手握锤，木了样的，一锤一锤洗那碑石。

罗永才望见他那个态度，心里霎时平静了，半丝涟漪都没有。呆望着，渐也就望得木了，望见一个人，也望不清是什么人，望不清脸面是个什么样的一个人，但心里明白，知道那是个什么人。那个人跟他一块上高滩左近他老家去，去给他娘烧几片纸、几个钱、几个金元宝。纸钱、金元宝都是在蒿沟县城汽车站附近买的：他等在车站里，那个人跑上外头买的。买回来了，装在包里，把包拉开了给他看。那纸钱都穿成了串的，一律的银白色；那些纸元宝，也都是穿成了串的，都一律的金黄色。他望见了，略点了点头。两人便上了车，两人坐在一排里，车就开了，直开出了蒿沟县城，往乡里开去。开到了高滩镇，两人下了车，也不往集里去，径自去了野地里，在河边找到娘的坟。那坟上草芽都望见芽头了，春气盛时保管又是青青茏茏的了。那个人从包里拿了纸钱、元宝出来，又取了几张草纸出来，两人点了火便把那一年里用的钱财都烧给坟里的人了。

火烧着时，他跪下磕了几个头。头碰在去年干枯的草叶上时，硬硬的，扎人。那人却不磕头，只去拾掇那火，叫那火不要灭，又不要烧得太旺、太快。诸事都完了，那火慢慢便糊了，慢慢地冒着烟。两人便呆坐着望着那烟，望野地里的野景。一地的野景，都叫坟头下的那缕烟，弄得活泛了，弄成心间的一些活气，年年日日也不灭、不干、不尽……

……一眨眼罗永才又回来了，仍望见那王麻子坐成一团修行，左手握錾，右手掌锤。那锤是方锤，一锤一锤，打成一种节奏。罗永才进了院，麻脸匠人望见罗永才进来，也不惊，也不乍，手里也不停，只是口里讲："时候还没到哩。"罗永才笑笑，笑得很浅，嘴里讲："心里头放不下，顺道就来看看。"麻脸匠人说："误不了。"又讲："来找俺的，都是那样个心绪。不如你就上山上转转，上庙框子里烧几片纸，点两根烟，心绪就好受了。"罗永才讲："那是。"低头看碑，已洗出了个大概，青白厚实，幽深远澈。便敬了麻脸匠人一根烟，闲坐半刻，起身往山上的奶奶庙去了。

那山也正在春时里，半山的松树，半山的草坡，半山的闲石。近村处多长了些桃、杏、杨、柳之类，愈往上松便愈多了。坡却不很陡，是缓坡，一坡的春阳，暖融融，温意无尽。村里人家的院子，有长有短，都是拿碎石、片石垒成的，随意延展。到了坡上，便你断我断他断，都先后断尽了。罗永才起始跟着石墙走，走一时那些石墙都到头了。却隐约见一条上山的道，在枯草坡上、石水沟里蛇来鼠去，一直往上头山头上去了。山坡上也没有什么人，像是连半个人都没有，只剩下春阳、暖意、松树、枯草散落各处，叫人心定。

渐上了面前的山包，举目一看，那山包后头还是一个山包，也不很远，也不很大。罗永才望见了，这会儿有些微喘——到底是上着山的——便一屁股坐在枯草地上，点一根烟抽。屁股底下的山包顶，倒也不大，两间正房般大小，却陷着两个小坑。小坑里挤着碎石，叫人疑是老早的火山坑，是火山喷发时形成的。后来火山死了。年长日久，火山坑又被碎石尘屑给填住了，现今只剩下两个陷处，叫人去想。罗永才坐了一根烟的工夫，爬起来，往上又走。一下一上，慢慢又上了第二个山包。举目望时，前头却又有个山包，更高一些。那山包的坡上坡下，松树愈加浓厚稠密，松影里隐约能见一段半截发白的墙壁。想必那就是奶奶庙了，说远不远，说近也不很近，就又坐下来，点了一根烟，再歇息一时。

歇息处也是枯草坡，这时才留意了，身下身左的枯草里，都已冒着绿青青的芽子了。那些芽子望去甚有张力，生命的趣味浓厚，又鲜活不尽。罗永才望得痴了，心间暗想：这都叫咋讲哩！坐了一时，一身的感念，起身再往前走。再往前走时，路眼大了点，却走在松林里了。山也有些陡，树影也浓郁得多了，人走在近树的地方，多少就感觉到一些凉气。罗永才忽而觉得有些小怯，立住了四面看看、听听。这里的山似乎深多了，早望不见山王村有人的地方了，更听不见半点人声。罗永才想：一个人上去做什么？正想时，看见上边树影里一晃。定神细看，是一个挑担的，也看不见什么模样，从山上的陡路上下来了。罗永才便解开呢子褂的扣子，站在路边，候那人下来。

那个挑担的真就下来了。

来得较近了才看清是个五十来岁的山民，也是瘦精精的，挑着两大捆紫红色的短针山草。山草捆上还搭了两件破旧衣物，一把竹柄的竹耙子。离得更近了，两方都望见了，便都打招呼道："上来啦？""耙草来？"

打过招呼，那个挑草的人，也是个想讲话的，就立住了脚，跟罗永才讲话。那两捆草担在他的肩膀上，两肩换换，却不肯放在地上。罗永才讲："请问你，这上头就是奶奶庙呗？""正是。""庙还有呗？""庙早都毁啦，原先修理过一回，后首又毁啦，只剩下些破庙框子。""庙毁了，人也就不来了呗？""赶三月十五，逢庙会，也是一山的人，平时就没有什么人来了。""你这山草都是打这山上搂的呗？""这山净啦。都是打后山搂的。""那可得跑不近的路，看你身体倒好。""不如往年啦，要是叫你看，你看俺有多少岁数？"罗永才仔细看了看他，看他年岁不像太大，便猜测道："五十多岁，六十不到。""俺今年七十七啦。俺们现时也就老两口一块过，地种不动啦。你看俺这一担草有多少斤？""有五十斤吧？""有七八十斤！""七八十斤，又得走几架山头，叫我连半里路也走不动！""那你是没干惯。俺现时就靠这个换几个油盐钱。俺家里的瞎啦，任啥都望不见啦，任啥都不能做啦，明年俺那地便得撂荒啦。"

讲着话，那老年人也不放下担子，只把担子在两肩上换来换去，来回掉换。他果然是个肯讲话的，愈是讲，愈是不肯离开，问罗永才："你单身一个人上山，也不怕哟？"罗永才讲："怕什么？""前两天这林子里，还吊死过一个人来。""是男的还是女的？""是个男的，二十二岁。""咋吊死的？""他老婆犯了肺病，治不好了，他说俺不如死在你头里，便上这山上来吊死了。”“你老一个人上山，咋也不怕？”“那有啥怕的？他死了还能再活啦？”闲讲一气，两人分了手，一个往山上去，一个往山下去了。罗永才这时的心情反倒平静了，没有半丝怕意，一口气上了山顶。

原来山顶的庙真是早毁了，只剩下一片墙框子，罗永才一一踏看了，见那些碎石下有压着纸条的，就走过去看。那些纸条都是临时写的，上头写道：

失意人　　　　　张志忠

我最喜欢陶娟，我恨不能把她搂在怀里十天十夜！

奶奶显灵，叫我娶到她吧！！！

却还有一处冒着烟的，是几根香正燃着，四面却看不见人。想必是来烧香求神的，已经下山了。罗永才对着那几根香，默然站了一会儿，又点火烧了几片纸。候那些纸烧尽，才起步往山下去。到了山下，又感觉到春阳的暖意了，身上也轻松多了，心里想：人到底是人，怎么也离不开有人的地方。他没有再从麻脸匠人的家里过，直接就下山去了公路边。

几天以后，罗永才带了款子，从青谷叫了一辆三轮，进山把石碑驮走了。原先他想从县城找个熟人带辆车来的，想想还是罢了。找人还得招待，又怕乱传出去影响不好，不如打青谷包个三轮，又省事，又方便。

叫三轮的时候那年轻人讲：“老板，包车来回一趟，得五十块钱。这都是老价钱，不哄你！”罗永才讲：“五十就五十。我再加给你十块，你带把锹，帮我把碑栽了。”那年轻人讲：“没二话！”于是，就在清明前两天，罗永才把青白石碑在妻女的坟前栽了。

春夜里的一点扰动很快就消失了。春夜里倒真也没有什么大惊小怪的事情。只邻近的人家还有明着灯光的。那只是一盏半盏，是偶尔亮起的。很远的地方传来汽车的发动声和人声，不知道那是干什么的。也许是早起的。但时间确又太早了点。附近哪里的鸡叫过一阵子，又都不叫了，只是还睡不安稳，不时有拍翅、挪动的声音传开。

春夜就是春夜，春夜总会起一些小骚动、小摩擦、小动乱的。罗永才在院里站了一会儿，看着天上的星星。天气真好，很晴朗，空气却很有凉意。罗永才在院里站了一会儿。看见星星变成一些裙子飞走了，他才转过身，慢慢回到屋里去。

写于1996年春、夏

抱玉岩 祝兴义

一

秋风所掠走的，春雨又加倍地送来了。

开学初，学院连日沐浴在斜风细雨之中。漫道风雨无色，当人们还未觉察，她却悄悄拂绿了柳梢，润红了花枝，在一群新大学生的面前，铺开无限春光。

中文系年轻的女教师彭稚凤，今天要首登讲台了，她的讲题是《语言的三性——鲜明性，准确性，生动性》。尽管为了上好这节课，她不知耗费了多少心血，但仍如当年初踏进高考考场一样，止不住心头怦怦乱跳。本来嘛，这届大学生都是招生制度实行重大改革之后考进来的，谁没有三拳两脚的？特别是那些被称作"老三届"的，大都教过几年中学，水平也不是一般扛着招牌的大学生可比，有的甚至还发表过不少作品。给他们上课，连一般的大学老师都感到有一种无形的压力，更何况像稚凤这样刚刚毕业留校任教的年轻女教师呢！

然而，铃声是不肯体谅人的。当稚凤徘徊在教学大楼的走廊上，尽力想使自己的心情平静一下时，悬挂在楼角的电铃，突然“滴铃铃铃”地响了，声音是那么急促，激越，宛若一串春雷在滚动。稚凤的心啊，比那电铃的音波震荡得还要剧烈。仿佛有一只大手在背后推着她，已经踏上讲台了，还不知刚才那几步是怎样迈过来的。

教室里微微出现了一点骚动，稚凤既不敢抬头环视一下全课堂，甚至连坐在最前面的同学，她也没勇气光顾一眼。在她转身板书标题时，隐约听到有谁在议论：“啊！大学的老师，还这么年轻！”“这不是‘四人帮’造成的后继无人的结果嘛！”

的确，同大学教师的称号相比，稚凤实在是太年轻了。尽管今天上课前她特地穿了这件黑呢子外套，并且从脖子上取下了那条她最喜欢的白云似的纱巾。然而，她那没有经过多少风霜的潮润乌黑的双眸，那丰满的娇艳艳的圆脸盘，都还时时透出掩饰不住的稚气，这是无论如何也瞒不住人的啊。

论知识，她在上届毕业的同学中还算佼佼者，但同她的年龄一样，还是过于嫩生一些。好在她具有相当出众的语言表达能力。中学时代，她就是一名出色的故事员，她讲课的声音比那报时的电铃声还要清脆，听她上课，在某种意义上是一种艺术享受。

为了举例说明语言的“三性”，稚凤翻出了厚厚一摞读书卡片，她一张张地抽，一张张地读。有《水浒》中的“武松别兄”，有《儒林外史》中的“沈大脚做媒”，有《三国演义》中的“曹操煮酒论英雄”，等等，这一系列闪耀着瑰丽光彩的我国古典文学精华，很快把同学们深深吸引住了，刚才出现的一点骚动被彻底征服了。

“还真有点水平呢!”有人轻轻地咕唧着。

“是花了工夫的,看她积累了多少卡片!”

最后,稚凤又举了个现代作品中的例子,那是选自不久前一本杂志上的。“大芦花公鸡扇膀子叫第二遍时……空气湿漉漉的,星星儿躲起来了,秃树枝羞答答的,不动也不摇,墨骨朵云堆满了东南方的天……谁知快日出时,天又变了,春风牵动了塘岸的细柳梢,漫天空浮云乱窜,接着,东方赤红一片,待到金灿灿、红嫣嫣的太阳腾出地面,天又晴了。”这段文字,生动逼真地描绘出早春天气的变化,加上稚凤带着特殊感情的声调,顿时产生了意想不到的艺术效果。

“这篇文章是我中学时的一位老师写的。”稚凤兴奋地脱口而出,似乎她有那么一位有文采的老师,是足以引以为自豪的。

“这段话好熟悉。”最后排传出了同学们的小声议论,“是《抱玉人的故乡》这篇小说上的吧?沈岩?你看过吗?”

“沈岩”——多么熟悉的名字啊!难道真是他,稚凤手中捏着的粉笔,“扑嗒”一声,跌碎在地板上。惊诧、渴望、疑虑等多种交织在一起的感情,逼使稚凤第一次把目光送到了最后一排。仿佛有意躲避什么似的,一颗长着蓬松头发的脑袋,顿时从稚凤的视野中低垂下来。然而,就在这刹那间,稚凤看清了那张深深埋在自己心底的熟悉的英俊的面孔……

二

两天之后的星期六,校园东隅的月牙湖畔,飞花弄晚,残雨笼睛。从图书馆大楼窗子里泻下的如银的灯光，透过岸柳的枝枝叶叶，将一双颀长的侧影投射到如镜的湖面。抱玉岩前结下的友情漫溢过月牙湖，滋润着岸边萋萋春草，绵绵新柳……

“沈老师，真想不到你会考到这里来。”稚凤挽着一束轻柔的柳丝，由于过分的激动，声音有点儿发颤。

“不，从今后，你不能再喊我老师了！”沈岩坚决而诚恳地说，“你现在正在给我们上课，你是真正的老师，我应该喊你彭——”

“我不准你这样喊！”由于焦急，稚凤将手中的柳丝摇得簌簌作响，绿叶上的残雨新露，摇落她一头一脸，“你以前是我的老师，现在也是，将来——”

“快别这么说了，我现在是学生，是你教的学生啊，彭老师！”

一个害怕听到的称呼，终于从沈岩的口中喊出来了。或许是来得过于突然了吧，稚凤似乎承受不住这声音的冲击，顿时低下头，紧咬下唇，两滴清泪夺眶而出。

“你干吗要折磨人？我现在就去找系主任反映，坚决不教你们这班课了！”稚凤伤心地说着，拭去颊上的泪珠，扭头向办公大楼走去。

“稚凤同志——”沈岩转身追了过去，“你现在是老师了，怎么还那么任性？同学们都反映，你的课教得不坏。现在国家急需培养出一批青年教师，你怎能刚上阵就退却下来呢？”

尽管言出肺腑，却不能留住稚凤匆匆的脚步。沈岩追至图书馆大楼门口，忽然，一双有力的手臂紧紧将他搂住了。沈岩回头一看，原来是他的同班同学许刚——一个爱打破砂锅问到底的小家伙。

“别打岔！”沈岩想奋力挣脱出来，“我要找彭老师谈个问题，你快松手！”

“什么？谈个问题？”许刚的手臂丝毫没有放松的意思，“你们俩在湖边谈了半天了，当我没看见？快老老实实坦白，你们俩到底是什么关系？”

“这还用问？师生关系嘛！”

“别耍滑头！你们的师生关系，到底谁是师？谁是生？”

“扯淡！我不是同你一样吗？彭老师正上着咱们的课，当然她是老师，咱们是学生啰！”尽管沈岩说得诚恳、认真，但总难掩饰住心中的不平静。

“哈哈，别瞒我了，”许刚诡秘一笑，“我刚才在阅览室看到那篇小说了，你不老实坦白还行？”

“什么小说？我不明白。”沈岩还在尽力遮掩。

“《抱玉人的故乡》呗！”许刚蛮有把握地揭开谜底，“那天彭老师引用这篇小说的一段话时，不是声称是她中学时的一位老师写的吗？现在我看清了，那篇文章署的就是你的大名，你就是她中学时的老师！”

沈岩哑然了。事实就是这样无情，不管你承认不承认，相信不相信，它却照样向人们宣告：以前的老师今天做了他学生的学生。这是真的，不容人置辩的。然而，是谁造成了这种颠倒？是谁在师生关系上打了如此特殊的烙印？

三

一九六六年，沈岩在县城一所重点中学读完了高中。学校坐落在淮河侧畔的荆山脚下，抱玉岩挺拔的雄姿拍窗而入，塑造了他岩石一样坚强的性格；楚人卞和的动人传说，唤起他对未来无限美好的向往，他决心通过自己不懈的努力，向伟大的祖国献出一块琤琤宝玉。那时，他刚满十七岁，还没有发育完全，身体瘦瘦的，一个劲儿地往高处长，仿佛要同抱玉岩比比高低似的。虽然还没来得及在高考中初试锋芒，便投身于“文化大革命”的洪流，但是，细心的老校长在自己的笔记本中，把他列为这届优秀生的第一名。

全县教育界都传说老校长具有超人的记忆力。他担任十几年中学校长，先后毕业的学生不下数千人，但不管离校多久，见了面，他都能张嘴叫出名字来，并能说出你当时在校学习的大概情况。其实这话有点夸张，老校长不可能认识他所有的学生，但提起每届成绩优异者，他确实是如数家珍。

一九七〇年秋天，学校缺老师，新调来的校长去请教老校长，问他的学生中谁可充任代课教师，老校长毫不犹豫地讲出了沈岩的名字。

“他现在什么地方？”

“回乡务农去了。”老校长介绍说，“他家住在蔬菜产区，时常进城卖菜，你到街上看，那个卖菜还抱着厚书本的就是他。”

第二天，沈岩连同他的青菜筐一齐回到了他的母校。没有来得及回家换身干净的衣服，他便跨入了高一(五)班的课堂。

当引见他的老师刚刚离开，沈岩忽然发现坐在墙拐角的一个女同学老是看着他哧哧地笑，并听到她悄悄咕唧："这不是那个卖菜的吗？"

说这话的学生就是彭稚凤。

两个月前的一天，稚凤中午放罢学，妈妈叫她上街买点菜。由于出来得晚，街上像样的蔬菜都卖光了，只有一份较好的。她上前喊道："白菜多少钱一斤？"连喊数声却无人答应。稚凤转到菜车的另一侧，才发现一个头发蓬松的青年正躲在架子车下面出神地看书呢。她不敢相信，这个英俊的小伙子就是这车青菜的主人。

"我买白菜！"稚凤大声地喊。为了防止万一，她故意把眼光投向别处。

"啊啊！"青年人急忙合上书本，惶悚地站了起来。

称好菜，付罢钱，稚凤又到对面买葱，急中生错，竟忘记把买好的白菜带走。

"你快去拿呀，我的小忘事精！"妈妈听到女儿的汇报，这样催促道。

"我买的那棵菜又没啥特别的记号，再回去找，人家会承认吗？"

"哎呀呀，你去跟他讲明嘛！"

"人家也许早该走过了。"

下午，彭稚凤上学刚走到南街口，一眼望见那辆架子车仍停放在原处，车上只剩下一棵白菜了。

"小同学，是你上午买菜忘记带走的吧？"卖菜的青年从车下站出来说，手中仍捧着那本厚厚的书。

“对，对！”看到青年专为自己买的那棵菜守候到现在，稚凤心里又感动又惭愧。

“不是等你，我早该回家了。”小青年纯朴地笑着，并没有责备她的意思。

“该让你饿坏了吧……”稚凤估摸现在该有下午两点了，不禁歉意地笑着说。

“我有书看，也觉不到饿。”沈岩说着把手中的厚书扬了扬，稚凤抬眼望去，原是一本《中国文学史》……

打那以后，稚凤每次看到这个边卖菜边看书的青年，便不由得向他点点头，或是微微一笑。她万万想不到，两个月后的今天，这个好心的卖菜青年，竟成了她的语文教师。

四

沈岩很快成了同学们尊敬的老师。

他虽是临时代课，却没有临时观点。工作上踏实认真，一丝不苟。他的工资菲薄，但承担的任务不算轻。他知识渊博，教课水平很高。稚凤从初中到高中连换了几任语文老师，没有一个能抵得上他的。开头，同学们以为沈老师在语文上可能有点什么偏才，可是不久，当其他科教师请假时，他替别人教过数学、物理、化学，没有一样不是教得非常出色的。从性格上说，他并不欢喜沉默，可平时话不多，只有干起工作来，才像一团腾腾的烈火。平时，一有点闲空便默默读书，或写点什么。星期天休息，有的老师请他钉兔笼、垒厨房，他不推辞；食堂的大师傅请他买菜、帮厨，他也不拒绝。连同院的几个小孩每天要求他高举两次，他也从不失信，两只大手往孩子腰里一掐，“嗨”的一声，举过了头顶，接着又一次……喧闹的笑声使小院充满了盎然生意。他仿佛什么活都会干，什么事都肯干，从不知道吝惜自己的体力。

不久，沈岩在省里一个刊物上发表了一篇小说，这件事轰动了全校，乃至整个小小的县城，一部分希望自己的子女学到一点知识的家长，纷纷通过各种途径把孩子转到他教的班上，还有的班级曾联名向校领导申请，要求由沈老师来教他们的语文。

同学们尊敬沈老师，也十分同情他的境遇。看到那些不学无术的人，早已升学或招工走了，而沈老师只能在这儿临时代课，他们常常背地为他鸣不平，认为像他那样的水平，那种不知疲倦的工作精神，应该得到更好一点的待遇，起码也该转成个正式的教师。

一天晚上，沈岩正在房中看书，忽然听到门外传来一阵叽叽咕咕的声音。当他拉开门，一群天真的女同学却咯咯地笑着跑开了。

“你们跑什么？进来玩玩嘛！”沈岩热情地招呼。

彭稚凤等几个女同学不好意思地你推我拥进来了。她们并没有提什么问题，只把老师屋里极其简单的陈设看了一遍又一遍。此后，沈岩脱下的脏衣服，常常不翼而飞，待到重回到他的房里，不仅洗涤一新，破烂处也全补得平平整整，连丢失的纽扣也给重新缀好了。或许看到老师的头发经常是蓬乱着的缘故，不知哪位女同学偷偷从门缝中塞进了一把精巧的小梳子。

又一个晚上，沈岩听到了一阵轻捷的脚步声由远而近，但等了好大工夫,既没人推门,也没人敲门。“是谁呢?”沈岩纳闷地放下书本,拉开房门,泻出的灯光立即勾勒出一张羞涩的微笑着的圆脸庞。“彭稚凤,是你! 听脚步你来了好一会了,为啥不进来?”

稚凤拘谨地走进了老师的房间:“他们硬要推我当代表来跟你谈谈……”语气中充满真诚、坦率。

“啊,啊!”沈岩感到新鲜、有趣,“是哪些人推你当代表?”

“全班的女同学。”

“来跟我谈什么问题呢?”

稚凤搓揉着小辫梢,话儿在舌尖上乱滚,竟吐不出一个字来。虽然,她是女同学推选出来的代表,但作为学生,要谈的问题的确叫她不好开口。

“说呀,你这个代表的为啥不讲话?”沈岩说得非常轻松,故意想冲淡一下屋里的沉闷气氛。

“是这样的,沈老师。”稚凤终于开口了,“她们叫我来问问你,你有知识,为啥不去上大学? 上了大学将来当个正式老师不更好吗?”

“……”沈岩沉吟着,心上倏地漫过一层酸辛,他怎么也没有想到学生们会向他提出这样的问题。说真心话,大学,曾在他的头脑中展示过无比瑰丽的色彩。自从大学恢复招生以来,他曾多次兴冲冲地报了名,并且寄希望于一串令人心焦的期待中。然而,“该走的”一批批走了,“该留的”一次次被留了下来,好像从娘胎里一生下来就注定了谁该上大学,谁将永远被遗弃似的。

“大学我是很想上的,”沈岩抑制不住感情的波涛,“可是你们看看现实,有哪所大学是靠知识考进去的呢?”

“为啥不凭知识呢?”稚凤心中也鸣起不平。

“就是这样的怪事啊!”沈岩激愤地说,“你的知识尽管是块卞和玉,有人却把它当作烂石头,甚至宣扬什么‘知识越多越反动’!”

对老师的话,稚凤朦胧地懂得一些,但接着她又反问道:“沈老师,那你为啥自己还那么刻苦地学习?对我们的学习也抓得那么紧!”

“因为,现今‘有用’的东西我都不掌握呀!也没法指导你们去学!”沈岩讲得十分愤慨。但他马上又意识到,这种情绪会影响同学们的学习积极性的,连忙又改口道:“你们目前还不理解这些,不管别人如何宣传,趁现在年纪轻,还要踏踏实实多学些知识!”

“沈老师,你还讲这些呢。”稚凤也感慨万端地说,“现在,有部分同学一点都不想学习,不过,你去上课他们还肯安安静静地听……”

“那为什么呢?”

“同学们背后常说,人家是‘铁饭碗’,你是‘泥饭碗’,担心你要是上不好课,学校会辞退你的……”

“啊……”沈岩的心像炉火烘烤的一般。平时,他只知道同学们对他不错,但竟不知对他寄予这么多的同情和怜悯,于是说道:“你去告诉大家,千万别这么想。我并非要保住个什么“泥饭碗’,主要想借这个机会为人民做点微薄的贡献,同时,自己也能向其他老师多学点东西……”

五

校园里又一度新绿替了残红。

彭稚凤高中毕业后，报名下放到农村去了。正好安插在沈岩家的那个大队。

稚凤擅长朗诵和讲故事，在学校的那两年，因有沈岩老师帮她写稿，无论哪次晚会，她都能拿出一两个新鲜、精彩的节目。下放以后，她时常把在校学的那些故事讲给社员听。

群众可喜欢听她的故事了，常常一围数百人，听罢一遍，还叫她讲第二遍。有一次，她讲着讲着，天忽然下起雨来，淅淅沥沥，把周围田里的玉米叶打得刷刷作响。然而，听众没有一个肯动弹的。一位老大爷自动替她罩着雨伞，自己的身子却撤到伞外挨淋。稚凤开始还以为这老头是个故事迷呢，后来她才听人介绍，那位老大爷原来是个聋子，自己根本听不见故事，他主要为了让别人能听好。

群众的热情，甘露般地滋润着稚凤心底一株初萌生的幼芽：社员那么爱听故事，自己怎好老给他们热剩饭呢？然而，在农村一时请不到别人帮她写，自己几次想试探着动笔创作，但又心有余而力不足。自从沈老师教她的语文以来，她曾对这门课产生了浓厚的兴趣，可是，就那么两年的时间啊，“书到用时方恨少”，于是，她又一次想到了她深深尊敬的老师，并且断定，他一定肯帮这个忙的。

一个星期天，稚凤猜想沈老师可能回家来看望他的母亲。自下放到这个大队以后，稚凤才从群众的口中对沈老师的家庭有个大概的了解。

沈岩的父亲原是个很有才华的青年，旧社会里困顿半生，时常东飘西荡而谋不到一个饭碗。最后才被一个美国医生聘去当了家庭教师。临解放时，那个美国人要把他带到美国去。但到了香港，他再不肯走了，后又随朋友东渡日本，直到一九五二年才回到祖国，并且很快当上了省城某重点中学的教导主任。听讲，他知识很渊博，初、高中各门课没一样不能胜任的。“文化大革命”中，他被打成“反动学术权威”，特别是对他出国的那段历史，进行了新的追查，于是，他自杀了……

稚凤还听讲，这人死后还被批判了一场，想来问题也许不会小的。但是，沈岩一直同他的母亲生活在农村，在稚凤同沈老师的接触中，也从未听到他提过父亲的事，想必是能够划清界限的。因此，尽管蒙上了这层阴影，却并没有减弱稚凤对沈岩老师的深深的尊敬。

丽日高悬，秋禾正艳。稚凤轻快地踏着田间小径，很快来到了沈老师的家。她正准备进去，忽听屋里传出沈岩同他妈妈争执的声音。

“难道他娘儿俩闹气了?”稚凤这样推测，并且不自然地退到一株向日葵的后面……

“你发疯了！这阵子挂那个干啥?”沈妈妈的声音。

“妈，你怕什么?”沈岩反问。

“不是我怕，我是替你想啊！”沈妈妈凄然地说，“你还年轻，又喜欢争强好胜的，得想想自个儿的前途……”

“我愈想我的前途,才愈想把这个挂出来……”

稚凤也没听出个头和脑,等屋里平静下来,她便走进去了。刚刚坐下,忽然发现墙上挂着一张放大相片,照的是一个中年男子抱着个胖胖的孩子,站在抱玉岩上,望远凝思。再配上那精致的玻璃相框,更显得闪闪生辉。

稚凤奇怪地问:“沈老师,这是谁的照片?”

“以前,我爸爸抱着我照的……”

“啊……”稚凤好看的修眉细眼,由于过分的吃惊,一时全部变了形状。她的“划清界限”的判断被彻底推翻了……

“你挂这个……不太合适吧……”稚凤愣怔了好一会儿,才这么吞吞吐吐地问。

“有什么不合适呢?”沈岩平静地微笑着反问。

“你……应当……划清界限……”

“不! 这个界限是划不清的,我也不肯去划这个界限!”沈岩收敛起蓄在嘴角上的笑容,铿锵有力地说:“我爸爸刚死的时候,有人劝我说,只要我肯去对着尸体批判一场,就算是划清了界限,还可以照顾安排工作,可我没有那么做……”

“可他……毕竟没平反……”

“棍子还操在那些人手里,冤案怎么可能昭雪呢?”沈岩愤慨地介绍,“我爸爸是到过香港、日本,可是一腔爱国的热血终于使他不辞万难,回到了祖国,他把这段历史向党交代得清清楚楚,组织也作了结论。他十几年来,把整个心血都泼在党的教育事业上,他亲手把一届届学生送上大学,送到祖国各个战斗岗位上,他到底黑在何处呢?”

稚凤的惊诧慢慢消失了。她再次把目光投在那张放大的照片上,发现这位从不认识的老教导主任,确实是个和蔼可亲的人。于是她又问:“这张照片是什么时候拍的?”

“一九五三年。”沈岩的话泉水似的喷涌出来,“听爸爸说,解放前,他的知识没人赏识,就像人把卞和的玉说成是石头一样。他常常孤独地站在抱玉岩上,面对滔滔的淮河,朗诵苏轼题的碑文:

抱玉岩前桂叶稠,
碧溪寒水至今流。
空山日落猿声啼,
疑是荆人哭未休。

回国后,他的才华得到了充分施展的机会,布满创伤的心灵,终于燃起希望之火。那年,他无比兴奋地把我带在抱玉岩上,拍下了这张照片,给我取了现在的名字,并作了一首诗……”

“一首什么样的诗呢?”

“现在还不是朗诵这首诗的时候……”

六

沈岩欣然接受了他的学生的委托。

自从那张放大照片挂出之后,他受到了包括妈妈在内的一些人的非议,说他不珍惜自己的前途,不考虑客观影响。然而,他自已从这张照片上吸取了不少力量。他不相信那些蔽日的浮云会维持多久，不相信那些把良玉判定为石头的废料，能够永远一手遮天。他立志要像爸爸那样踏踏实实做学问，一定琢出最好的美玉献给伟大的祖国。

早先，沈岩的更多兴趣是在自然科学上。由于没有进大学的机会，得不到钻研自然科学的必要条件，他便一心扑到文学事业上。仿佛压在顽石下的劲草，哪怕绕点道儿也要顽强地生长。

与稚凤见面的当天晚上，他抑制不住感情的放纵奔腾，怀着对社会主义祖国的无比热爱，结合农业学大寨的斗争实际，开始了一篇故事的创作："抱玉村不大不小，整整一个生产队，不左不右，中间一所小学……"

几天之后，稚凤从沈老师手中接到了这篇故事，连夜便背熟了。不久，县、地、省相继举行了业余文艺会演，稚凤讲的这个故事被逐级选拔上去。每场演出，都受到了热烈的欢迎，一时轰动了全省。有的杂志以故事名义发表了，有的刊物又作为短篇小说给转载了。此后，稚凤不断被邀请到外地进行巡回演出，先后奔走了好几个专辖市。

稚凤讲故事的技术大大提高了，获得的荣誉也越来越多了，就在这个时候，藏在她心中的一个无形的东西也愈来愈明显了。

人们常说："蚕老一时，麦熟一晌。"其实，蚕之由嫩变老，麦之由青变黄，尽管是那么短暂而迅速，然而人们还是可以看得出它们逐渐成熟的过程，而姑娘心中的爱情，却是个突然间排闼而入的角色，连姑娘本人原来也不曾察觉。

在外巡回演出中，稚凤只觉得沈岩老师的形象，越来越频繁地、清晰地闪现在她的眼前。渐渐地，竟至于如呼吸一般，一秒钟也中断不了。并且常常撩得她吃不好饭，睡不好觉。

“我这是怎么啦？难道我产生了爱……”稚凤时常拍着她起伏跳荡的胸口，抚摩着她发烫的脸颊，自己问自己。为此，她曾担心、害怕，止不住心头突突乱跳。她不敢想象，像她这么大的年龄，像她这样一个下放到农村刚刚两年的知识青年，该不该产生这种感情？人家会不会笑话她成了坏姑娘？父母会不会骂她？

但是，脉脉之情如一溪春水，快刀难斩断啊！她无论作怎样的努力，总无法将心中那位“不速之客”赶走，无法将那个头发蓬松，始终挂着微笑的英俊青年的形象从眼前抹去……

这年春节，稚凤从正在演出中的省城返回故乡。本来，汽车再行两站才能到达她家所在的县城，但她的心已经飞驰下去，使她不得不提前下来了。而且，在沈岩的家中一住就是好几天，沈妈妈殷勤地款待她，寒假归来的沈岩终日伴着她，听她讲巡回演出时的趣事，认真辅导她读书、学习。

一天早上，一位老大娘颤颤巍巍地走进沈岩家的院子，大声地招呼沈妈妈道：“他婶子，人家都讲你家岩儿找了个花枝儿般的对象，高低得让我瞧瞧。”

“老嫂子，你真老糊涂了！”沈妈妈压低声音埋怨道，“那是岩儿的学生，你乱嚼啥舌头根！”

“不！我不信，高低得让我进去看看岩儿的对象。”老奶奶依然高喉咙大嗓。

正在房中看书的稚凤，听到这段对话，不禁心慌意乱，脸庞发烧。可几秒钟后，她按了按咚咚跳动的胸口，毅然走到门前，“哗啦”一声拽开了房门：“老大娘，请进屋里坐吧！”

天哪，连稚凤自己也不晓得哪来的这股子勇气。

老大娘几乎快把眼睛贴到稚凤的脸上了，看了一阵，啧啧连声地说：“多水灵的闺女啊，长得鼻子是鼻子，眼是眼，真像朵芙郎苗儿花。”

沈妈妈真担心稚凤要生气的，一颗心快提到了嗓子眼了。然而，出乎她的意料，稚凤仅是羞涩地笑了笑，并没有发生什么不愉快的事儿。

第二天，稚凤忽然向沈岩提出个令人意想不到的问题：“沈老师，我请你到我家去，今天就去！”

“不！我不能去……”沈岩嗫嚅着，简直不知道该怎样回答。他了解，稚凤的父母都是国家干部，家里过得挺不错。虽然，他对稚凤向他表露的火一般的爱情，没有任何理由来拒绝，但从双方的家庭来权衡，他深知是高攀不上的。况且，稚凤的年龄还小，前途未卜，而自己的境遇将很难改变，何必过早地找那些麻烦呢？沈岩以前读过李白的“天生我材必有用”的诗句，深信自己这样一个粗细都掂得起来的青年，不愁没机会对祖国做出贡献。因此，他养成了这样的性格，既不肯在人前表现出任何的自卑，也不肯让别人耷拉下肩膀委屈地俯就自己。

“你一定得去！”稚凤涨红了脸，表现出从未有过的执拗，几乎要哭了。

沈妈妈了解儿子的心思,可又不忍违了稚凤的性儿,批评儿子道:"看,这么大个人,还怕叫别人给吃掉了?"

沈岩第一次做出违背自己意愿的行动。

他们俩赶到县城,天已煞黑了。稚凤安排沈岩稍等一时,自己先几步跨进家去。

"沈老师来了!我请他来的。"与其说是向父母通禀,不如说她在向全家发表庄严的声明。

用不着多问,平时,沈岩这个名字通过稚凤的口,快要把父母的耳朵都磨成茧子了,谁还不明白她说的沈老师是谁,谁还不了解她今天把他突然带进家来要说明什么问题。

正在自斟自饮的彭允秋猛然放下盅筷,刚想站起来迎接客人,猛不防被妻子杨芸一把按倒在原来的座位上:"别忙!我可把丑话说在头里,女儿的心事我摸底儿,你要准备认下这门亲,就去把人家接进来,要是你不肯认这门亲,干脆咱俩都回避不见,省得日后麻烦。"

"你,你懂得什么?"稚凤的爸爸白了爱人一眼,忽又变个脸儿,笑盈盈地跨出门去……

春节期间,各样下酒菜是现成的,彭允秋陪着沈岩边喝酒边谈心,直至夜阑人静。

"人品不错,谈吐不凡,是个有学问的人!"彭允秋送走客人后,回来对妻子夸耀说。

"那……你是同意了?"妻子欣喜地问。

"我不是小孩子,还不至于那么轻率,"这位老于世故的副经理看了看头脑较为简单的妻子，又长叹了一口气说，“看来就是他父亲那个问题麻烦，背上这样的政治包袱，在我们这个社会里是不可能有出路的！”

“哎呀，这可怎么办啊！”身体病弱的杨芸痛苦地拍着自己发胀的脑袋，好似她的病又忽然加重了几分。

稚凤一直把沈岩送过了河，回来后天真地偎依在父亲的身旁：“爸爸，明年大学招生，你可千万要替沈老师托托人情啊！”

“那你呢？”彭副经理反问道，“你明年想上大学，不也要我去托人吗？”

“要是大队只摊到一个名额，我情愿让他走。”

“唔唔，说得真轻松，”父亲淡淡一笑，“怕是你有那么高的风格，我还没有那么好的修养呐！”

七

一九七三年大学招生的日期迫近了。

由于这年招生要推荐三倍的人数参加考试，经过彭允秋的积极奔走，稚凤和沈岩都拿到了一张准考证。

老师和他的学生即将同堂参加考试，是很耐人寻味的。

淮滨的夏夜是静谧的，月转影移，虫吟蛙鸣。稚凤伴着沈岩缓缓傍水而行。风息了，波平了，然而，荡漾在他们心中的波浪却始终不能宁息。

“沈老师，我心慌得很，怕是考不取的。”

“不会，你的基础还不错，要有信心嘛！”

“如果咱们俩能取在一所大学，那该多好啊！可是，我万一取不了……”

“你年龄还小，机会多呐！”

“我这心老是跳得厉害……”

“不要多想别的了，相信我不会做王魁的。”

“王魁是谁？”

“古人，一个没有情义的人……”

弯弓似的月牙今夜拉满了，稀溜溜的南风叠起满河纱绉，把月影儿揉成万朵银花。河边，长堤如练，岸柳绵延，枝影婆娑，凝聚在树梢的清露不时滴落一点，两点……

“稚凤，你爸爸探听到的那个消息真可靠吗？”

“绝对可靠！咱们俩录取在同一个大学，同一个系，通知马上就发下来了！”

“我真不敢相信……”

“可这是事实！不过到大学后，我该怎么喊你呢？”

“就直呼其名好了！”

“怪别扭的……”

“反正以后是要别过来的……”

今夜的抱玉岩被月色镀得通明，锃亮，皑皑似玉柱、雪峰，岩下的桂叶，轻舒漫舞。飒飒之声，如怨如诉，不胜切切。两人登上岩顶，稚凤忽然问道：“你爸爸的那首诗该可以朗诵给我听了吧？”

沈岩清清嗓子，正要高声朗诵，忽又沉吟一下说：“等接到通知书吧……”

下了抱玉岩，他们又沿着平坦的沙岸缓缓而行，交谈着理想，交融着感情。忽然，月亮在岸上投下一道桅杆的影子，沉浸在幸福之中的沈岩，以为是条小沟，不禁猛跨了一步。

“咯咯咯咯……”稚凤发出银铃般的笑声，“看你小心的，那是条桅杆的影子，又不是沟！”

“像这么平坦的路，我走得实在太少了，不敢相信没有沟坎……”

是啊，在那个年月，摆在青年人面前的道路，哪会有那么平坦的呢？当大学录取通知书即将发下的时候，《一张发人深省的答卷》骤然天降，原来录取的方案被彻底推翻了，优异的考试成绩被当成了“白专”的代名词。于是，围绕着谁下去，谁上来，谁保住的问题，展开了一场家长实力的充分较量。彭允秋费尽心力，保住了他的女儿，而名列第一的沈岩却终因为父亲的冤案而被拉了下来……

一九七六年，如泪的春雨沾湿了月牙湖畔的柳丝，正在大学中文系读书的彭稚凤，突然接到了爸爸的来信：“……我对沈岩的升学，做了最大的努力，尽了最大的责任，所以，对得住他，也对得住你。可是，终因他父亲的问题，特别是他对这一问题所持的立场，他将永远摆脱不了他目前的处境，改变不了他目前的命运。这样，在个人前途上，你们的距离将越拉越远。凭我多年的阅历可以断言，这样的婚姻不可能是美满的。与其事后波折，不如当机立断。所以，我曾经诚恳地和他做过一次长谈，为了你们双方都不再背包袱，我们已经达成协议，你们之间不要再见面，也不要再通信……”

八

阔别多年的扁担、青菜筐，又一次颤悠在沈岩的肩上。

早在一九七五年秋，沈岩针对他父亲的冤案，连连给中央机关写过好几封信，不料，当这些信被转批给当地调查处理的时候，却在一九七六年春被人当成了翻案、复辟的材料……

好心的生产队长曾担心沈岩进城卖菜时，遇到原来的学生和熟悉的学生家长，有些难为情，主动提出要调换他的工作。但沈岩认为自食其力并没有什么丢面子的，卖菜时照样同熟人们热情地打招呼。他的学生不好意思去买他的青菜，却经常在他的菜筐里悄悄塞进几个烧饼或水果……

沈岩并没有沉沦下去。小时候，他一次失足掉进河里去了。那时他还没有学会游泳，他却意识到一定不能任其下沉，于是奋力用两手乱扒，终于爬上了洒满阳光的河岸。这件童年的往事时常激励他自强不息，艰苦奋斗。他回家不久，接连又发表了好几篇小说。省里老一辈的作家对这个小青年的才能越来越注意了，常常主动给他一些宝贵的指导，这对他的鼓舞更大了。

这其间，稚凤给他的信是不少的，然而他一个字也没有回复，这并非因为出于彭副经理的忠告。他是在想，稚凤正在上学，不应该干扰她的思想，不应使她同家庭的关系搞得更加紧张。反正他发表的每篇文章稚凤都能看到，她可以从中了解到自己的工作和思想。

当又一个金色的秋天到来的时候，党中央一举粉碎了“四人帮”，随之，沈岩父亲的冤案也得到了彻底的昭雪。

不久，招生制度实行了重大改革，尽管十年后的“老三届”学生，年龄普遍大了，但是，党中央并没有忘却这一时期的有为青年，同样给了他们以报考的机会。将近三十岁的沈岩以特别突出的优异成绩被录取了。

莫道春无踪迹。校园内外，山泼黛，水挼蓝，翠相挽。尽管踏进同一课堂的，有的是原来的同学，有的是原来的师生，也有像沈岩同稚凤这样的师生关系的颠倒，但是，大家的心情仍然格外振奋。

月牙湖又一度被月色洗明。分不出更深几许了，庭户无声，斗枢暗转，湖畔柳荫下依稀传出绵绵絮语：

“沈岩，你爸爸的那首诗该可以朗诵给我听了吧？”

“可以了。”沈岩清清嗓门，用不太高的然而充满激情的声音朗诵道：

楚人空抱稀世珍，
踏破关山频泪涔。
华旸出谷开天地，
玉璧琤琤万壑鸣。

明镜台　耿龙祥

我们厂里的墙报，是党委书记题的名字，叫作“明镜台”。

去年春节前几天，我们几个过去打过游击的老干部接受了一项任务，每人要为“明镜台”写一篇文章，总题目叫作“想当年”。

当年的经历虽然丰富，但有些经历因为日子隔得久了，生活变化太大，印象也都淡薄了；有一些虽然记得比较清楚，但情节又太复杂，很不容易写。只有“妈妈”送我出大别山的一幕情景还比较好写，我就决定写它。

这里所说的“妈妈”，其实是与我素不相识的穷苦老大娘。

我受了伤，部队把我安插在她的家里。按当年的说法，叫作“打埋伏”。我在她家里住了三个月，她把我当作亲生的儿子看待。我伤口一好，她送我出山归队，以后就再没见过。事隔十年了。我用了三个晚上的时间，才大体写成。结尾一段是这样的：“下大雪，刮北风。一路上，妈妈总让我走南边。她用自己的身体，替我遮着风雪。到了小河边，一只小船在等着我。妈妈把我紧紧抱住，从怀里掏出三个窝窝头，塞进我的口袋。她流着眼泪对我说：‘希望你……’”

妈妈希望我怎么样呢？她当时仿佛说了很多话，可是我再也记不起来了。要用三两句话传达出那大意来，更是困难。

我的写作的“灵感”，不知到哪里去了。

墙报星期一就要出报，星期天我还在盘算这最后两句话。正好也是个大雪天。我和墙报干事约定三点钟来拿稿。吃过中饭，我关起门，坐在自己房里的沙发椅上，苦苦地深思起来。

我的妻坐在我身边，替我们刚满周岁的宝宝打着第四件毛衣。

保姆刘雁红，抱着宝宝，在我们身后来回走动。

我们这个小宝宝，有一副怪脾气，睡觉非要保姆抱着，不停地走动；不停地走动还不算，还非要不断地唱着什么。要是不抱，不走，不唱，他就哭。一哭就能憋得大半天换不过气来。幸好这位保姆是农村来的，身强力壮，最能劳动，最有耐性，又有一个和软的喉咙，又会随口编出歌来。她走得那么轻巧，唱得那么自然，一点不扰乱我的思考。她走着，唱着：北风阵阵紧，白雪满天飞，阿姨怀中暖，宝宝睡觉喽。她的歌声使我想到了当年妈妈送我到小河边的情形。刚刚想出点眉目，她忽然停住了，对我的妻说：“唐同志，请你抱一小会。阿早去拿牛奶，到这晚还不回来，我去迎迎她。”妻说：“你等一等，我把这针打起来。”阿早，是刘雁红的六岁的小女儿，也跟她住在我们家里。

住在这个城市里真别扭，牛奶厂不管送牛奶。因此我们每天要打发阿早去给宝宝取牛奶——来回要走二里路。我曾感觉到这样不大好。妻却说：“她在乡下也要做事的。多给她们两块钱就是了。”可是在这大风大雪的天气，让她出去跑路，而且是泥泞的路，实在有点不对。所以这时我说:“把宝宝给我,你迎她去。”妻说:“你快点写你的吧。等会儿还要上街给宝宝买热水袋呢。”说着她向刘雁红瞪瞪眼,刘雁红也说:“你写吧。你的工作要紧。她不要紧的。”她继续走着,继续唱着:北风吹倒树,白雪盖大路,阿姨望阿早,宝宝睡得好。

我看看手表,已经过两点了。

妈妈说了些什么希望呢?将才想出的眉目,又紊乱了。房里的煤炉呼呼地响;房外的寒风也呼呼地响。雪花纷纷飘落在窗玻璃的外面,化成水珠,向下淌去。不知过了多少时间,保姆又停住了脚步和歌声,对妻说:“唐同志,请你抱一小会。阿早还不回来,我实在不放心。她只穿一件小棉袄。”妻说:“你等一等,还有几针,打起来,宝宝明早要换。”刘雁红叹了一口气,继续走着,唱着:北风绞白雪,白雪结成冰,阿姨心发冷,宝宝睡得稳。

也不知因为煤炉的火太大,也不知因为心里烦恼,我感到热,热得浑身发毛,就把大衣和呢制服全脱掉了,单穿着毛线衣,还要不时摇晃两条膀子,像拉钻一样。“阿早还不回来。”雁红的这句话使我很不舒服。当年风雪中的老母亲和现在风雪中的小女孩,两个形象老是在我脑子里纠缠在一起。

刘雁红第三次停下来,对妻说:“唐同志,就请你抱一小会。阿早走了三个钟头了。”妻也不耐烦地说:“叫你等一等、等一等的,就剩这几针。你吵得妨碍他的写作。”刘雁红更长地叹一口气,继续走着,唱着。可是她已经编不出歌词,只是哼着:“宝宝睡觉喽,宝宝睡觉喽。”约定完稿的时间已经过了三刻。我拿笔在纸上乱画,画了好多个老母亲的模样，也画了好多个小女孩的模样。幸好墙报干事还没来。我想，也许不要我这篇了吧，那正好。我为什么非到“明镜台”上去露露脸面呢？可是，就在这时，门把手咔咔一响，忽地冲进一个大汉，正是墙报干事——“明镜台”的主编人。只见他从头发到棉鞋全部结上了一层冰冻，全身直抖，话也说不清楚，只叫：“烤火，烤火……阿得得得……”我以为是厂里失火了，钢笔一丢，就想往厂里跑。只听他又说：“一个小姑娘，掉，掉，掉下河沟……”我全身颤动了一下，只听宝宝也“哇”的一声大哭起来，仿佛也受了惊吓似的。妻连忙问道：“淹死了吗？在哪儿？”墙报干事跑到煤炉跟前，又喘又抖，哆哆嗦嗦地说：“没有。在工人……医院。”这时我才看见，刘雁红脸色铁青，战抖得比墙报干事还要厉害。她把宝宝塞在妻怀里，替他将包被裹紧了，一声不响地冲出门去。

妻一面哄着毛毛，一面向干事说：“那个小姑娘手里拿没拿奶瓶？这要真是阿早，我们宝宝明早上吃什么呢？”等到墙报干事的衣服烘干，刘雁红抱着脸色苍白的阿早回来，天时早已经断黑。我再也想不下去了。拿起钢笔，在“希望你”下面加了几个虚点，另起一行写道：“妈妈的希望，我一点也记不起了。但是，我是绝对不应该忘记的，我心里很难受，很难受……”从此我就对我自己，对我妻子，都有了意见。我们都是国家的干部，而且是在工厂里工作，然而我们把不应该忘记的事情忘记了！我要找时间跟她好好儿谈一谈。

万　妞　菡　子

乡里人的邮件照例总在供销合作社收发，这个事许多与外地没有来往的农民并不在意，乔岭山村里的詹老爹，从前也不知道小店里有个绿箱箱，自从他为自己的养女去找爹妈，到芜湖军区去过一趟，他才惦着等信这回事，每回走过村中央的石板路，瞧着那仿佛高高在上的小店，就惊喜地想到：柜台上那只木头箱子，能传来几百里路外的话儿。

腊月二十五，詹老爹揣着封信对家里跑。这是土改后的第一个春节，山坳里兜着太阳，天气就是比往年暖和些。家里忙着搞过年的吃食，这时詹大妈领着孩子在厨房里爆糯米，准备做球似的欢喜团子。孩子们跟着糯米的涨大欢呼着："胖子，胖子！""像个胖娃娃了。"他们要把小手插到盛在匾里的松软而滚烫的炒米里去，妈妈过来赶他们，他们愈是伸着小手装着要插下去的样子。后来又炒蚕豆，哔哔叭叭热闹而愉快的响声，唱出了孩子们心中的歌。要是爆出一颗豆来，马上有人不顾烫手接过去了。孩子当中调皮的事都由一个圆圆脸的小姑娘带头，数她的小手伸得长，她手里的蚕豆最多，这就是老两口最宠爱的养女万妞。矮小的詹大妈像个孩子头，从锅门映出来的火光，照得她一脸红彩，发亮的头发松散地披在两鬓，她嘻嘻哈哈的，多少年来詹老爹没看见她这么年轻这么高兴过。詹老爹看了一会，把眼神定在那口大锅上了，这是土改分的，大家照顾他人口多。人们说："生了十胎，剩了四男二女，万妞还顶了他丢掉的第八胎，前几年又添了媳妇孙孙，一家十三口人，没有一个大锅哪成！"从前小锅小灶，又专吃稀的，烧两遍才轮到大家喝碗稀粥，现在有了这个大锅，再添几个人吃饭也不愁，你看，过年还做起欢喜团子来了。

万妞的爹妈没找着，芜湖军区叫把万妞送到子弟小学去读书，老爹已经复信说正月初八送她上路。他准备把这个事拖到过了年再说，可是愈看着老伴、孩子高兴，就怕过年时愈拆不散她们，不如早几天说明了的好。拖到三十晚上，由于传统的习惯，他知道人们最容易在这个时候容忍一切。万妞睡了，他跟老伴对坐在被筒里。他先扑哧扑哧吸着旱烟，又在床沿上敲烟棒，对万妞瞧了一眼，他沉闷地说：

"打听遍了，到底没找着她爹妈。"

"打下十几年仗，死了多少好人，也难怪找不着。……"詹大妈也同情地应着。她看出老爹心事重，又温和地接下去说：

"你不是说过的嘛！找着了我们也还是她的父母，找不着我们更是她的父母，我们疼她还来不及呢。"说着她就偎着熟睡了的万妞。

老爹知道顺这么说下去，扯不上题，他又死劲敲烟棒，一下一下想敲出个狠劲来，终于他斩钉截铁地说：

“初八我送她出门！”

“什么，到哪儿？”

“她是公家的人了，送她去芜湖部队里念书。”

“我不问她公家私家，女儿是我喂大的，你不要挑我的疼处碰！”

“疼她还要栽培她！”

“我们不能栽培？过年就送她上学堂嘛！”

“人家部队上比我们管得好。”

这几句对话，一句抵着一句，虽说一个是有准备的，一个没有准备，可就是针尖对着麦芒，谁也不让谁。一冷场，大妈就想起跟老头来硬的不行，她和解地哀求着：

“算了吧，我们锅里多放瓢水，也够她吃的了，车上多纺支纱，也够她穿的了，有难处我顶着。……”

看她想到哪儿去了？难道多嫌她这张嘴？老爹为的是既然亲爹妈真的不在，要把她教养成人，对得起国家，就得听部队上的话，他一个农民家担不起这个担子呵！他知道老伴爱缠，不如干脆地说：

“知道你的好心，可这个难处你顶不着。”

有她做娘的顶不着的？她耐不住，又火了：

“什么难处？你得了公家的钱还是怎么的？”

本来是一句气话，可老爹脸上刷红，他曾为部队上寄来的二百万[1]抚养费懊恼过，怕人家说："一天跑过小店东张张西望望，就为的等那二百万呢。"经老伴一提，他讷讷地说：

"钱都寄在小学老师那儿，你去问他吧！"

"我倒要拿来看看，一张票子倒有多大？"

"一个小钱也不准你拿，孩子的钱留着给孩子。"

"我能用那卖儿卖女的钱么？"

这伤着两位老人的心了，成了僵局。万妞却在这时翻了个身，大妈趁势搭讪着说：

"我们不能问问孩子？就算我们舍得，她不肯走，你也不能撵她，人们还不知要说些什么闲言闲语呢。"

两个都舍不得推醒万妞，还是老爹磨过身去，压了她的腿，万妞自己醒了。两个老人慌着像得罪了她似的。他们互相望了一眼，立刻想到要在她身上进行一场决定去留的占卦。他们都想用一句最灵的符咒打动她，可是想出的不是符咒，而是最平常的语言：

"部队上接你到芜湖念书，你去不？"

"离了你的娘，你惯不惯？"

万妞揉揉眼，仿佛很清醒地反问：

"那我跟哪个一头睡呢？"

大妈听到这话本来该笑的，可是她却幽幽地哭了起来，一颗母亲的心在安慰和怜惜中哭了，老爹的眼圈也有些发红，他知道这次

---

① 指人民币旧币，即现在的二百元。

的谈话只能到这儿结束。

大年初一自然不能再谈。外面下雨，詹大妈把这个家中最早买的一双新胶鞋让万妞穿了，吃饭的时候大块的肉朝万妞碗里塞。詹老爹这边，拿了爆竹先叫万妞去放，小街上有卖糖人的，老爹给万妞挑了最大的一个。好像老两口暗地里比赛谁对万妞更好些，其实他们心里到底想些什么，只有他们自己知道。

年初二，老爹领着万妞到山后陈塘大姑妈家去拜年。大妈知道他什么个用意，她不阻拦，看他们父女俩上了山路，她蛮有指望地想：去吧，我看你讨来的是谁家的救兵？只有做娘的人才知道做娘人的心意，他大姑妈的儿子长到十七岁出去，她的心也是悬着的啊！

河里涨了水，他们只能翻山。这是好几年没有走过的路了。万妞拉着老爹的手，一步步往上爬。藏在茅草里的石板路，躲在一边的凉亭，弯躬曲背的老树，对她都是陌生的，只有回过身来，看见那青瓦白墙飘着红旗的村庄，愈来愈显出亲切的印象。

“妞呵，你可记得走过这条路？”老爹慢条斯理地问。

孩子毫无记忆，摇了摇头。于是老爹对她说，五年以前，还是她六岁的时候，庄上住着国民党反动派的五十二师，一个姓吴的伙夫头，在赌场上不知道怎么听说万妞是小新四军，就来敲詹家的竹杠，锅里碗里的都要，有次煮了山芋，他就来揭锅盖，万妞不让他拿，他就磨磨刀要杀万妞，还嚷着说：“有小新四军就有老新四军，都给我交出来！”那时詹老爹吓得从楼板上滚下来，护着万妞不放。……

“这下我记起来了，我站在小凳上护着锅盖的，我还骂他土匪，对吧?”万妞突然清爽地接下去说。

“对嘛，那时你的志气就好。”老爹异常高兴地夸奖万妞。接着又对她说，当时把熟山芋都给了姓吴的，有人把他拉走了。到晚大家商议，怕万妞真有个三长两短，叫老爹连夜背着她翻过这座山，把她送到大姑妈家里。这一段万妞又记不得了。老爹说：

“你那时是个困娃娃，棒子也打不醒你，爬山你还能知道?”说得万妞咯咯地笑了起来。

“你说你是不是小新四军?”老爹又提醒着问万妞。

“是嘛!”女儿坦率而含糊地回答。

“那你可是新四军里的人生的?”

“爹，又来了，娘不让你说这个，你笑我，就说我不是你生的。嗯?”女儿有些撒娇地说。

“真的，你的爹妈比我们强十倍。”老爹还有些认真。

“哪还有比你们好的?”女儿也是由衷之言。

“我们待你好，也为的你是共产党部队上留下来的呵！你再想想，部队上怎么单叫你去念书?”

万妞想通了一点，觉着这里头有来由，可一个从未缺少父爱和母爱的孩子，没有想到要另外去找一双爹妈，何况她又是一个傻丫头。她只狐疑地问：

“我那爹妈怎么不来瞧我?”

老爹不忍再说下去，他心里扣着自己的题目，谨慎地说：

“这你以后就知道了。妞呀，我再问你，一个人有志气好没志气好？”

“有的好。”

“念书是不是坏事？”

“不是。”

“那我带你上芜湖念书，你去不？”

万妞低着头，只听她微弱然而坚定的声音答道：“我去！”

抬头看见姑妈的庄子，就结束了这途中的故事。

詹大妈盼了两天才把父女俩盼回来。一阵锣鼓进了群峰包围的山庄，比敞着地方格外响些。这支队伍不小，一会儿全庄的老老小小都聚在一起了。他家的一老一小，也正欢天喜地地走在队伍的前边。队伍在詹家门前场子上停了下来，说要演戏呢。仔细一看，那骑在高头大马上好像个参军的，就是乡里年轻的指导员，从部队上下来的，她的外甥；巧的是他的亲娘，詹家的大姑妈，也跟在后边。詹大妈忙挤过去拉他姑妈和外甥进屋里喝糖茶，不料他大姑妈做了一个眼色愉快地回答：

“不慌，老妹子，俺们先办正事。……”

正事就是乡政府已得到通知，认了詹家的“军属”，给他们送了个大匾：“光荣之家。”因为詹家登不了这么些人，大家没有进去，就把大匾挂在门楼上。回头就请詹家老两口坐在场子中央，大家给他们拜年。指导员捧过两个带飘带的大红彩球，把个最大的套在詹大妈身上，老爹跟她开玩笑说：

"你看你的比我的大。"

"我们两个换嘛!"

"不,不,该你的大。"

老两口真诚地推让着。

不一会儿演戏就开始了。原来就是指导员母子俩演《送子参军》。詹大妈弄不清他老姐姐几时当了演员,十年前新四军在这儿,这里的人都唱着过,总有一半人上过陈家祠堂的戏台,可也没看见过他老姐姐有这个本领。这时老演员却和她的儿子一本正经地对唱着,从不关风的牙缝里漏出音来,人们倒也能听准她咬的字眼,原是些令人感到亲切而激动的熟透了的词儿。虽说这是五年前母子俩的真戏,可你说是一幕老戏也成,十年前多少人这么走掉的啊,现在又有多少人要这样走进自己的队伍。只有最后母亲给儿子送鞋的一段,完全是新词,老演员也更加生动活泼起来,她灵活地做了个出房门的姿态,从怀里掏出一双鞋来,就动情地唱了起来。

老奶奶们掀起围腰裙来,揩眼泪了呢,都有一颗做娘的善良而倔强的心呵!她们没有猜疑唱的是别一个,就像相信自己一样认定这么一段准有过的。只有最知道底细的詹大妈,知道自己的老姐姐那时心里也有些不痛快,又正害了眼,线都穿不过针眼,没做什么鞋。而詹大妈自己那时正服侍大媳妇坐第一回月子,也没顾上为外甥做一双鞋,可是这做鞋的事,好熟呵!她正揣摩着,外甥瞧着她哩。笑盈盈的黑眼睛。可他把对唱的词儿忘了,只提高嗓子唱了两句,一阵脸红,看着勾肩搭背的姑娘们替他着急,他就趁势过场。

“下面换个节目,叫小姑娘们唱!”

姑娘们毫不推辞,对着年轻的指导员,一条声地唱起十年前最流行的《送才郎》来:

送呀才郎
送到大门口
一出门就看见
张灯又结彩……

飘着红旗的山村,留在激昂而幸福的回忆中了。老演员却在这当儿抢过去拉着她老妹子的手,嗔怪地说:

“唱得喉咙冒火,你也不递我一碗水喝?”

“快家去,老早煮了红枣糖茶等你!”

她们手牵着手走到门口,大姑妈故意端详着门楼上的彩匾,问道:

“光荣不?”

“光荣。”詹大妈有点羞涩而温柔地答道。

“还不把你的报仇鞋子拿出来,送万妞上路。”跟她的儿子一样的笑盈盈的黑眼睛看着大妈。

这下子完全明白了,唱的是她。五年前给国民党的部队欺得厉害,他们像抓到了什么把柄,总指着万妞要小的也要老的,把她家当个菜园门,直进直出,见什么拿什么,没让她们过半天安生日子。她追根起苗地想过,千不怪,万不怪,只怪国民党陷害忠良,她念着万妞的爹妈还不知在哪乡吃苦。要共产党能成功就好了,万妞早晚总是共产党的人,那时她就替万妞做了一双结结实实的报仇鞋,指望她十六岁上穿出去替父母替穷人报仇。那时她真想学古时候岳元帅妈妈的样,恨不得在万妞的背上刺四个大字。可是现在天下太平,万妞也只有十一岁,鞋子还差着一大截呢。她领会了他大姑妈的心意,忙说:

“他大姑妈心好狠呵,我就知道一笔写不出两样詹字。”这时她才知道讨来的是谁家的救兵了。要不是他大姑妈急着回去照顾孙孙,到底是谁家的救兵还可再见一回分晓。

一场风波以后,老两口似乎有些和解。可是初八是个大关,双方都提心吊胆的,还有小万妞身上的变化,更成为他们注视的焦点。万妞多了一双带绒球的布草鞋,像她亲妈十年前穿过的一样;她有了八角帽,带帽耳的;还不知从哪儿找出来一根泛红的皮带。……詹大妈看到这都是老头子默默地替万妞安排的。“无非是要把小闺女打扮像个兵呗!”她有些气恼地想。她也看出小万妞爱新鲜,添一样东西跳八丈高,雀儿似的,她才不管它兵不兵呢。可她这小兵模样多俊呵,大妈一阵心酸,想到万妞的妈,只比万妞现在看长几岁,也是这模样儿上她家来的,生了个孩子也不知怎么个抱法,没坐月子就爬山,听说孩子要尿布,马上把小褂扯了……那时孩子爸爸早上了前方,后来这个到江北去找,那个又回了江南,一个南一个北,都是为国为民为的穷人啊!也在这两天,她的两个大儿子,万妞的大哥、二哥,也在万妞身上下功夫,大哥教万妞上操,这不知哪来的本事？还有二哥，平时瞎眼聋耳的，这会学老早住在这儿的新四军战地服务团的样，伸手仰腰的，教万妞练嗓子呢：

"一——一定要霍霍（'腹部'走了音）发音！"①

老爹看着好笑，大妈看着伤心，她有时一步步追着老爹说：

"女儿是我的，我不放，看哪个能把她拉去！"

"能放十个孩子也不能放我的万妞。"

"我明天就带她去看她家婆。"

她口气愈硬，声气愈软，老爹一概不理，只一笑对之。初七以前，只见他把牛草铡了，粪出了囤，打了三双草鞋，没有借小驴，自己架起磨棍推出了过元宵的米粉，这些本该是奶奶们做的。大妈起先当他为了要出远门，后来也看出这是为了给自己卖好。看他累得一身汗，晚上翻身打转，不免心疼起他来，心里对他说："老伴呵，何苦呢，老伴呵！"其实她也早动心了，悄悄地去问过老师：寒暑假都在什么时候放？一个人到底要念几年书？还悄悄翻箱倒柜把报仇鞋拿出来看过两回，又替万妞买了两双新袜子，上了袜底袜船，纳得密密麻麻的。

初七的晚上了，大妈在床上搂着她的万妞，试探地跟老爹进行最后一次的谈判：

"自己还穿不来衣裳的孩子，交给他们我不放心。"

"十一年前，人家粉嫩一朵小芽儿交给你，怎么就信得过？"

老爹这句话倒也有几分道理。可大妈又想起万妞平时贪睡，

---

① 当年服务团每天早晨练习基本发音中有这一句："一——一定要腹部发音。""一"是指元音"i"。

自己也总由着她，快吃早饭的时候，才掀起她的被子说："傻丫头，太阳晒屁股啦！"她才扭呀扭地起来，到外面去能这样么？她有些着急地说：

"一早要上操，孩子醒不来的啊！"

老爹笑了："就是你惯的！"

"我不信不打仗了，还要送她到兵模子里去套！"大妈还有理由。

"学她爹妈的样！"老爹更理直气壮。

"长十六岁去不成？"

"不成！"

"过了月半走！"

"不成！"

"你看你像个铁面判官，我一推门，你就跟个门棍似的顶回来。"

"是个好判官嘛！"

说着说着，两个都笑了起来，万妞也笑了。她妈心不死，想再探探万妞的心意，她说：

"俺们不能再问问万妞？……"

"你问嘛！"老爹对母女俩同时投过鼓励的眼色。

"妞呀，你出门跟哪个一头睡？你还没离过你娘的手臂弯呢！"母亲自有母亲的体己话。

"娘，学校里有枕头。……"万妞率直地回答。

"你真能离得你的娘？"大妈又追问一句。

"娘，我有志气。给我那鞋吧，你的心比岳元帅他妈还好。"女儿严肃而娇媚地说。老爹和大妈都看出孩子长大了，从前她是个不长心的面娃娃。

还有什么话好说呢？大妈只好轻轻地叹了口气，侧着身子睡了下去。

山村里正月的旋风，像个不请自来的夜客，爱在黑地里敲门，门环儿搭搭地响了一阵，屋子里就都是风的声音了。被筒里透进一阵寒气，三个人偎得紧了一些。老爹筋骨发痛，愁着变天下雪；大妈也愁着：这不是出门的天！可她有一点儿高兴，也许老头子突然改变了主意。他们都迷迷痴痴的，睡不熟，熬到五更，老爹披衣坐起，大妈就猛地立起来了，“上趟去芜湖也是这股劲，当真这号天能走?”她说着连忙穿起衣服，抽开门闩一望，惊喜地说：

“撒得一地白花花的，下雪了啊!”

“下雪也走，不能第一趟出操，就不听口令。”屋里传来老爹坚决的声调。

“万妞是走得的?”

“我背。”

大妈哼了一声：“我拗不过你。……”就在床沿上拦着老爹别忙穿衣，老爹怕她瞎缠，哪知她说：

“外面风比刀还尖，你没有紧身衣服，把我的棉背心脱给你。”

多么感谢这个矮小的忠顺的妻子。他轻轻地摸摸她的手：

“你不冷?”一听大妈回答：“我又不出门。”就更心疼她了，土改以后，他腰里有钱，能够爽快地对她说：“到芜湖我给你扯件新的。”

这时大妈多么慌张呵，她生火、加柴、添水、调粉，又搓元宵又泡红枣，还要煮上路的茶叶蛋(一个个都是她肥壮的黑鸡婆生的)，你看她抓了多少香菜和芝麻灌芯糖呵①，提着的，包着的，都得收拾停当。家里有人出门，谁都能埋怨这个没有准备的不知事的妻子和母亲。她头不梳，脸不洗，恨不得长四双手，锅前、房里，小脚踩得地板咯咯地响，橱上的铜搭子，也叮叮当当地响着，好像后面树林里传过来的清亮的仙乐。老爹站在锅门口，又从大妈的脸上看到三十晚上年轻而欢乐的妻子。

做好饭大妈才蹑手蹑脚把万妞叫醒，就叫她站在床上把衣服穿好，最后一次替她系好裤带，告诉她怎么打又紧又活的结子，免得出什么意外。最后自己站上凳子去，举了个灯，在橱顶的箱子里，窸窸窣窣地翻出一双鞋来，捧在手里，就站在凳上说：

"把这个也带去，给你部队上的叔叔伯伯看看，说是你娘头五年就给你做的报仇鞋子。……你看我也不落后嘛！"这末一句是对着老爹说的，在灯光下她有多么光彩的眼睛呵！

踏过千山万水坚不可摧的鞋子，正如她大姑妈唱词中描述过的。鞋底上还纳出"爱国"两个大字，当时怕"报仇"二字显眼，叫国民党看到碍事。鞋窝里塞了一球大妈前两天放进去的棉花，现在不合孩子的脚，也能看到它将来的模样。这双鞋是劳动人民忠诚的证物、最明智的母亲的纪念品，部队上的同志一看什么都能明白。

一支小小的家庭的队伍送走了父女俩，老爹不准惊动四邻，怕有人拦他，所以当指导员赶来的时候，他们已翻过了乔岭。

在一个凉亭里歇脚，老爹抽着旱烟，想了又想，慎重地开腔：

---

① 这都是皖南的特产，参加过新四军的老同志都想着的。

“妞呵，人家问你你姓什么呢？”

“姓詹嘛！”万妞没想到还有别样的回答。

“傻了吧，你是有姓的人。”老爹摸着万妞的头意味深长地说。“我跟老师商量半天，给你起了个上学的名字叫‘万烈’，姓你爹的姓，这个‘烈’字，意思很深，就是说要有志气吧，往后你自己认了字再去详吧！”他把这个意思说了出来，才觉得最后尽了十一年教养的责任。

“人家叫我，我不晓得答应怎好呢？”姑娘一本正经地说。

“你这个不长心的，硬记也是要记住的呵！”这是养父最后的命令。

漫天大雪，他们仿佛总走在雪花的前面，一步一个脚印。

咔嚓，咔嚓！

出了山，到了一片开阔的地方，耀眼的飞舞的银白色的天空和大地，把这一对仅有的路人拥抱起来。小万妞双手抓着雪花，眯着她的眼睛，把嘴巴套在她爹的耳朵上问道：

“爹爹，雪花花里哪儿是路呵？”

父亲已是一个童颜鹤发的“白胡子老头”，背着他披着白雪的姑娘，大声地回答：

“妞呵，踩在哪儿都不用怕，这亮晶晶的干干净净的世界，哪里都有路呵！”

（1959年9月下旬国庆十周年前夕为纪念新四军战地服务团老战友而作。）

开秧门　孙肖平

这个村上的做田人，都习惯把栽秧的头一天叫作“开秧门”。俗话说“消闲的买卖，紧急的庄稼”，做田人最讲究的是季节。真是机不可失，时不再来，谷雨一到，最紧张的栽秧战斗就要开始了。人们总是热热闹闹，满怀希望地迎接这一天。年年这天半夜里，社员家的烟囱就冒烟了。要是没有月光，炊烟是看不到的，只见艳红的火星，在烟囱上欢快地飞舞。星星还没落，社员们早下田了。耖田的吆喝着水牛；挑稻秧的汗流满面；栽秧的人分成上趟、中趟、下趟，上趟又叫头趟，他往前领，后边就追，像展翅飞翔的雁群。

今年，正在开秧门的时刻，金鱼塘生产队长九法大哥和生产队会计九兰却闹了一场矛盾。

提起九法大哥，九兰从心里佩服。九法大哥生产上是一个能手，犁地一条线，割稻一大片，挑谷快如飞，甩泥像射箭；放下杈把，又拿起扫帚，一双手硬是没闲过。他当了三年队长，金鱼塘三年都是丰收；丰收自然靠全体社员的努力，但是，九法大哥起了很重要的作用，样样活他都带头干。那么冷的天，他跳到冰水中开水道。结果，他们田里上的塘泥，几乎比另一个队多一半。

不过,用九法队长的话说:社员生产积极性如此高涨,和咱们的九兰姑娘当会计也是分不开的。以前的会计,是富裕中农的儿子。那个青年人,文化上是有两下子,就是不好好干,把整个心思全放到渔网上去了。先和他爹买线结网,后来,就和他爹下湖拉鱼。甚至懒得到镇上买账本也顾不得。要记账了,随便摸出一册初中语文课本,或一册代数课本;收入也往开支账上记,开支也往收入账上写。要结账了,连他自己也算不清,社员自然更糊涂了;单据也不放个固定地点,这儿一张,那儿一张,有一次,拉鱼时,竟从网里拉出一张买水车的单据来;工分账不是这家少了,便是那家多了,更不用提按时公布了。社员提了几次意见,他硬是不改。

九兰当了会计,和那个青年人正好相反。九兰在芜湖读高中时,就是一个优秀生,校团委的组织委员。她爸爸在工厂当党委书记,妈妈在医院当护士长。老两口就这么一个宝贝女儿,自然是疼爱的。但是,当女儿提出,红在农村,专在农村,回农村老家当一辈子革命的新农民时,爸爸和妈妈立刻支持女儿,并鼓励女儿虚心向农民,特别是向老贫农老雇农学习。

手上的血泡变成了茧子,肩上的酸疼变成了结实的肌肉。她渐渐获得了社员们的称赞和信任。她被几十双大手推到会计的光荣岗位上了。从此,她白天和社员一起下田劳动;晚上,社员们睡了,她在一盏煤油灯下,记账、算账、结账,还定期公布账,不认字的人,她就一项项念给人家听。

九兰做事认真,她把社员讨论的会计制度视为任何人都得遵守的法律。她和九法大哥的矛盾,就发生在会计制度上面。

开秧门前一天，九兰从公社开会计会回来，九法大哥拿两张发票，对九兰说：

“你把这两张发票报销一下。”

九兰接过一看，一张是买酒的，一张是买肉的，刚好三十元，便问：

“这酒，这肉，是做什么用的？”

“开秧门用的，我去镇上买了些酒肉，大伙儿吃一顿。”

“制度规定得很清楚，开支超过二十元，要经社员大会讨论。再说，哪个社员家里没腌肉、腌鹅？自己吃自己的算了，何必还要队里浪费？”九兰想不认这个账，又问，“社员讨论了吗？”

九法大哥红着脸说：“没有。”

九兰说：“大哥，这不能报销。”顺手就把发票还给九法。

“大家吃的，为什么不能报？”九法苦笑着问道，两只手倒背过去，不肯接发票。

“大家吃的？我刚才问了，至少有一半人没吃，只是劳动力吃了。这根本是浪费，而且，不合财务制度。”九兰批评九法大哥。

九法理屈，只有好好劝说：

“九兰，你不知道，这是咱们家乡的习惯，哪一年开秧门不热闹热闹？再说，这几年收成又好，花几十块钱，大伙快活快活，做田不更起劲！没开社员大会讨论，这一点，是大哥的错误，你还是报了，过后，我检讨就是了。”

九兰还是那三个字：“不能报！”

九法不接发票，九兰硬塞到大哥口袋里了。

九法大哥无可奈何地摇摇头,心里说:“小丫头,挺厉害呀!”

九法大哥把发票交给一个老贫农。这老贫农曾抓着九兰的手,教她插秧、耘田,还对她讲过许多地主压迫和剥削穷人的生动故事。九兰对这位老人也非常敬佩。这位老贫农问清怎么回事,当面就批评了九法,说他当队长的不带这个头,这几十块钱不省下来了?! 九法检讨说:“我原想大家高兴一番,加把劲,秋后这几十元不就回来了,再说又丰收了……”老贫农想,队长已经检讨了,总不能叫他出这个钱。

老贫农找到九兰,劝她这一次就报了吧。九兰对老贫农说:“爷爷,还是不能报。九法大哥是队长,他能破坏制度,社员若破坏了制度,他还能批评社员?要说为庆贺插秧,大家吃一顿,是多年的习惯,可是,振兴老爷爷说,这是一个不好的习惯,说:‘生产上的秧门要开得大大的,这个浪费的门,可一定要堵住啊。’”老贫农看九兰的态度很坚决,而且搬出雇农振兴老头的话。他抓一抓头发,自言自语说:“对呀。”发票没摸出来,就回去了。

九兰在暗暗思考:是不是这一次给报了呢?群众的习惯要慢慢改,不能性急。不,不,放松了一次,就会有第二次、第三次。究竟报好呢?还是不报好呢?她一下拿不定主意。

九兰去请示大队书记,大队书记是一位身负重伤的转业军人。他的腿,不能沾水,因此,看别人都下田插秧,很是着急。便趁这个时间,到山上砍了几捆霸王草,给仓库工人绑扫帚。仓库工人很早就请他买扫帚。他想:买,又得花钱,霸王草绑的一样好用。九兰进门时他正在绑扫帚。

九兰把情况向书记说完了，书记问：

“你不同意报，打算用什么办法解决这个问题？”

九兰说：“吃的人，我一个个去动员，要他们自己出钱。不知这样做妥不妥？”

书记说：“如果他们真正自愿，倒可以试试看。”

下午，九兰去田里插秧。放工回来，她先到夕明家去了。夕明的小儿子生疮，疼得直哭，夕明对小儿说：“甭哭，爸爸做熟了饭，就背你去公社医院上药。”

九兰在门口听到了夕明的话，进屋门背起孩子就往外走。夕明感动地说：“九兰，你不用去，饭就要熟了。”九兰说：“我不饿呀。”

上好了药，九兰又把孩子背回来。然后，对夕明说：“二叔，我想给您商量一件事。开秧门吃的酒肉，不应叫队里出钱。这里浪费一点，那里浪费一点，等分配的时候，大家得的粮和款就减少了，再说这酒肉又不是大家都吃的。”

不等九兰把话说完，夕明插言道：

“这件事，压根我就不同意，不过队长既是开了口，吃就吃呗。你这一说，我更觉得是浪费。我吃的一份，该多少钱，我愿拿出来。明年，可不能再吃了。”

“我算好了，参加吃的共是三十人，刚好，一人一元。”

说话间，夕明就将一元钱交到九兰手中。

九兰到连金家去时，连金正在补褂子。他是个老光棍，衣服破了，都是自己补。九兰从连金手中夺过针线，一边补，一边说：“这件褂子破得还能穿？买件新的吧，留着钱干啥？”

"姑娘,可不能这么说,破褂子有破褂子的长处,穿了旧的省了新的,透风的地方多,热天穿上凉快。"

九兰笑着说:"谁还不知道,您最俭省,一个钱捏出汗水来都舍不得花,等着娶花婶子呢。"

"傻丫头,别瞎扯,你找二叔有什么事?"连金亲昵地问九兰。

九兰说:"咱们队年年开秧门都要大吃一顿,你说,这样对不对?"

"也对,也不对。"

"到底对不对?"

"大伙儿热闹热闹,干活更起劲了,这也没什么不对;要说到俭省二字,就不对了。"

"要是叫吃的人自己出钱,您看行不行?"

连金想了一下说:"应该这样,不然的话,明年又得浪费。"

九兰接着说:"刚才,我去夕明叔家里,夕明叔交给我一块钱。"

连金"呃"了一声,接着说:"姑娘,你原是为这件事来的,我拥护,也把我的一元带去吧。"

九兰想去另一个社员家里,刚走出连金叔的大门,一群社员围住了她。不知他们从哪儿听说九兰不同意报销中午的酒肉钱,他们议论说,这钱是不能报销,要是开了这个门,往后有多少东西也不够浪费的。他们似乎知道九兰要家家去动员,便跑来把钱送给九兰了。

现在,就差队长的一份了。那一份不用要,因为钱是他垫的。九兰把钱送给九法大哥,九法却迎面走来。开口就笑了,说:

“小丫头还真有两下子。”

“九法大哥，您不要生我的气。我应当这样做。”九兰胜利之后，反倒腼腆起来。

“哪里，我要生气，错误就更大了。我该向你检讨哩。当初我想，不让大家吃一顿，怕社员说我小气，咱们可不是没粮食没钱。这个想法就是不对头。”

九兰把钱交给九法大哥，亲切地说：“大哥，您休息吧，明天一早，还得插秧哩。”

“九兰，你不知道，今天中午喝酒时，好几个社员提出，插完秧，请一台戏来咱队唱几天，这要多少稻子？我舍不得。好，这样一来，那台戏就不用愁啦，我看哪，就由你带头，由青年团组织个晚会，说说唱唱，让大家热闹一晚，不很好嘛！”

九兰高兴极了，忙说：“大哥，你只管放心，我们正在准备！还打算成立讲故事小组说《红岩》哩！”

开阔的村道上，一个队长，一个会计，边说边笑地回家了。

1964 年 4 月

草 鞋 肖 马

土改那年，工作队派何刚到山里办小学。

农会倒腾了两间破瓦屋，屋立在悬崖上，推开后窗户，下面就是几十丈深的山涧。何刚找来了几个瓦匠木工，把一个月津贴的黄烟都拿来招待了。理好瓦，补起墙，钉了几条杉木桌凳，又特意沿着陡壁，钉上一排木桩，砍了些老树藤，圈了篱笆。剩下最后一截木桩，插在隘口，写上“紫凤山小学”。

农会主任带着这个三十余岁的教师，访遍了五里方圆的几个山村，动员农民子弟进学。几天，已有二十几名学生了。

最后一个山村，小岭上还有一家没有走到。农会主任说：“算了吧！这家别去了。”

“什么成分？”何刚问。

“瞧那破瓦顶，还不清楚嘛！”农会主任笑了起来。

“那我们还去！”

何刚推开门，一个瞎眼的老奶奶在搓草绳。灶里煨着山芋，已有点焦煳味儿。农会主任连忙从灰里掏出来，山芋皮上已冒火星子了。

听见门响，那大娘也不答理，只顾摸索着，把搓好的草绳塞在身下。她盘腿坐着，像坐在金色大蒲团上。

“邢家老大娘！”主任叫了一声。

老奶奶略微抬起头，黑色包头下露出几绺灰白的鬓发。她嘴角牵动一下，表示听见了。

“叫你家月兰进学校念书，可好？”主任问得平平淡淡，没存什么信心。

老人手里活儿停了，一脸皱纹都在颤动，深深的纹路里似乎埋着许多话儿，但想了半晌，没有吱声。

何刚走上前，说道：“如果有困难，可以免费。”

她摇摇头，叹口气，手里又窸窸窣窣地搓起草绳来。

出得门来，农会主任对何刚说：“你见了嘛！旧社会把这老人逼成了这个样子。自从几年前，她的儿子媳妇给地主逼死后，她的眼也瞎了，性子也僻了，只有这个宝贝孙女儿，算了吧！”

几天后，荒僻的山沟传出琅琅读书声。开学第一天傍晚，何老师把学生领出隘口，自己登上岭子，眼巴巴地目送孩子们分头上路。他怕他们贪玩，摔在涧里，或者闹晚了，路上遇到野物。

山谷里，孩子们吵吵嚷嚷的声响渐渐远了。何刚下了坡，坡上栎树丛里，一个十岁上下的姑娘停止了砍柴，树隙里，亮着一双好奇和羡慕的眼睛。

何刚走进树丛，拾起柴刀，帮她砍，又帮她把柴薪稳妥妥地捆起，问她姓名，姑娘羞声羞气地回答：“我叫邢月兰。”

何刚心里一动，俯身挑起了柴薪。

“这是我的扁担!”月兰轻轻地叫道。

“我帮你送回去。”

姑娘摇摇头,但何刚的步子大,早已跑前面去了。

“你想读书?”何刚回过头来问月兰。

月兰点点头,又摇摇头,把垂在胸前的独根大辫子放在嘴里咬,脸涨红了。

“你奶奶为什么不愿意?”何刚问。

“我家穷,付不起学费。”月兰悄声答道。

“可以免去嘛!”

“奶奶说,世上没有不要钱的事,头上欠了后来连利都还不清。”

何刚笑了,但马上又收敛住笑容,觉得心窝上被人抓了一把,隐隐作痛,走了几步,又问道:

“那你奶奶还是希望你读书识字的?”

“那天农会主任和你去我家之后,我奶奶哭了半夜。”

两人翻过岭,涉过一条山溪,踩着大鹅卵石砌的石磴,一级一级往上走,白色的石径隐进黄绿色的竹林,穿过火红的树丛,山头一棵遮天的老樟树,树叶深得发紫,一缕淡淡的炊烟在树丫上绕来绕去。

炊烟里又夹着些焦煳的味儿,月兰皱起眉头,说:

“苞谷又焦了。”

老樟树下,便是月兰家。

门缝里,传来窸窸窣窣的声音,老大娘还在搓草绳。何刚在门

外卸下柴薪,屋里叫了:

"月兰,毛猪进圈了?"

"正撵着呢!奶奶!何老师帮我砍柴,还送我回来呢!"月兰高兴地推门进去。

"哪个何老师?"

"前几天来过我们家的。"

老奶奶又不讲话了,两只手略停一会,又迅速地搓动起来,一根草绳刚脱手,正摸索着,何刚马上把一束稻草,递到她手里。

月兰从灶洞里掏出几截没有烤煳的苞谷,一截送到何刚手里,一截送到奶奶身边,自己拿了一截,挨着奶奶坐下了,胳膊枕在奶奶膝上,央求道:

"连秃娃都上学,奶奶,我也要……"

奶奶叹口气,撩起衣襟抹抹眼角,对月兰说:

"奶奶一生要强,你爹妈死时,我都没有当着人哭过,眼泪憋在暗地里流,弄成残疾。唉!好吧!等我卖了这担绳,你去问老师,可够学费?"

"老大娘!"何刚说,"你别操心,如今文化和土地一样,属穷人,学校可以照顾……"

"你们读书人,城里口音,穿长袍子的,嘴上讲得蜜糖似的。"

月兰咏咏笑了,她告诉奶奶,这不是私人办学校,是政府的,老师和庄稼汉一样打扮。奶奶啐了一口,说:

"呔!你就欺侮我老太婆看不见。"

何刚左说右说,老大娘只是不答理。月兰伏在奶奶膝上哭了。

奶奶哄她："别急别急，如今免了租子，我缴得起学费。"

"老大娘。"何刚说，"好，我收你学费。"

"几斗米？"

"你送我一双草鞋吧！"

"你？你穿草鞋？"奶奶放下手中的绳，支着竹椅的靠背，站了起来，何刚迅速把她扶住了。

她那颤抖的枯槁的双手，摸着这个中年汉子的肩胛：他穿得像月兰一样单薄，肩上还有一个摸得出来的大补丁。她又蹲下来，摸到了何刚的脚，这个老师脚上果然穿的是草鞋，而且是旧的，鞋耳都快磨断了。

"月兰，快拿我的烟筒来！"老奶奶端端地坐着，脸庄严地朝着对面的老师，眼角流下了泪水。

"奶奶，我去读书，你尽吃焦煳的苞谷？"

奶奶嗔道："你三岁就跟我，怎么拉扯大的？现在，能的！"她从月兰手里接过烟筒，巍巍颤颤地朝何刚送去。

第二天，月兰上学了，穿了身干净的蓝布褂子，头上插了朵野花，腰里别着一把柴刀。

以后，每天散学，何老师就和月兰一起砍柴，帮她送到家；同学们都帮月兰家做活儿，有的担水，有的舂米，有的煮饭；农会主任自己编了个厚墩墩的稻草窝笼，月兰上学前煮了饭，搁到放学还热腾腾的。

十年以后，紫凤山小学已经有十大间瓦房。

月兰现在自己是老师了。何刚当校长，最近被选上省人民代表。

到省里开会那天，何刚又到了月兰家。

月兰奶奶的头发已经像银丝一样白，脸上的皱纹却似乎平复了许多。她站起来，摸摸何刚的棉袄，摸摸何刚的小包袱，没有说话，一个劲地把花生、瓜子、黄烟丝朝他包袱里塞。

临了，她摸索着，从墙上取下一双新编的草鞋。

"奶奶，"月兰笑道，"何老师当代表，进省城，还穿这个？"

"怕他不回来呢！带着这双草鞋，常常记得我们。"

何刚笑了，从心里感到一阵温暖。他亲手接过草鞋，小心翼翼地裹进了包袱。

1963年10月

彩色的田野　沙丙德

弯弯的月牙儿刚刚挂上房脊，人们有的还没有放下饭碗，几个日头压山时才回到家乡的年轻姑娘，就急急忙忙地邀上伴，汇成群，一窝蜂似的钻进毛丫家里啦！

虽说都是高中、初中的毕业生，说话可还是那样高声大气的，半认真半开玩笑。一个高喉咙大嗓门的进门就问罪："毛丫妹！为啥不去挨门瞧看瞧看我们去？"一个尖声细气的嗓音立即应和道："咳！人家如今是老资格了嘛！当然该摆摆架子啦。"一个还扎着短短的两个羊角小辫的姑娘，高高地摇晃着小拳头宣称道："什么架子不架子？说不好，我可是拳头上见！"她们嘻嘻哈哈笑闹着，在院心里形成一个包围圈。

这个被"围攻"的名叫毛丫的小姑娘，只在镇上读完高小就回家作田了。她没跟她的这些伙伴们一道去县城读中学，却在家乡的土地上，练成一身作务庄稼的硬功夫。在村子里，她除去挥锹舞锄有一套，还以肯说爱笑和淘气出名，连那些能言利嘴的小伙子都怕她三分。可是此刻，她却被这群儿时的伙伴搅得招架不开了。

姑娘们笑闹一阵，其中一个年岁较大一点的摆了摆手，大家静下来。她是伙伴们进院之前公推的代表。为了让那个重要的提议更有分量,她极力收住脸上的笑,又嗽嗽喉咙,然后才一本正经开言道:

“毛丫妹,你知道,我们都志愿回乡参加农业生产了。在火车上,我们共同研究决定:成立一个‘姑娘队’。我们想请你出来当个头头儿,领着我们练本领,学技术,建设新农村!”

扎羊角小辫的姑娘显然沉不住气,这时急忙接道:“毛丫姐,你答应不答应? 给你一分钟的考虑!”

“哎哟哟,原来是这么个事儿呀。”毛丫咯咯地笑了,说,“这根本用不着考虑!”

姑娘们高兴地问:“这么说,你答应啦?”

“答应啦。——答应给你们推荐一个。”

“嗬,她耍滑头!”姑娘们一声喊;接着,那个声称过“说不好,拳头上见”的羊角小辫,果真把小拳头砸过来了:“你是村里姑娘中的‘头把手’,当我们不晓得?”

毛丫一边躲闪,一边叫道:“我的‘官僚主义’的同志们! 那可是从前的事儿啦。”

“如今咋着?”

“如今,有比我更高明的。”

“谁?”

“毛莲姐!”

姑娘们“哦”了一声,停住手,互相望望,眨巴起眼皮来。

“唉,也难怪,”毛丫点点头说,“你们不在家哪。各位姐妹,请一旁坐下，听我慢慢给你们介绍介绍！”

姑娘们立刻行动，小板凳、木墩、蒲团儿，稀里哗啦一阵响，每人找了一件坐下来，手捧着脸儿望着她。

村子里的喧闹声音渐渐低了，远了。草丛里，一只蝈蝈儿对着夏夜晴朗的天空唱得正起劲，这时也慢慢停了下来。

……

初见毛莲姐，她没给我一个好印象。那是去年夏末，你们几个暑假来家过了几天，又急急忙忙赶回学校复习功课去了。一天中午，我收工回家，刚进大门，看见院里锅棚下，有一位年轻的姑娘，正帮母亲烧鏊子。我把锄往门后一靠，喊道：“娘！这是哪里来的客呀！”

我娘抬起头，停下手里正在擀的饼饼，欢喜地说：“你看看，我这个丫头，连个话都不会说；十七大八了，啥时能知礼？——这是城里你表姐呀！”

早就听说过，城里姨母家有个闺女，比我大两岁，名字叫彩莲，模样儿长得标致，心眼儿又极伶俐，念书像唱书，算起来，今年该是高中毕业了。可是，自打能记事儿，我没进过城（你们知道，她不在咱们的县城，还隔个县哩），她没下过乡，所以，一直不认识。听母亲这么一说，我歪着头儿，仔细打量起我的这位表姐来。

表姐长得可真标致。中溜个儿，苗苗条条，一张长悠悠的脸儿白白净净的，两个圆圆的小酒窝上挂着安静的微笑。站起身来，两根细细的长辫子直垂到腰窝。她望着我，微微地笑着，轻轻招呼说:“表妹,下班啦?”

“下班啦”！真是城里人。你们知道,我遇见文绉绉的人心里就不舒服。那副长相儿已经够文气的了,何况又加上这么一种怕吓着人似的腔调！好在是初见面的表姐,我才没有对她太冷淡。

吃饭桌上,我问她:“表姐,你看我们江村咋样?”

她抬起眼皮笑笑,依旧轻轻地说道:“很好嘛。”

母亲在一旁堵塞我:“你看看,这丫头见人就夸你的江村好。你表姐往后就住在咱队了,好不好,怕她不知道？快吃饭吧!”

“呵？怎么说的?”

“是的,表妹,”表姐停住筷子对我点点头,说,“我高中毕业啦,没去参加高考,想在农村里锻炼一年。”

我吃了一惊。像她这副架势,来农村遛遛逛逛还差不多,瞎子赶集,凑凑热闹嘛。可这是“锻炼一年”！表姐说得很认真,母亲也不像说玩话。我又一次端详了一下表姐那文静秀气的模样儿,心里想,嗐,跟这样的“书生”搭一台,瞧吧,往后有戏唱啦!

当天下午,她就要下地。我娘拍着围裙说:“莲子！还没来到家呢,就忙着往地里跑,不怕人家笑话你姨吗？今儿下午不去,咱们好好拉拉呱儿!”她望着我娘说:“二姨,咱娘儿们以后还少了拉呱的时候?”“那也不行!”我娘说,“大老远地跑了来,还得歇歇呢!”表姐说:“二姨,不累歇什么哇？等我干活干累了,不叫歇我也要歇歇哪。”我娘没了办法,转身望望我,忽然递过来一个眼神,问我道:“哎,丫头,这时节找不到多余的锄吧?”我娘的意思我是明白的,可是,那时节队里正忙锄豆苗,我们几个姑娘,跟小伙子们竞赛得正激烈，哪有工夫跟她闲磕牙？我没有说什么，从西屋箔棚顶上翻出一张闲锄来，带上她，跟姑娘们一道下地了。

喂，你们见过第一次捏锄头柄的人吗？咳！那才叫有趣。本来不算一件什么大事情，可她激动极了，仿佛渴望已久的小孩子终于跨进学校，第一次领到了书本本，感到一种崭新的生活就此开始了。待到锄起地来呢，那又简直叫人哭笑不得。小小的锄头，仿佛几百斤重，左右不听她指挥；狠劲一家伙呢，苗儿掉了，野草倒站着；两只脚儿不晓得放在哪里才合适，前边没锄好，后边又踩平了。

我说："表姐，你莫受洋罪啦！到地头树荫下歇着吧。"

她一愣，望望我，脸刷地红了。回头瞅瞅自己锄的仿佛被鸡挠过的豆地，她的脸上现出一种十分难为情的苦笑。可是即刻她又镇定了，擦了一把不断涌出的汗珠，咬咬嘴唇，又锄下去……

收工回来，她紧紧地跟着我，一个劲儿问："表妹，这锄地，关键是什么呢？"

那天和小伙子们的竞赛我们又胜利了，我正满心高兴，高声地跟伙伴们谈这论那，哪顾得跟她扯这些？便说："表姐，明天我教你吧！"

不知怨我不会教呢，还是怨她不会学；第二天，闹腾了整整一上午，她还是她！这时又传来消息说："小伙子们的进度已经赶上我们啦。"我满心不快活，生气不教了。

中午回来刚进村子，正刚叔把我叫去了。你们知道，咱们的生产队长是个严肃人，但我可不怕他。他严肃地说："毛丫，人家彩莲刚来农村，咱可要耐心帮助她呀！"

我说："我耽误了整整一上午，小伙子们都赶上我们了，难道不是为了帮助她？她硬是学不会，怪哪个？"

他说："要耐心嘛。"

"哼，怀里没有金刚钻，我揽不起她这件细瓷活，"我把脸一抹说，"让她另请高手吧！"

吃过午饭，天热不能下地。伙伴们邀我到村南柳林乘凉去。我走到门口，想起表姐来。喊她一声，没有应；进房里一看，不在了。我问母亲："表姐呢？"

正忙着刷锅洗碗的母亲抬起头来说："刚才还在屋里呀。"

怪事！忽然，我瞥见桌上摊着一个红皮小本本。想起昨晚睡觉前，表姐神色郑重地伏在桌上写了好半天，难道刚才又写啦？这摊开的第一页上，有这么几个大字："彩莲：祝你在农村的广阔天地里深深扎根，迅速成长。"原来，这小本本是表姐临来之前姨父送给她的呀！你们不知道，我姨父是那个县委的负责人呢。翻翻里面，已经写了好几页子了；最后一面，显然是刚刚写下的！我看了看，写的是：

……还有一个问题。是我有知识分子架子呢，还是哪里带知识分子味？总之，我觉得表妹对我不大信任，不大亲近，不能像亲姊妹那样……

咦，这不是日记吗？我急忙合上了。可是，我的心却不安起来了。听人说，日记上写的都是心底的秘密；那这不就是表明，表姐正在苦恼么？嗐，这两天，我对表姐的态度是不够好啊！人家是从来没离开过父母的，如今几百里路跑到这里来……这么一想，我慌了：表姐说不定会伤心难过的！

“莲子不在啊？”是母亲的声音。我“嗯”了一声，急忙放好日记本，跑了出来。到街上一打听，有人说刚才见表姐往村西去了。哦！该不会跑到哪里哭鼻子吧？我更加着慌，撇下伙伴们，快步来到村西。

沟边上、树丛后、高粱棵里……凡是能躲着哭的地方都找遍了。没有表姐的影子。我丧气地站下来，扭着自己的腮帮儿，懊悔极了，不想，一抬头，啊！远远的，就在上午锄豆苗的地里，有两个人！其中一个，一眼就看出是表姐。我欢喜极了，也顾不上是田是路，一溜斜插花，连蹦带跳地跑了去。

原来，表姐正跟支书振奎大爷学锄地哩！教的是那般耐心，学的是那般用意。我远远地站着，不好意思上前打招呼。

表姐大约是听到有人来了，转头看了看，笑着说：“哦，原来是毛丫呀。”听到这么个称呼①，我真是又惊又喜！原来，表姐没生我的气哩。我猛地扑过去，一把抱住她的脖子，大叫一声：

“毛莲姐！……”

此时烈日当顶，天气正热。脚下的土地晒得烙铁一般，仿佛冒着干烟。整个田野像个大蒸笼，叫人头昏心跳。毛莲姐的脸儿红得熟虾似的，爬满汗珠。我忙夺过她的锄，说：“毛莲姐，天太热，咱

---

① 淮北乡间，称呼同辈或幼辈，在乳名前加个“毛”字，表示特别亲昵。

们回去吧。”

她却紧紧抱着锄头不放,转头对老支书笑着说:“大爷,你事儿忙,跟毛丫一道回去吧,让我再练练!”

振奎大爷也笑劝道:“毛莲,胖子不是一口吃的。回去凉凉吧,天太热啦。”

“你疯了呀,莲子!”正在这时我娘也找来了。她来到跟前,二话没说,就命令道:“莲子,把手伸过来!”

啊,表姐的红腾腾的手掌上,已磨起了几个鼓蓬蓬的水泡儿!其中有一个,皮儿已经磨破。我娘看了连声埋怨道:“唉,孩子,作务庄稼得慢慢来,哪有你这样蛮干法的呢?”

振奎大爷的脸色也沉下来了。他抚摩着毛莲姐的头发,心疼地嘱咐道:“毛莲,回去将息几天吧,光靠蛮干还不行的。”

“支书,二姨,”毛莲姐轻蔑地瞥瞥手上的水泡,又瞥瞥那当顶的烈日,斩钉截铁道,“它们狠,我就偏来试试,看谁能制服谁!”

说罢转回身,拉开架势,挥起了锄头。

这夜里,已经很晚很晚了,我一觉醒来,觉得表姐还没睡。悄悄欠起身看看,她静静地仰躺在床上,两只被我娘给包扎起来的手掌搭在胸前,那对水灵灵的黑眼珠儿,扑闪扑闪地望着房顶。我轻轻地问道:“毛莲姐,你……”

“咦,你也睡不着吗?”她高兴地一掀被单坐了起来,用手拢拢鬓边的散发,接着低低地向我说:“毛丫,我一个劲儿地想这想那,心,硬是静不下……”我安慰她说:“毛莲姐,你刚刚来到……”

“你说对了,毛丫!”她急急地接道,“刚刚来到农村,我就觉得学到了许多知识，许多许多。我深深后悔我来晚了。中午跟振奎大爷学锄时，他给我讲起他过去替地主当‘小做活’的事儿，看了他背上的伤疤。他又谈到了村里的贫苦人们在过去受压迫受剥削的苦难生活……我听着，感到心直绞。我一直在想：咱们的老辈人，受尽阶级压迫的千般苦，后来又洒鲜血，抛头颅，夺来这人民的江山；如今，轮着咱们这新的一代，更好地建设它了。你说，咱们能在艰苦面前呻吟，能在困难面前弯腰？我要是辜负了党的期望……哼！”她嘭地在床沿上擂了一拳！

清幽的月光从窗棂流进来，照见表姐那倔强高昂的头。我忽然感到：在她那文静单弱的身躯里，却燃烧着一种无比强烈的东西——现在想来，就是革命志气吧！

就凭着这么一股坚强的革命志气，夏锄时节她学会了锄地，秋收时节她学会了收割，秋耕时节她学会了扶犁。她就像咱们津浦线上的火车一样，水满汽足，精力无穷，不管它什么白天黑夜，刮风下雨，一直向前。

但是，在我当时看来，毛莲姐却也有“冲”得过火的时候。秋种开始了，她居然要我教她学摇耧！

你们知道，这摇耧可是农活技术中的“尖端”，不光我，村里的姑娘都不会。我便劝她说：“毛莲姐，队里的男劳力还不缺，摇耧手够用的，干吗咱们非要学？”

她好像有些不高兴，说：“当个农民嘛，农活上的十八般武艺就要件件精！”

我耐心地解释说：“这活儿最难……”

“最难才得学呀!”她断然地说,“往后,队里有了拖拉机,康拜因,比这更难哩,咱们就不干啦?”

好好!让你学!可是,我又不当家。谁知队长会不会同意?硬着头皮到队部碰一碰,妙极啦!队长不在家,到大队开会去了。饲养员和保管员对我是很相信的,没费多大劲儿,我就牵来了牲口,领来了麦种,扛来了耩子。毛莲姐欢喜极了,又是卷袖子,又是捋胳膊,蹦蹦跳跳。我们俩来到村北,选了一块秋地,我领牛,她摇耧,叮叮当当干起来。

耩铃一响,麻烦也跟着来了。摇得轻一点,耩眼里不下种子;摇得重一点,一边的耩腿拔出来了,种子播到了地面上;牛走得慢一点,种子下成堆了;牛走得快一点,耩腿飞出了地面;毛莲姐一慌张,急忙用力往下按——只听得“咔嚓”一声脆响,撞到地底一块石头上,耩铧尖子碰断了。

我把牛绳一撂,说:“我早说不行么,你偏逞能!”回头望望我俩耩的那段地,弯弯扭扭的三条线,活像蚯蚓找妈妈,心里禁不住地发了慌;可是瞅瞅表姐呢,咳!只见她大睁着两眼,吃惊地盯住那断了的耩铧尖子,简直发了呆!我也顾不得再埋怨她了,只好强作镇定,安慰她道:“耩铧这玩意队里并不缺,不是什么大问题……”

没料到碰得这么巧,正刚叔这时散会回来了。离好远,他就急急火火放开小跑;一进地,便扯开喉咙:“哎呀呀!看这种子!种子!哎呀呀……”待他来到跟前,看见断了的耩铧尖子,立刻跺起脚来了:“胡闹!胡闹!简直是胡闹!……”

毛莲姐吓得白了脸。我瞟瞟正刚叔,说:“叫喊什么,这又不是什么值金贵银的东西,保管室有的是……”

“大方！你真大方!”他越吼越厉害,“咱队的家业大着哩！可是都像你们……哼!”

他一边大声责备,一边牵上牲口,扛起耩子,挎着盛种子的笆斗儿,气哼哼地走了。

但是下午,他就派人来教毛莲姐了。咱们的队长就是这样:嘴上蛮厉害,心里却极好。表姐终于学会摇耧了,我们几个也在她的鼓舞下,学会了。

社员们越来越喜欢表姐啦！说她“有志气”,在农活技术方面,竟有人说她“成了姑娘里的第一把手了”。

表姐进步快,我自然很高兴。不过,要说她已经成了村里姑娘中的第一把手……姐妹们,我坦白地说:我可不服气。

今年的春耕生产开始了。开犁那天,我起了个绝早,先到饲养场左挑右拣选了一犋好牲口,再到保管室横挑竖剔选了一张好犁子,然后欢欢喜喜,跟伙伴们一道下田了。

初春的天气是那么晴朗,初春的太阳是那么温暖,风儿轻轻吹着,田野里一片歌声,真叫人觉得浑身是劲！来到田里,分好地块,插上犁子,我发话了:

“喂！同志们！我提议,今天咱们来个竞赛,大家都把全部本事摆出来:看看谁是‘头把手’!”

毛莲姐翻翻眼皮,对我点点头,笑了。她显然明白了我这盘菜是专为她炒的。她好像也很高兴,大声说:“好！谁得了‘头把手’,还得发奖品才行哩!”

一声鞭响，十几张犁箭也似的同时向前方射去。我瞟瞟表姐，果然不含糊，只见她一手执鞭，一手扶犁，挺起胸，昂着头，大踏步地走着，神气极了。大块大块的垡头，嗖嗖地从犁下涌起，像经过训练似的整整齐齐地倒在一边。不到五个来回，她已把别的姑娘们远远抛在后面了。

一直不能超过她，我心里好发急。暗想，种田我是"门里出身"，回农村也比她早好几年，难道饭都是白吃啦？不行，无论如何得超过她！若不然，落得大伙耻笑，一两年来的名誉也丢光了！心里这么一急，手里的犁子不觉就越揽越宽……

这么刚犁了三四个来回，毛莲姐过来了：

"毛丫！你怎么搞的？"

我停住牛，问："咋啦？"

"你自己不晓得！"她气呼呼地指着说，"你看你耕的什么地！"

我转头看看，原来光顾着宽、宽、宽，竟剩下了一溜一溜的犁埂子！我的脸猛地热起来了。我嘟嘟哝哝地说："从现在开始，我保证不再剩了……"

"胡闹！"她说，"那四个犁埂子咋办？来！二一添作五，咱们一人俩！"

毛莲姐把牛拉过来，和我并犁耕着犁埂子，叹口气说："唉，原来你也有这个问题……"

我忙问："什么问题？"

"立场、观点、感情！"她说，"光是学会了锄、耕、耙、割，还不能就算是一个好农民了。更重要的是，要学习他们的立场、观点、感情！毛丫，你还记得咱们学摇耧那天的事儿吗？同样是抛撒了种子，扎断了工具，咱们不当一回事，正刚叔却心疼得不得了，把咱们狠狠地骂了一顿。其实，他不是非常关心咱们、喜欢咱们的吗？还有，就在咱们闯祸前四天，咱们下田去锄地，大路上有两盘鲜牛粪，咱们都看看过去了，而走在后面的振奎大爷却费了老大工夫，用锄头把它挑到旁边的庄稼地里。我想，一个真正的农民、好的农民，他一定不会为了个人的名誉或别的什么，而把活儿做差些。你说是吗？”

我听着，想着，脸上一阵一阵的发热。

犁好犁埂子，我对竞赛也不感兴趣了。可是又想想，一个真正的农民、好的农民，比如振奎大爷和正刚叔，会不会因为挨了一点批评，对工作就不感兴趣了？这么一想，劲儿又来了。

这次竞赛的结果是：我第一个耕完；毛莲姐紧接着；其后是伙伴们陆陆续续停了牛。我口服心服地对毛莲姐说：“唉，我现在是彻底承认了。”

“承认啥？”她问。

我说：“承认你是咱们的‘头把手’！”

“小淘气！”她猛不防地刮了下我的鼻子，说，“又出故事了。谁规定第二名是‘头把手’？记住，回家找我领奖品：两块麻糖。”

伙伴们都笑了。我也笑了。而笑得最响的是毛莲姐。

毛莲姐变了。且不说那细细的长辫子剪成了短发，白净瘦削的脸蛋儿变成红胖胖的，就连秉性、脾气也变了。村子里，常常听见她那开怀的大笑；田野上，常常响起她那嘹亮的歌声；媳妇、姑娘成堆的地方，玩笑打闹也有她一份儿。休息时候，大爷大叔们还要请她"念念国家大事儿"。整天脚板不沾地，浑身衣裳常常是被汗水浸得精湿的。她仿佛是一团火，走到哪里哪里就热气腾腾。

一天晚上，我跟她一道到村南小溪边磨镰刀。月光银亮亮的，小溪哗哗地响着，禾场上，田野里，飘来一阵阵新粮的幽香……姐妹们，我敢断言：不在咱农村里，根本看不到这么美的夜晚。我坐在一块青石板上，两脚浸在溪水里，望着毛莲姐在一旁霍霍地磨。忽然，我想起来：她来农村快够一年了。一年，多么短啊！老实承认，我打心底里喜欢她了。我真不愿意离开她；可是，一年快到了……

哗啦！我抱的几把镰刀掉到溪水里。

"小丫头！"毛莲姐问道，"你在想什么心思？"

我觉得鼻子有些酸。好！反正也瞒不了，我把我的想法说了！

她哈哈地大声笑起来了。

"你倒好记性啊！"她说，"什么高考、低考的，我早把它忘得干干净净了！"

我惊喜地问："你不走啦？"

她磨着刀，歪头瞅瞅我："你不会撵吧？"

"那我姨母……"我还有点担心。

"告诉你，"她说，"就是在父母的鼓励下，我才有这份勇气来的呢！原先，听到党号召知识青年到农村去，我就心潮滚翻了；可是，能不能在农村里扎下根子，取得一个真正的农民资格，我却一直没把握。"

我望着表姐，忽然问出了这么句话：

“毛莲姐，咱农村，目前可没有城市好呀。”

“嗬，还要考试一次？”她拿镰刀点点我的头，说，“毛丫，这就是咱们的责任了。咱们的城市的确好。咱们的社会主义的新农村呢，也要它在咱们这一代人手里，尽快地实现机械化、电气化，跟咱们美丽的城市，没有什么差别！”

……

弯弯的月牙儿升高了。村庄已经安静。这座小院里更安静。姑娘们静静地坐着，静静地听着。

毛丫问：“姐妹们，我推荐的这位队长当得当不得呀？”

姑娘们并不回答，却问：“毛莲姐呢？”

毛丫说：“下午收工后到大队开会去了。人家如今还是咱们团总支的宣传委员哩！”

“今晚回来不？”

“废话！”

于是，姑娘们叽叽咕咕开起小会来了。按照理想，会议内容不该让毛丫听到的；可是又觉得，不让她听她也猜得到。干脆，临走之前向毛丫来了个集体警告：“不许告诉她啊！”

正是农忙六月天，天刚明，毛丫就被表姐喊醒了。毛丫很重视昨晚的警告，她拎起锄，不声不响，跟着表姐走出来。刚到村里那棵大白果树下，几位高中、初中的毕业生哄的一声围过来了。按计划，本来该由代表突然宣布的，不料喉咙都痒痒，竟搞了个不很整

齐的大合唱:

“我们成立了一个姑娘队,任命你当队长,干不干? 说!”

毛莲开始有一点莫名其妙,愣了一下,但随即也就明白了。她用手拢着鬓边的一缕散发,脸上露出一种不好捉摸的、狡黠的笑意。她往后退了退。姑娘们以为会有什么非常举动,包围圈便也跟着退了退。然而她退到一个高土堆上,突然发话了:

“姐妹们! 你们要真的选我当队长,你们可得当心啦!”

“为什么?”

“为什么? 你们能受得了我的指拨吗?”

姑娘们一齐答道:

“你指拨吧! 只要能把我们指拨得有本领,建设好社会主义,就行!”

“好吧,”新任队长满意地点点头。接着把手一挥,发布了命令:“现在,扛锄,向田野——进军!”

一队年轻的姑娘,踏着晨光和露水,向那喷发着呛人香气的、彩色的田野奔去……

1964年8月定稿于北京

除夕之夜 邓俊平

夜，北风呼啸，棉团大雪，铺天盖地地下着。积雪把地面的一切盖得严严实实。然而，一盏盏农家灯火，从窗口钻出来，在夜空中放射出万道金光，使这个新农村的除夕之夜显得更加有生气。

坐落在瓦埠湖畔的张郢村东头，新盖的土墙屋内，煤油灯更亮。

“铃铃铃……”床头三屉桌上的小闹钟响起来，把雪梅从甜梦中惊醒。她把孩子轻轻地从身边移开，欠起身，看看钟，正是十二点。又揉揉眼，满屋打量了一下，只见桌上摊着一大包红糖，茶缸和热水瓶摆得端端正正；对面靠墙的饭桌上新添了一扎挂面条和一竹盘鸡蛋。屋子像谁刚收拾过，干净利索。床斜对面紧挨摇窝子旁边的煤球炉子，火正旺，炊壶里，水掀动着壶盖，发出“噗噗”的响声。

“是他回来过？”雪梅暗暗思忖道。她分明记得，丈夫在天刚黑的时候就背枪走了，要带班、放哨，说好今夜不得回来的，那么这屋子、这东西……想着，她不由得低声叫道：“志众！”

屋里没有人答应，院子里却有了脚步声，接着，“吱呀”一响，门开了，走进来的是张二嫂。张二嫂头上搭块蓝布头巾，满身雪花，笑盈盈地走进屋来，她一手端着盘刚炸好的油果，一手端碗饺子，小指尖上还挑着个油瓶。

“醒啦？咋不多睡会儿？”张二嫂把东西放到饭桌上，走到床沿给雪梅理理被子，逗了逗婴儿的小脸蛋。然后，转身提起炊壶把暖瓶灌满，又拿起瓷缸子泡了半缸红糖水递给雪梅，说：“先喝点水，吃几个饺子，回头再给你做碗鸡蛋汤吃。”

“二嫂，我不饿。”

“哟，你刚开怀没经验。俗话说，产后肚子空，十顿八顿还嫌松，哪有不饿的！”说着，她拿起筷子，端过饺子，朝闹钟瞥了一眼，“按你们民兵的说法，超过十二点就是另一天。来，咱姐妹俩，对，还有这个才出世三天的肉疙瘩，一块吃顿饺子，迎接咱一九七三年新春。”说着，夹起个饺子吹了吹，一下子塞进雪梅的嘴里。

雪梅心里热烘烘的，想说句感谢话儿，可是这位嘴快手勤的邻居口不住地说，手不停地夹着饺子一个接一个地往嘴里塞，腾不出嘴插不上空。一连咽下几个饺子，才好不容易插上了一句：“你家小丫头睡下了？她不是不舒坦？”

“没啥，她奶奶带着哩。”

“那，这东西……”雪梅指了指桌上的挂面、鸡蛋。

“这挂面是前街卫华妈送来的，我来了她才走，这鸡蛋嘛……”张二嫂拍打着脑门想了想，“兴许是西头张大娘，她道远，是头班……”说到这，话突然关了闸，不知怎的神情有些慌乱。她转身回到炉旁，把摇窝子移到三屉桌下，又忙开了：刷锅、打蛋，碗筷勺子一阵响，跟变戏法似的，一碗热腾腾的鸡蛋汤就摆到了桌子上，顿时，屋里充满了蛋汤、麻油的香气。

雪梅接过热乎乎的鸡蛋汤，喝了一口，霎时，一股热流从心窝里冲出，流遍全身。她抬起那被泪水模糊了的眼睛，望着漂满油珠的蛋花汤，又望着张二嫂，感动地说："这大年下，深更半夜的，麻烦你……"

"什么你呀我呀的，"张二嫂坐到床边，爱抚地摸着孩子的脸，话却说得出奇地慢，"咱老支书不是常说，咱社员要互相关心，互相爱护，特别还要关心我们的民兵。这大雪天，志众在外头站岗、放哨，连你月子也顾不上管，还不是为着大伙？……"她拿起炉钩捅捅火炉，添了几个煤球，又说道："快趁热吃点，好好歇会。"说完，拿起扫把又出去了。

雪梅给孩子喂完奶，躺在床上，听到院子里刷拉刷拉的扫雪声，心里久久地不能平静。"这个张二嫂非亲非故的……真是个多好的二嫂呀！"她想着，自语着，渐渐地眼皮又并到了一起。

雪梅再醒来的时候，耳边还响着"刷刷"的响声，她睁开惺忪的眼睛，大声地说："二嫂，你还没回家？"

"她二嫂刚走，你有事？"一个熟悉的话音应声了。

"邢大娘，偌大雪天，你……"雪梅翻身想坐起来。

邢大娘甩甩湿淋淋的双手，撩起衣襟擦着，急忙走到床前。"别起来！别起来！"邢大娘用劲压着雪梅的被子说："'生儿做娘，三天别起床'，有事你大娘给你弄。"说着，抱过小孩，一边换尿片，一边喜爱地亲了亲婴儿的小脸，接着说："看，虎头虎脑，多像他爹!”她转身倒了缸红糖水递给雪梅,又回到木盆边,刷刷地搓洗起来。

在邢大娘忙活的工夫,雪梅一直望着大娘那一头花白的头发,觉得比亲娘在身边还亲热,心里甜丝丝的。她真想和大娘拉呱,可话一出口却成了一句问话:“大娘,邢书记一个人在家?”

“嗨!那老头子你还不知道?在家待不住!喏,在你们民兵营部值班哩!”

雪梅静静地听着,眼前浮起了党支部书记邢大伯的模样:戴个帽头,披件旧棉袄,满脸皱纹,一把斑白的胡楂子,说起话来一脸笑容,干起事来既严肃又精神,为了工作常常两头摸黑,好像在他身上从来不沾个疲倦。自打她嫁到这村,和老支书门对门住了两年多,她就不知道这老人是什么时候睡下的,又是什么时候起来的。志众说得对:“全大队的贫下中农、民兵群众都在老支书心里装着哪!”记得有一次,民兵修河堤去了,张生宝的小孩突然生病,老支书半夜起来用架车把小孩进到公社医院。第二天,他在公社开完会,夜里又把治好的小孩拉回来。已经是深夜了,还召开了大队支委会,布置了生产任务,早上天没亮又到田里干活去了。

雪梅想心思的工夫,邢大娘已经把衣服洗完,晾好,把尿片摊在炉旁凳子上烤着。她坐在床沿上,拉过志众一件掉了纽扣的褂子,刚要穿针,外面传来了急促的脚步声。

进来的是大队的赤脚医生小芹。只见她斜挂保健箱,浑身是雪,两条长长的辫子上像插满了梨花,沉沉地垂在脑后,鹅蛋形的小白脸上,一对亮晶晶的眼睛里藏着笑。没等小芹开口,雪梅就心疼地说："偌大雪，也不戴个东西！"

"穿了雨衣来的，路过仓库看见站岗的民兵淋着，给他们了。"这姑娘一进屋就没有一霎安生，她嘴里说着，手里动着，把保健箱放下，掏出两个干果放在桌上，跺了阵脚，拍打了一阵身上的雪花，又掏出个笔记本子，扭身来到了床边。她向雪梅左一个问题，右一个情况地问。什么身体舒服吗？胃口好吗？睡觉甜吗？一口气问了一大串，都记到本子上。办完了事，她又轻轻拉开点被子，逗起小儿来。婴儿被小芹的手指头戳痒了，扭扭头，小嘴蠕动着。小芹高兴地转过身子，用小勺挑了点糖水，伸进婴儿嘴里。婴儿"嘣嘣"地吸吮着。

"大娘，你看他吃得多甜！嘻嘻，真好玩！"小芹孩子气地拍手笑了。

"看你，小心把孩子呛着！"邢大娘也高兴地凑过来看着、笑着。

雪梅看到她们高兴的样子，也不由得笑了。顿时，房间里塞满了欢乐的笑声。

雪还在下，风还在刮。小芹笑了一阵，又七手八脚地忙起来，捅捅煤炉，添些煤球，一眼看见邢大娘在做针线活，便伸手抢过来，顺手从三屉桌下拖过摇窝子，就要坐下缝补。这时，忽听得邢大娘喊了一声："等等！"

听到大娘这异样的喊声，雪梅、小芹都愣住了。只见邢大娘慢慢欠起身子，两眼直直地盯着这又旧又黑的摇窝子，喃喃地说："啊！这东西……这会，又用上啦？"

"是啊！大娘，"雪梅把话接过来，"我坐月子的前两天，老支书要志众拿来的。”

“二十五年啦！”邢大娘抽了口气，坐到了床沿，把雪梅拥在怀里，轻轻地抚摸着雪梅的头发，低声地说道：“那年，也是大年三十，也是这么个大雪天，志众他娘生下他还不满七天，他爹就被地主活活地逼死在县里大牢里。你娘听到音讯连急加气落下了一场大病，没等满月子就咽了气，我和你邢大伯就是把志众装在这个摇窝子里，一口汤一口水把他拉扯大，到解放……”

夜，更静了，只有闹钟的秒针在嗒嗒地响。雪梅紧抱着孩子，屏住气，静静地听着，一串泪珠，滚过腮边落到孩子那毛茸茸的小脸上。

“孩子，别嫌你大娘大年下讲这些伤心事。你邢大伯想得对哪！”邢大娘撩起衣襟擦了擦眼，声音略提高了些，“这会儿，有些人，就是那些反革命两面派，投靠美帝、苏修，联合‘地富反坏’，搞资本主义复辟，还要我们坐大牢，过苦日子，受那种罪，把咱们的孩子往雪地里扔。是毛主席、共产党把我们从火海里救出来，过上幸福日子。该让你们再用用它，让这孩子再睡睡它，一辈子不要忘本，永远记着毛主席的恩情，保卫咱这好日月、好江山。”

雪梅紧紧搂着刚出世的婴儿，默默地望着摇窝子。望着，望着，她那眼前的摇窝子渐渐幻化成了纷纷扬扬的大雪，她那可爱的孩子正埋在冰雪里，只有两条光光的小腿在乱蹬，揪心地哭喊着……她霍地惊醒了。

朦胧中，雪梅隐隐约约地听到了说话声：

“……你这大年纪了……我的好大娘，我来照顾她，你回去休息吧!”说话的是小芹,她显然有点急了。

“嘘——小声点,别把雪梅吵醒了。”邢大娘的声音,“傻丫头,这是党支部交给我的任务嘛!”

“这……这,这也是邢书记亲自交给我的任务呀!”

像眼前突然腾起了一道亮光,雪梅的心一下子亮了,周身热血沸腾起来。她觉得心跳得很急,胸膛里火热,鼻尖一酸,一眶滚烫的泪水呼啦一下子涌了出来。顿时,这一夜来来往往的亲人们——邢大娘那花白头发、张二嫂的家常话、小芹的满脸笑容;那旺旺的炉火,热气腾腾的蛋花汤,甜丝丝的红糖水,还有那桌上的干果、鸡蛋、挂面……所有在这个温暖的除夕之夜里发生的一切,都成了会说话的东西,都在倾吐着阶级的亲人们对自己的民兵、对民兵家属的亲切关怀。而这一切都是党支部、都是那个年过半百的邢书记、都是比亲娘还亲的党安排的呀！雪梅再也抑制不住自己的感情,她欠起身,深情地说道:“大娘,明儿你告诉邢大伯……”

她的话没有能够说下去,门开了,戴志众像个雪人,大步流星地闯了进来。看着屋里的情景,他完全愣住了。他激动地摸摸这个,又去摸摸那个,什么也没摸到手,枪托却把烤尿布的凳子撞倒了;他抓起缸子呷了一口,是甜甜的红糖水,撂下缸子想去拿碗,却提起了炊壶……

邢大娘走向前去,把他的雨衣脱下,笑着把他往床边一推,说:“看你平时跟豹子一样,今天却这么笨手笨脚的,快给我滚一边去!”

雪梅看看正在注视着孩子的丈夫,又看看孩子,从被窝里伸出一只手来，轻轻地抚摸着乌亮乌亮的枪。这个年轻的女民兵，好像是第一次明白：握住这支枪的，并不是一个人啊！在党的指挥下，七亿人民握着它，组成一道道铜墙铁壁，保卫这伟大祖国的锦绣江山。她抬起头轻声地问道："你怎么回来啦？"

"老支书叫我回来望望。"

"去吧！"雪梅把枪往丈夫怀里一推，"为革命，为大伙，也为我们的孩子……"

志众抓过枪，拿起雨衣，转身打开了房门，"这风……"他扬起袖子揩了揩眼睛，一躬身又钻到风雪里去了。

啊！静静的瓦埠湖，在这迷人的除夕之夜，您的身边闪耀着万家灯火。

图书在版编目(CIP)数据

小说里的安徽 / 本书编委会编. —合肥 :黄山书社,2017.9
ISBN 978-7-5461-6819-7
(品读安徽文化丛书)

Ⅰ.①小… Ⅱ.①本… Ⅲ.①安徽-概况 ②小说集-中国 Ⅳ.①K925.4 ②I24

中国版本图书馆 CIP 数据核字(2017)第 240864 号

出 品 人 王晓光
项目统筹 张向奎
责任编辑 张月阳
装帧设计 钱志刚
出版发行 时代出版传媒股份有限公司(http://www.press-mart.com)
黄山书社(http://www.hspress.cn)
地址邮编 安徽省合肥市蜀山区翡翠路 1118 号出版传媒广场 7 层 230071
印 刷 安徽联众印刷有限公司
版 次 2018 年 4 月第 1 版
印 次 2018 年 4 月第 1 次印刷
开 本 700mm × 1000mm 1/16
字 数 210 千
印 张 20.5
书 号 ISBN 978-7-5461-6819-7
定 价 42.00 元

服务热线 0551-63533706

销售热线 0551-63533761

官方直营书店(http://hsssbook.taobao.com)